Peter Strahm

Qualität durch systematisches Feedback

Grundlagen, Einblicke und Werkzeuge

Impressum

Peter Strahm
Qualität durch systematisches Feedback
Grundlagen, Einblicke und Werkzeuge

In der Reihe «Impulse zur Schulentwicklung»

Gestaltung: Bernet & Schönenberger, Zürich

Nicht in allen Fällen war es dem Verlag möglich,
den Rechteinhaber ausfindig zu machen.
Berechtigte Ansprüche werden im Rahmen der
üblichen Vereinbarungen abgegolten.

© 2008 **schulverlag** blmv AG, Bern
1. Auflage 2008

Art.-Nr. 8.551.00
ISBN 978-3-292-00470-3

Inhaltsverzeichnis

Einleitung ... 5
Feedback – das zentrale Element der Qualitätsentwicklung ... 5

Lernende Schule als Ziel

1. Ausgangslage der Qualitätsdiskussion ... 10
1.1 Kontext/Triebkräfte ... 10
1.2 Das magische Dreieck Wollen – Müssen – Können ... 14
1.3 Die vier Funktionen einer Evaluation ... 15

2. Die lernende Schule ... 17
2.1 Qualitätsmerkmale wirksamer Schulen ... 17
2.2 Versuch einer Synthese ... 20
2.3 Fünf Stufen der Schulentwicklung ... 21
2.4 Schulentwicklung, ein kooperativer Prozess ... 22

3. Leitbild: Eine gute Schule weiss, wohin die Reise geht ... 30
3.1 Kontext, Sinn und Zweck des Leitbilds ... 30
3.2 Evaluation von Leitbildern ... 31
3.3 Anregungen zur Überarbeitung von Leitbildern ... 32

4. Qualitätsentwicklung in Schulen (QuES): Exemplarischer Aufbau eines systematischen Q-Managements ... 35
4.1 Kurzporträt QuES ... 35
4.2 QuES-Grundsätze ... 35
4.3 Zielsetzungen und Voraussetzungen in der QuES ... 38
4.4 Entwicklungsschritte in der QuES ... 39
4.5 Projektorganisation und -steuerung in der QuES ... 44
4.6 Zertifizierung QuES ... 48

Aufbau einer internen Feedbackkultur

5. Feedback – unverzichtbares Instrument für alle Evaluations- und Entwicklungsprozesse ... 52
5.1 Was ist Feedback? ... 52
5.2 Wozu Feedback? ... 55
5.3 Gelingensbedingungen für erfolgreiches Feedback ... 55

6. EVA-Kreis und QuES-∞: Standardisiertes Grundmodell für alle Evaluations- und Entwicklungsprozesse ... 57
6.1 Ausgangslage ... 57
6.2 Der EVA-Kreis ... 58
6.3 Die QuES-∞: Erkenntnisse umsetzen ... 59

7. Aufbau einer Feedbackkultur auf individueller Ebene ... 63
7.1 Gegenseitige Unterrichtsbesuche ... 63
7.2 Schülerinnen- und Schülerfeedback ... 81
7.3 Eltern- beziehungsweise Abnehmerfeedback ... 89
7.4 Schulleitungsfeedback ... 95
7.5 Instrumentenkoffer Feedback (ohne Fragebogen) ... 100

8.	Aufbau einer Feedbackkultur auf systemischer Ebene	101
8.1	Kontext, Funktion einer Schulqualitätsrecherche (SQR)	101
8.2	Verschiedene Arten von Untersuchungen	103
8.3	EVA-Kreis «Schulqualitätsrecherche SQR»	104
8.4	Beschreibung der Phasen	104
8.5	Leit- und Planungsfragen	106
8.6	Fallen/Tipps	108
8.7	Einsatz von Fragebögen	110
8.8	Führen von Interviews	113
8.9	Meta-Evaluation	114
8.10	Dokumentation der Selbstevaluation/Berichterstattung	116

Verknüpfung von interner und externer Evaluation mit dem Peer-Review-Verfahren

9.	Das Peer-Review-Verfahren, ein partnerschaftliches Schulentwicklungsmodell	122
9.1	Hintergründe und Besonderheiten	122
9.2	Zweck und Zielsetzungen der Peer Reviews in der QuES	125
9.3	Akteure im Peer-Review-Verfahren	126
9.4	Verschiedene Organisationsformen	127
9.5	EVA-Kreis «Peer Review»	129
9.6	Beschreibung der Peer-Review-Phasen	129
9.7	Empfehlungen für erfolgreiche Peer Reviews	140
	Glossar	142
	Literatur	144

Einleitung

«Erwachsene sind lernfähig, aber unbelehrbar!» Rolf Arnold

Feedback – das zentrale Element der Qualitätsentwicklung

Dieses Buch habe ich aus meiner langjährigen Praxis heraus in erster Linie für die praktische Anwendung im Schulalltag geschrieben. Aus meiner Arbeit als Schulleiter, Evaluator und Projektleiter mehrjähriger Qualitätsentwicklungsprojekte sind neben meinen Erfahrungen und Einsichten zahlreiche Best-Practice-Beispiele beziehungsweise Schulentwicklungsinstrumente von erfahrenen Lehrpersonen, Projekt- und Netzwerkschulen und ausgewiesenen Fachpersonen eingeflossen und vernetzt worden.

Es ist mir ein Anliegen, dass mit der vorliegenden Publikation neben Qualitätsfachpersonen auch Lehrpersonen in ihrer Berufspraxis unterstützt werden, denn alle Erfahrungen über eine effektive und nachhaltige Qualitätsentwicklung zeigen, dass letztendlich die einzelnen Lehrpersonen das Fundament von wirksamen und nachhaltigen Entwicklungsprozessen sind.

Alle dokumentierten Qualitätsentwicklungswerkzeuge sind im Berufsalltag erprobt. Bei der Auswahl habe ich mich an deren Praxisrelevanz orientiert. Die Arbeitsunterlagen sollten bei ihrer Verwendung jeweils dem eigenen Kontext angepasst werden.

Meine Grundhaltung

Ich gehe von einer erwachsenengerechten Grundhaltung aus und stütze mich dabei auf die Professionalität und das Prinzip des selbst verantworteten und selbst gesteuerten Handelns der Schulen beziehungsweise ihrer Lehrpersonen.

Im Hinblick auf die Erhaltung der Gesundheit und Zufriedenheit im Beruf hat der Aufbau einer reflexiven Berufspraxis grösste Bedeutung. Dies bedingt, dass gewonnene Erkenntnisse in den eigenen Erfahrungskontext eingebaut und in die Praxis umgesetzt werden, worauf bei der Durchführung der verschiedenen Qualitätsprozesse besonders geachtet wird. Dadurch können nachhaltige Entwicklungsprozesse erreicht werden.

Aufbau der Publikation

Im Teil I spreche ich vor allem Qualitätsfachpersonen an, die sich mit den komplexen Zusammenhängen der Qualitätsentwicklung und der Arbeit mit Q-Projekten auseinandersetzen. Lehrpersonen, die durch systematisches Feedback ihre reflexive Berufspraxis weiterentwickeln möchten, finden im Teil II zahlreiche Anregungen und Materialien. Im Teil III ist die Verknüpfung von interner und externer Evaluation mit dem Peer-Review-Verfahren beschrieben.

Begriffe

Das Schweizerische Schulsystem ist föderalistisch und kantonal geregelt. Weil zahlreiche Erfahrungen in der vorliegenden Dokumentation aus Berner Pilotprojekten stammen, werden zum Teil auch Bezeichnungen und Ausdrücke aus dem bernischen Bildungswesen verwendet. Diese müssen situationsbezogen adaptiert werden.

Glossar

Mit * ausgezeichnete Begriffe werden im Glossar am Schluss der Publikation (Seite 142 f.) erklärt.

6

Überblick Qualität durch systematisches Feedback – Projekt Qualitätsentwicklung in Schulen QuES

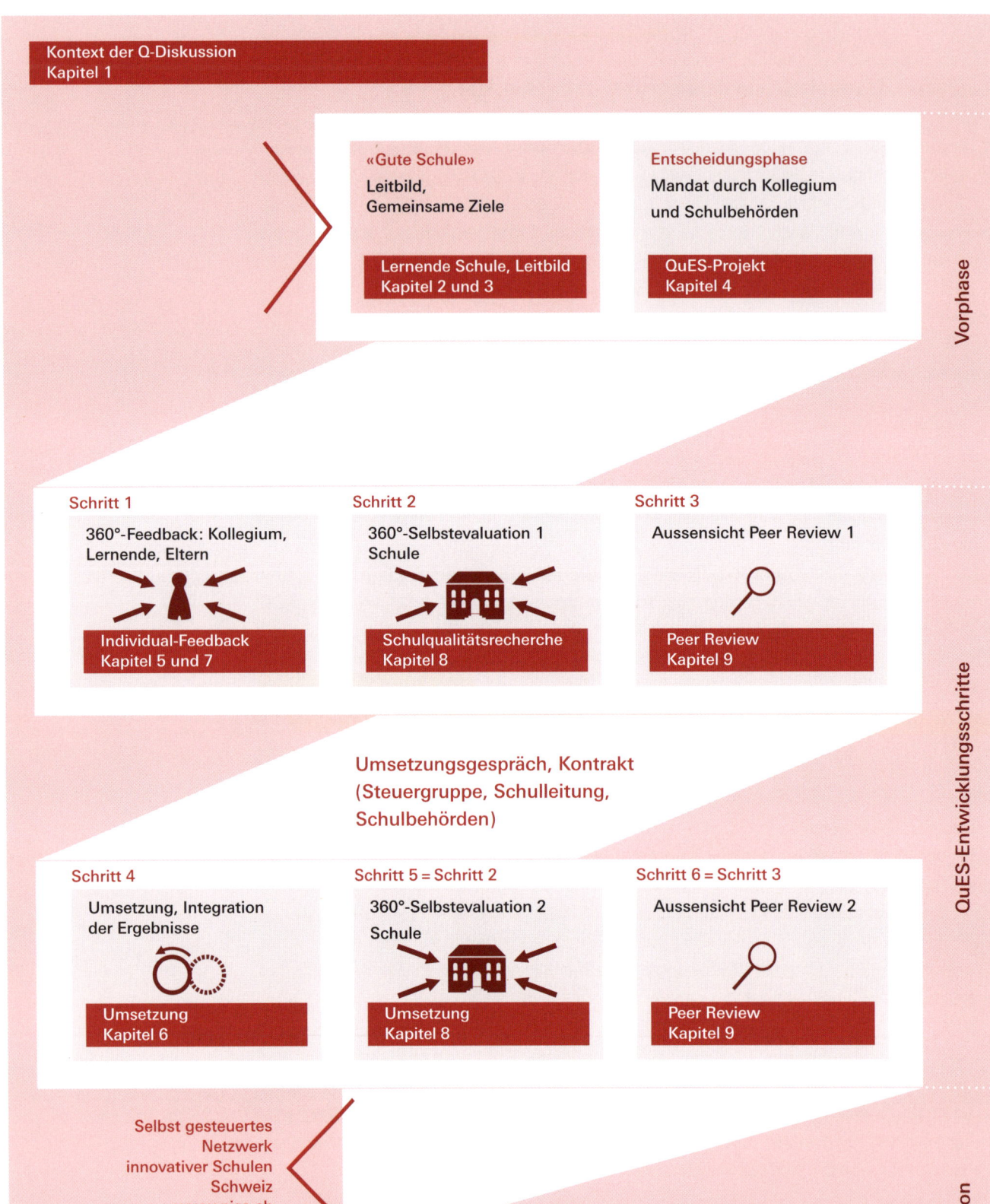

Dank
Einen wesentlichen Anteil haben neben den Schulen folgende **Teams**:

Projektteam FQS* mit Brigit Schindler, Martin Riesen, Alain Tscherrig, Peter Strahm.
Als Projektleiter FQS der Erziehungsdirektion des Kantons Bern habe ich mit den qualifizierten FQS-Fachpersonen des Projektteams während der Projektdauer von fünf Jahren zusammengearbeitet und im Rahmen des Pilotprojekts zahlreiche neue Q-Werkzeuge gesammelt, weiterentwickelt, evaluiert und optimiert.

Forschungsprojekte Tandem mit Prof. Dr. Esther Enns, Roland Rüegg, Brigit Schindler, Peter Strahm
Mit Unterstützung der Lehrerinnen- und Lehrerbildung und der Lehrerinnen- und Lehrerfortbildung des Kantons Bern, des Bundesamts für Gesundheit und der Universitäten Calgary und Halifax/Kanada konnte ich von 2001 bis 2004 als Mitglied des Tandem-Forschungsteams die Auswirkungen von gegenseitigen Unterrichtsbesuchen auf das Individuum und das System untersuchen. Dabei habe ich von der ausserordentlich fruchtbaren Teamarbeit sehr viel profitiert und die Forschungserkenntnisse in praktische Q-Instrumente umgesetzt.

Folgende **Fachpersonen** haben mit ihren Erfahrungen und ihrem Expertenwissen zu diesem Buch beigetragen:

Dr. Anton Strittmatter; Leiter PALCH, Begleiter/Coach Projektteam FQS
Anton Strittmatter hat als Experte beziehungsweise Supervisor das Projektteam FQS/QES unterstützt. Er hat zusätzlich meine Diplomarbeit im Zusammenhang mit der Zertifizierung zur Fachperson Qualitätsentwicklung Sek. II begleitet.

Prof. Dr. Margrit Stamm, Prof. Dr. Xaver Büeler, Experten/wissenschaftliche Begleitung des Peer-Review-Verfahrens im Intensivprojekt Schulen (IPS)*
Im Rahmen des IPS hat Margrit Stamm, gemeinsam mit Xaver Büeler, 1999 zum ersten Mal das Peer-Review-Verfahren zur externen Begutachtung und Beurteilung von Selbstevaluationsergebnissen eingesetzt. In der Folge hat Margrit Stamm das Peer-Review-Verfahren im IPS als Expertin begleitet und als wissenschaftliche Fachperson unterstützt.

Dr. Hans Joss, Leiter Langzeitfortbildungen der Lehrerinnen- und Lehrerfortbildung des Kantons Bern
Als kompetenter und visionärer Experte hat Hans Joss während über 25 Jahren Lehrpersonen und Schulen im Kanton Bern in ihren Reflexions- und Entwicklungsprozessen unterstützt. Als Projektverantwortlicher im IPS hat er mich mit seinen Erfahrungen begleitet und mir durch ein wertschätzendes Arbeitsklima optimale Arbeitsbedingungen ermöglicht.

Einen wichtigen Beitrag zu dem vorliegenden Buch hat auch **Elisabeth Strahm-Rätz** geleistet. Als Schulleiterin, Evaluatorin und Mediatorin SDM hat sie zahlreiche Feedbackinstrumente gesammelt, entwickelt, in der Praxis erprobt und optimiert.

Ein Dank gilt auch meiner Schwester **Katrin Strahm**, die meine Texte redigiert hat.

Glossar
Mit * ausgezeichnete Begriffe werden im Glossar am Schluss der Publikation (Seite 142 f.) erklärt.

Lernende Schule als Ziel

1. **Ausgangslage der Qualitätsdiskussion** ... 10
   1.1 Kontext/Triebkräfte ... 10
   1.2 Das magische Dreieck Wollen–Müssen–Können ... 14
   1.3 Die vier Funktionen einer Evaluation ... 15

2. **Die lernende Schule** ... 17
   2.1 Qualitätsmerkmale wirksamer Schulen ... 17
   2.2 Versuch einer Synthese ... 20
   2.3 Fünf Stufen der Schulentwicklung ... 21
   2.4 Schulentwicklung, ein kooperativer Prozess ... 22

3. **Leitbild: Eine gute Schule weiss, wohin die Reise geht** ... 30
   3.1 Kontext, Sinn und Zweck des Leitbilds ... 30
   3.2 Evaluation von Leitbildern ... 31
   3.3 Anregungen zur Überarbeitung von Leitbildern ... 32

4. **Qualitätsentwicklung in Schulen (QuES): Exemplarischer Aufbau eines systematischen Q-Managements** ... 35
   4.1 Kurzporträt QuES ... 35
   4.2 QuES-Grundsätze ... 35
   4.3 Zielsetzungen und Voraussetzungen in der QuES ... 37
   4.4 Entwicklungsschritte in der QuES ... 38
   4.5 Projektorganisation und -steuerung in der QuES ... 44
   4.6 Zertifizierung QuES ... 48

Lernende Schule als Ziel

1. Ausgangslage der Qualitätsdiskussion

«Wandel findet in den Köpfen statt.» Rolf Arnold

1.1 Kontext/Triebkräfte

Welche Gründe haben zu einer breiten Diskussion über die Qualität der Schulen und ihrer Lehrpersonen geführt?
Qualität und Qualitätsunterschiede hat es schon immer gegeben. Diese sind vor allem durch Engagement, Persönlichkeit und Kompetenzen der einzelnen Lehrpersonen geprägt worden. Von einer eigentlichen Gesamtqualität der gesamten Schule ist lange Zeit nicht gesprochen worden.

In der unten stehenden Tabelle sind einige Unterschiede in der Entwicklung des Qualitätsverständnisses aufgelistet.

Qualitätsbemühungen waren früher eher	Qualitätsbemühungen sind heute
beiläufig und punktuell	planmässig und systematisch
individuell, persönlich	gemeinsam als Schule, Kollegium oder Team (in der Q-Gruppe)
freiwillig	verbindlich, mit vorgegebenen Standards
methodisch ad hoc, zufällig	methodisch reflektiert und begründet
explorativ, aus Interesse	explorativ und kriterienorientiert
privat, nicht öffentlich	öffentlichkeitsorientiert zur Berichterstattung und Rechenschaftslegung

50er-Jahre
Erinnern wir uns an die Zeit, als der Herr Lehrer neben dem Herrn Pfarrer und dem Dorfarzt noch eine anerkannte Autorität darstellte.

Als guter Lehrer gilt, wer streng ist. Qualität ist gleichbedeutend mit Ordnung, Zucht und Disziplin im Klassenzimmer. Die Schulaufsicht wird durch einen Schulinspektor ausgeübt, der alle paar Jahre einmal den Unterricht kontrolliert.

70er/80er/90er-Jahre
Lehrerinnen und Lehrer verstehen sich als pädagogische Fachpersonen. Stetige Fortbildung, Austausch und Zusammenarbeit werden wichtig. Qualität heisst nun: Gut ausgebildete Lehrerinnen und Lehrer unterrichten nach einem pädagogisch begründeten und immer umfangreicheren Lehrplan. Die Schulkommissionen und das Schulinspektorat üben noch immer eine Aufsichtsfunktion aus. Das Inspektorat nimmt einen Rollenwechsel vor, indem es neben Kontroll- und Verwaltungsaufgaben auch Dienstleistungen zur Unterstützung der Schulen erbringt.

Die Schule des 21. Jahrhunderts

Die Schule ...

... wird als Gesamtinstitution beziehungsweise Unternehmen wahrgenommen.

... kann den Wandel bewältigen und Entwicklungen antizipieren.

... und ihre Lehrkräfte orientieren sich an den Bedürfnissen der Schülerinnen und Schüler, der Eltern, der Gesellschaft und der Wirtschaft. Aus diesen Bedürfnissen formuliert die Schule ihre Angebote.

... erbringt differenzierte Dienstleistungen.

... berücksichtigt die Forderungen nach frühzeitigerer Einschulung, früherem Spracherwerb und der Aneignung von neuen Technologien. Diese Neuerungen finden ihren Niederschlag in den überarbeiteten Lehrplänen, mit einiger Verspätung auch in der Grund- und Weiterbildung.

... ist teilautonom und wird geleitet. Die Schulleitungen übernehmen Verantwortung für die Qualitätsentwicklung in pädagogischen, personellen und organisatorischen/administrativen Fragen.

... richtet ein systematisches Qualitätsmanagement ein und holt auf individueller und institutioneller Ebene von allen Anspruchsgruppen Feedbacks ein. Diese werden systematisch ausgewertet, die Erkenntnisse werden in der Praxis umgesetzt.

... berichtet über ihre Qualitätsentwicklung und erbringt gegenüber Aufsicht und Öffentlichkeit den Qualitätsnachweis.

... wird von externen Fachpersonen beziehungsweise mittels Peer-Review-Verfahren evaluiert.

12
Lernende Schule als Ziel

Welche Triebkräfte haben zur heutigen Qualitätsdiskussion in den Schulen geführt?

gesellschaftliche Trends

Lean Management der 70er-Jahre
Die Qualitätsansprüche stammen ursprünglich aus der Privatwirtschaft. Das «Lean Management» wird nach der Ölkrise eingeführt. Dezentrale Leistungserbringer erhalten mehr Kompetenzen, d. h., dass nicht mehr alle Entscheide in den grossen internationalen Zentren der Mutterkonzerne gefällt werden. Dadurch müssen die Qualitätsansprüche genau definiert werden. Es werden Q-Zertifikate eingeführt (TQM, ISO). Einen wichtigen Beitrag zur Entwicklung von Q-Systemen leistet auch die Einführung der Produktehaftpflicht.

Schlanker Staat
Der Staat hat diese Grundhaltung zum Teil übernommen. Im sogenannten «Schlanken Staat» wird die Verwaltung abgespeckt. Es werden überall NPM-Projekte eingeführt. NPM = Steuerung durch Zielvorgaben. Dieser Trend ist heute in der Politik immer noch ungebrochen, indem auch kleine Landgemeinden NPM-Projekte einführen.

Auswirkungen auf

Schule

Qualitätsentwicklung in Schulen
Die Philosophie Steuerung durch Zielvorgaben ist in den letzten Jahren auch auf Schulen übertragen worden. Zum Erreichen dieser Zielvorgaben werden ein Globalbudget und ein Lektionenpool zur Verfügung gestellt, welche die Schulen in eigener Verantwortung verwalten. Sie legen aber selber Q-Ansprüche fest und legen über deren Erfüllung Rechenschaft ab.

Forschung Gute Schulen
Einen wichtigen Beitrag zur Entwicklung von Q-Systemen haben die Untersuchungen und Erkenntnisse zur Selbstwirksamkeit guter Schulen geleistet. Dazu gehören gemeinsam erarbeitete Leitideen, gemeinsame Zielsetzungen, Werte und Normen. In der Schule gelten verbindliche, hohe, klare, bekannte Standards. Es besteht eine systematische Evaluations- und Feedbackkultur mit der Grundhaltung des redlichen Hinschauens.

Lehrpersonen

Änderung des Images der Lehrpersonen
In den letzten Jahrzehnten ist es zu einem Vertrauensverlust gegenüber den Lehrkräften gekommen; deren Autorität wird infrage gestellt. Das Konkurrenz- und Leistungsdenken in der Wirtschaft hat seinen gesellschaftlichen Niederschlag im Bildungswesen gefunden. Bereits haben 18 Kantone die gesetzlichen Grundlagen zur Einführung eines Leistungslohns verabschiedet. Die Politik hat sich gegenüber der Pädagogik durchgesetzt, obwohl Studien klar zeigen, dass die Einführung von Leistungslohn die Qualität der Schule und ihrer Lehrpersonen nicht fördert.

Q-Systeme in den Schulen
In den letzten Jahren ist vor allem in den Berufsschulen die Forderung nach einem von der Wirtschaft anerkannten Q-System gestellt worden. So laufen verschiedene Projekte mit ISO 9000ff und EFQM. Diese Projekte sind v. a. auch durch das Bundesamt für Berufsbildung und Technologie gefördert worden. Im Volksschulbereich ist ein klarer Trend zu entwicklungsorientierten Qualitätsentwicklungssystemen erkennbar (z. B. Q2E, FQS, QuES).

Professionalisierung/Standesregeln (vgl. S. 13)
Als Antwort auf die Forderung nach lohnwirksamen Q-Systemen hat die Pädagogische Arbeitsstelle des Schweizerischen Lehrerinnen- und Lehrervereins neben dem förderorientierten Qualitätsevaluationssystem FQS Standesregeln beschlossen, die für die Lehrpersonen verbindliche Standards festlegen. In praktisch allen Kantonen ist ein umfassender Berufsauftrag formuliert worden.

Nr. 1
Berufsauftrag

Die Standesregeln LCH auf einen Blick[1]

Bildungsauftrag
Die Lehrperson sorgt für eine ausgewogene Förderung der Lernenden zur Sachkompetenz, Selbstverantwortung und Gemeinschaftsfähigkeit gemäss den Bildungsansprüchen des Lehrplans.

Professionelle Unterrichtsführung
Die Lehrperson begegnet den Lernenden mit einer positiven Erwartungshaltung und bemüht sich um ihre individuelle Förderung.

Vorschriftentreue
Die Lehrperson handelt nach den gesetzlichen Vorschriften und setzt sich nötigenfalls für Veränderungen und Anpassungen ein.

Mitwirkung im Schulteam
Die Lehrperson beteiligt sich an Absprachen und Regelungen im Schulteam, an gemeinsamen Entwicklungsarbeiten und Weiterbildungen.

Führung und Verantwortung
Die Lehrperson nimmt Führung und Verantwortung in der eigenen Schulklasse und in der ganzen Schule wahr.

Zusammenarbeit mit den Partnern
Die Lehrperson arbeitet mit Eltern, Spezialdiensten, Behörden und andern an der Schule Beteiligten zusammen.

Integrität, Vertraulichkeit, Dienstgeheimnis
Die Lehrperson ist unbestechlich und behandelt Informationen, welche die Persönlichkeit, das Umfeld oder die Lernsituation eines Kindes betreffen, vertraulich.

Weiterbildung und Entwicklung
Die Lehrperson bildet sich während der ganzen Dauer ihrer Berufsausübung in den verschiedenen Bereichen fort und engagiert sich für eine Schule, die ihre Qualität überprüft und weiterentwickelt.

Unbedingte Respektierung der Menschenwürde
Die Lehrperson wahrt bei ihren pädagogischen Handlungen die Menschenwürde, achtet die Persönlichkeit der anvertrauten Kinder, Jugendlichen oder Erwachsenen und behandelt alle mit gleicher Sorgfalt und ohne Diskriminierung.

---

1 LCH Standesregeln 1999: www.lch.ch

1.2 Das magische Dreieck Wollen – Müssen – Können

Wie stellt sich die Schule zu den Forderungen nach einem allgemein verbindlichen Q-Evaluationssystem?

- Schulen haben sich schon immer auf einer Gratwanderung bewegt, einer Gratwanderung zwischen Beharren/Bewahren und Innovation. Schulen und Lehrerschaft haben aber noch nie euphorisch, mit offenen Türen, auf Neuerungen gewartet.
- Innovationen geschehen in Schulen immer wieder. Sie sind lokal begrenzt und von den pädagogischen Persönlichkeiten abhängig. Es kommt fast nie zu einem breiten Flächenfeuer. Nachhaltig sind solche Projekte meistens nur in den Köpfen von elitären Pädagogen und Bildungspolitikern. Grossartig geschilderte Pilotprojekte sehen oft nach fünf bis zehn Jahren nicht mehr so spektakulär aus.
- Die Lehrerschaft hat ungefähr 150 Jahre Training im Aufnehmen und Absorbieren von ungewollten Neuerungen (Zitat A. Strittmatter). Heute ist in den Schulen zum Teil eine grosse Innovationsresistenz feststellbar.

Das magische Dreieck in der Qualitätsdiskussion

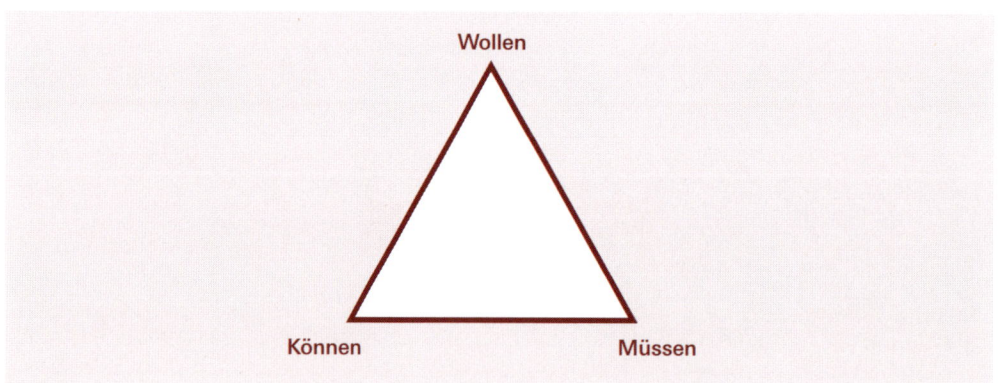

Wollen
Lehrkräfte steigen erst mit Engagement auf den Q-Zug auf, wenn Sinn und Nutzen für die Schule und ihre Lehrpersonen klar ersichtlich sind. Dies gilt es bei der Einführung eines Q-Systems vor allem zu berücksichtigen. Eine wichtige Gelingensbedingung ist, dass möglichst rasch Erfolgserlebnisse sichtbar gemacht werden.

Können
Damit Q-Entwicklungsprozesse wirksam in Gang gesetzt werden können, braucht es auch Know-how beziehungsweise Schulung aller Beteiligten. Hier zeigt es sich, dass es nachhaltiger ist, wenn Schulen und Lehrpersonen nicht einfach standardisierte Q-Instrumente übernehmen, sondern in die Lage versetzt werden, selber funktionale Q-Werkzeuge zu entwickeln. Besondere Bedeutung kommt hier einem systematischen Austausch von Wissen und Erfahrung zu, z. B. schulintern oder durch Netzwerke.

Müssen
Langjährige Erfahrungen in Q-Projekten und neue Forschungsergebnisse[2] zeigen übereinstimmend, dass klare Regeln der Verbindlichkeit ein wichtiges Merkmal für effektive Schulentwicklungsprozesse und Qualitätsbemühungen sind. Hier ist es unabdingbar, dass die Schule Mindeststandards formuliert, z. B. über das Einholen von Feedback.

---

2 Siehe dazu Enns et al. (2002), Seite 110ff.

1.3 Die vier Funktionen einer Evaluation

In der unten stehenden Evaluationslandkarte nach Nisbet können wir eine Übersicht über die vier Funktionen von Evaluationen gewinnen.

Eine erste Polarität besteht zwischen den beiden zum Teil gegensätzlichen Interessen nach **Kontrolle** und **Wachstum/Entwicklung**. Aufsichtsbehörden fokussieren beispielsweise eher auf Kontroll- beziehungsweise Qualitätssicherungsmassnahmen, während das Bedürfnis der Schulen eher in den Bereichen Wachstum und Entwicklung liegt. Lernende Organisationen sind vor allem auch an relevantem Steuerungswissen interessiert.

Eine zweite Gegensätzlichkeit liegt in den Interessen nach externer **Rechenschaftslegung** (extrinsische Motivation) und der Evaluation aus **professionellem Eigenantrieb** (intrinsische Motivation). Je nach Zweck und Zielsetzung können nun die verschiedenen Pole mehr oder weniger stark gewichtet werden, wobei es sinnvoll ist, hier ein ausgewogenes Verhältnis der verschiedenen Interessen zu finden.

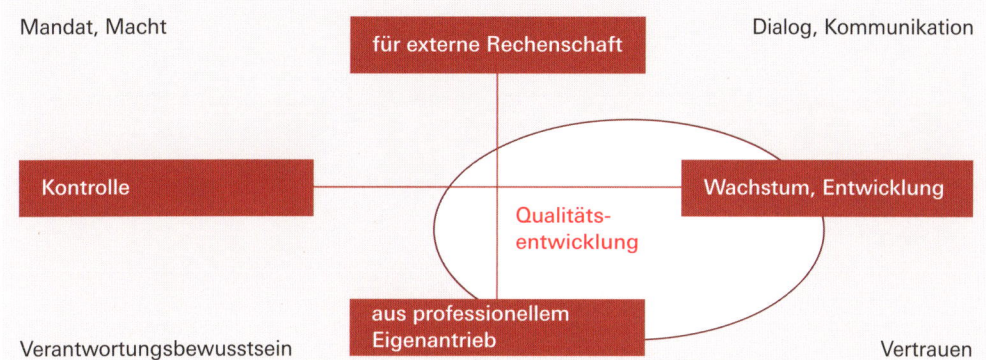

In letzter Zeit sind Schulen mit verstärkten Bedürfnissen nach externer Rechenschaftslegung und Kontrolle konfrontiert worden. (Vgl. ➡)

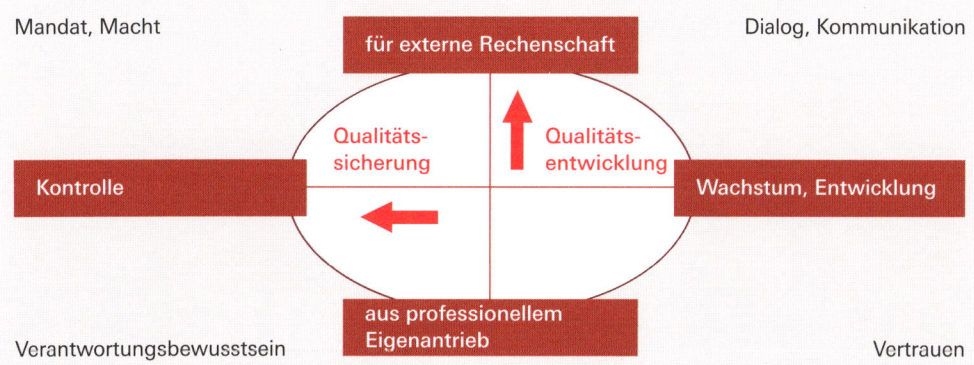

Anhand der Interessenlandkarte kann eine Analyse beziehungsweise Standortbestimmung der eigenen und fremden Qualitätssysteme vorgenommen werden:

Kontrolle versus Entwicklung

Aus der Gegenüberstellung der beiden folgenden Organisationskulturen A und B wird klar: Während in der ersten Schule A die Haltung geprägt ist von Misstrauen und dem Gefühl, kontrollieren zu müssen, kann die Grundeinstellung der Schule B mit dem Begriff «Qualitätssorge» zusammengefasst werden.

Gegensätzliche Organisationskulturen	
Hierarchische Organisationskultur A top-down	**Kooperative Organisationskultur B** bottom-up
Regelmässige angeordnete Leistungsmessungen mit veröffentlichten Ranglisten	Überprüfung des Leistungsstandes anhand geeichter Tests
Standardisierung und Dokumentation aller Q-Bereiche nach vorgegebenem Raster	Die Schule erarbeitet in einem kooperativen Prozess eigene Standards und überprüft diese regelmässig.
Selbstevaluation wird nur auf eine nachfolgende Inspektion hin durchgeführt.	Implementierung einer systematischen Selbstevaluationskultur auf individueller und institutioneller Ebene
Untersuchung von top-down vorgeschriebenen Q-Bereichen	Orientierung an Vorgaben der Behörden, am Schulleitbild und an besonderen Bedürfnissen der Schule
Regelmässige externe Inspektionen mit Berichten an Behörden und Öffentlichkeit	Regelmässige interne und externe Meta-Evaluation der Selbstevaluation, systematische Berichterstattung gegen innen und aussen
Als Beurteilende werden ausschliesslich externe Fachpersonen beziehungsweise Inspektionspersonen eingesetzt.	Neben externen Fachpersonen werden in den Evaluationen auch Peers aus Schulen eingesetzt.
Personalführung mit dienstlicher Beurteilung und Leistungslohn	Systematische förderorientierte Personalentwicklung als Stärkung der Selbststeuerung und -wirksamkeit der Lehrpersonen

In Qualitätssorge handeln heisst ...

... den umfassenden Berufsauftrag erfüllen;
... gültiges Steuerungswissen auf individueller und systemischer Ebene gewinnen;
... die Erwartungen zur Rechenschaftspflicht erfüllen;
... sich persönlich und dem Kollegium Gutes, Unterstützendes tun.

Zur Qualitätssorge braucht es persönliche und soziale Voraussetzungen

- Intaktes Selbstwertgefühl, konstruktive Fehlerkultur
- Haltung des Wissenwollens, Bedürfnis nach persönlicher Weiterentwicklung
- Zuversicht, dass Erkenntnisse in erfolgreiches Handeln umgesetzt werden können (Selbstwirksamkeitsgefühl)
- Eine unterstützende, lösungs- und ressourcenorientierte Grundhaltung der Organisation

Qualitätssorge orientiert sich an einer förderorientierten, professionellen Haltung

- Verbindlichkeit beziehungsweise Kontraktbewusstsein gegenüber den Anspruchsgruppen der Schule (gegenüber Schülerinnen/Schülern, Kolleginnen/Kollegen, Eltern, Gesamtschule, Träger usw.)
- Kontraktbewusstsein, Sorgetragen gegenüber sich selbst als Steuermann/-frau der eigenen beruflichen Identität und Gesundheit
- Exploratives Forscherinteresse (vgl. Seite 36)
- «Wahrnehmungs-Demut»: Bewusstsein, dass Wahrnehmung immer selektiv und subjektiv ist

2. Die lernende Schule

> «Eine gute Schule weiss, wo ihre Ziele liegen;
> … ob sie bei der Verwirklichung dieser Ziele Erfolg hat;
> … was beibehalten oder verbessert werden muss;
> … ob Veränderungen tatsächlich Wirkungen zeigen.»
> Archie McGlynn

Mail einer Schulleitung mit Stimmen aus dem Kollegium vom 10. 2. 2005

Bedenken eines Kollegiums zum Einstieg in ein Qualitätsentwicklungsprojekt
- Wir laden uns wieder etwas auf, was uns zusätzlich belastet.
- Wir empfinden es als Drohung, wenn gesagt wird, der Kanton werde ein Q-Entwicklungssystem vorschreiben. Besser sei es, jetzt schon selber etwas an die Hand zu nehmen.
- 360°-Umfragen sind fragwürdig. Es herrscht eine Inflation von Fragebögen jeglicher Herkunft. Jede Organisation will die Kundenzufriedenheit mittels Fragebögen erheben. Die Leute bekommen genug.
- Fishing for compliments: Entweder geben die Fragebögen nur gute Rückmeldungen, weil man nach Sachen fragt, die man glaubt, gut zu machen, oder Fragebögen können Konflikte aufdecken, die zu lösen zusätzliche Energie braucht …
- Wer ist bereit, sich zusätzlich zu engagieren?

2.1 Qualitätsmerkmale wirksamer Schulen

Seit Ende der 70er-Jahre sind Forscherinnen und Forscher, vor allem im angelsächsischen Raum, der Frage nachgegangen, ob es Merkmale «guter Schulen» gibt. Bis zu diesem Zeitpunkt hat man angenommen, dass in Schulen mit vergleichbarer Struktur (Schultyp, Gliederung, Klassengrösse), Infrastruktur und sozialer Herkunft der Schülerinnen und Schüler ähnlich gute Resultate erzielt würden.

Überraschenderweise haben die Untersuchungen bedeutende Qualitätsunterschiede aufgezeigt: Es gibt signifikante Unterschiede bezüglich der klassischen Schulleistungen, z. B. bei Prüfungsaufgaben in Mathematik und Sprache, aber auch in erzieherischen Bereichen wie Arbeitshaltung, Delinquenz, Umgang mit Mitmenschen und Material.

Diese Unterschiede treten auch bei Schulen auf, die in ihrer Struktur und Population absolut vergleichbar sind.

In zehn Untersuchungen finden sich folgende übereinstimmende Qualitätsmerkmale[3]:

Identität, gemeinsame pädagogische Leitideen und Zielsetzungen
- Das Profil der Schule, die Grundhaltung und der Konsens an Erziehungszielen sind in einem gemeinsam erarbeiteten Leitbild formuliert.
- Im Leitbild sind externe und interne Ziele, gemeinsame Werthaltungen/Ausrichtung sowie deren Umsetzung in die Schulpraxis dokumentiert.
- Es besteht ein Konsens über das Lehren, Lernen und Zusammenleben in der Schule.

---

3 Schulwirksamkeitsforschung u.a. von Edmonds (79), Aurin (90), Tillmann (94), Sammons et al. (95), Posch/Altrichter (97), Haenisch (99), Fullan (99), Ditton (00), Fend (00), Strittmatter (01), Dubs (03)

Schul- und Kommunikationskultur, Schulethos
- Die Schule pflegt ein Klima, das die Gesundheit und die Arbeitszufriedenheit aller fördert.
- Verbindliche Vereinbarungen und Regeln für das Zusammenleben sind ausgehandelt und gewährleisten eine partnerschaftliche Zusammenarbeit.
- Es besteht eine geordnete, gewalt- und angstfreie Atmosphäre, in der neben Freiräumen auch klare Grenzen gesetzt werden.
- Die Kommunikationskultur ist offen, tolerant und von gegenseitiger Wertschätzung geprägt.
- Konflikte im Schulalltag werden wahrgenommen und auf offene Weise bearbeitet.
- Das Schulleben ist anregend gestaltet – es ist etwas los.
- Schülerinnen und Schüler werden an Entscheidungsprozessen beteiligt.
- Minderheiten und Benachteiligte finden ihren Platz und werden integriert.
- Die Schule steht für Chancengerechtigkeit ein.

Zusammenarbeit, Kooperation im Kollegium
- Das Kollegium arbeitet verbindlich zusammen.
- Die Lehrpersonen identifizieren sich mit der Schule.
- Das Kollegium wirkt bei Entscheidungsprozessen mit und trifft gemeinsame Abmachungen und Verhaltensregeln.
- In wichtigen pädagogischen und methodisch-didaktischen Bereichen besteht ein Konsens.
- Das Kollegium erarbeitet gemeinsame Planungen des Unterrichts und ein gemeinsames Beurteilungskonzept.

Leitungs- und Organisationsstruktur
- Die Schule wird im pädagogischen und im administrativ-organisatorischen Bereich geleitet.
- Aufgaben, Verantwortung und Kompetenzen der Mitarbeitenden sowie von Schulleitung und Schulkommission sind geregelt und schriftlich festgehalten.
- Es gibt klare und verbindliche Informations-, Kommunikations- und Kooperationsgefässe.
- Die Schulleitung ist deutlich, partizipativ, resultatorientiert und unterstützend.
- Sie respektiert die professionellen Autonomieansprüche der Lehrpersonen und nutzt deren Ressourcen.
- Sie führt regelmässige gegenseitige Standortbestimmungen beziehungsweise Gespräche mit Mitarbeitenden zur Personalentwicklung durch.
- Sie ist offen für Neues und hält Lern- und Verbesserungsprozesse in Gang.
- Sie ist für transparente Information nach aussen und innen besorgt.
- Die teilautonome Schule nutzt ihren Gestaltungsraum.

Kernaufgabe Unterricht
- Der Unterricht ist geprägt von einer wertschätzenden Beziehung zu den Lernenden und von positiver Leistungserwartung an die Fähigkeiten und das schulische Weiterkommen der Schülerinnen und Schüler.
- Es gibt eine deutliche Zielorientierung in den curricularen Aktivitäten.
- Schwerpunkte liegen in der Aneignung von grundlegenden Fähigkeiten und in der Förderung von Schlüsselkompetenzen (fachunabhängige Erziehungsziele).
- Die Zielschwerpunkte werden über die Stufen, Klassen und Fächer hinweg koordiniert.
- Die Lerninhalte orientieren sich an der Lern- und Lebenssituation der Schülerinnen und Schüler.
- Die Lehrpersonen haben ein hohes Engagement für die Schülerinnen und Schüler und übernehmen Selbstverpflichtung und Verantwortung für deren Leistungsergebnisse (Ursachen für Misserfolge liegen nicht nur bei Schülerinnen und Schülern).

- Sie planen die optimale Nutzung des Unterrichts und den funktionalen Einsatz verschiedenartiger Methoden.
- Sie unterrichten mit einer angemessene Binnendifferenzierung.
- Sie strukturieren die Lehr- und Lernprozesse klar (Zielorientierung, Darbietung, Zusammenfassung von Inhalten, Perspektive für die kommende Lektion).
- Sie vermitteln Erfolgserlebnisse und geben häufig sachliche Rückmeldungen zu Lernerfolgen.
- Schülerinnen und Schüler übernehmen Verantwortung für ihr Lernen.

Schulentwicklung und Qualitätsevaluation
- Die Umsetzung des Leitbilds, lokale Bedürfnisse der Anspruchsgruppen und Vorgaben der Schulaufsicht werden in einem Schulprogramm formuliert.
- Es ist Ausgangspunkt für Ziele und Massnahmen der Qualitätsentwicklung.
- Die einzelnen Lehrkräfte überprüfen und reflektieren ihre pädagogischen und didaktischen Ziele durch hochwertige Feedbacks in der 360°-Verantwortung.
- Die Schule als Ganzes evaluiert periodisch ihre Wirksamkeit und Nachhaltigkeit. Alle Beteiligten werten die Evaluationsergebnisse aus, ziehen die nötigen Folgerungen und planen die notwendigen Massnahmen.

Weiterbildung der Lehrpersonen und des Gesamtkollegiums
- Die Lehrperson bildet sich in beruflichen und persönlichen Bereichen weiter.
- Sie misst dem partnerschaftlichen Austausch und der Weiterbildung im Team eine besondere Bedeutung zu.
- Die Schule hat ein Weiterbildungskonzept, das sowohl die individuellen Bedürfnisse der Lehrpersonen als auch die Weiterentwicklung der Gesamtschule berücksichtigt.

Pflege der Zusammenarbeit mit Eltern, Schulbehörden und abnehmenden Instanzen
- Die Schule arbeitet mit Eltern beziehungsweise Ausbildungsbetrieben und Entscheidungsträgern zusammen.
- Sie informiert und führt mit ihnen regelmässig Gespräche.
- Sie berücksichtigt deren Anliegen der Situation angemessen.

Vernetzung und Zusammenarbeit mit dem schulischen Umfeld
- Die Schule nutzt Kompetenzen und Ressourcen externer Fachpersonen und Beratungsstellen.
- Sie pflegt Kontakte zu Partnerschulen, um Erfahrungen auszutauschen.
- Sie pflegt Kontakte zur Öffentlichkeit (Quartier, Gemeinde, Region).

Ressourcen
- Die Schule hat schülergerechte, lernfreundliche Unterrichtsräume mit der notwendigen Einrichtungsqualität.
- Die Schulhausumgebung ist anregend gestaltet.
- Die zeitlichen und finanziellen Ressourcen für die Erfüllung der Aufgaben sind in genügendem Ausmass vorhanden.

Nr. 2
Festlegen von
Q-Ansprüchen

Lernende Schule als Ziel

2.2 Versuch einer Synthese

Systematisch gesammelte Rückmeldungen aus Projektschulen des Kantons Bern[4] haben übereinstimmend darauf hingewiesen, dass viele verschiedene Qualitätsbereiche und sehr differenzierte Indikatoren in der Praxis wenig Anklang finden.

Hier sind vor allem drei Punkte zu beachten:
1. Die **Reduktion der Komplexität** ist für die Praxistauglichkeit ausserordentlich wichtig.
2. In der Praxis haben sich vor allem **einfache, standardisierte Modelle** bewährt, die bei allen Beteiligten bekannt und akzeptiert sind. Hier ist besonders das schottische Modell zu erwähnen, das mit definierten 7 Schlüsselbereichen (Key Areas) und den 33 dazu gehörenden Indikatoren (Performance Indicators) eine einheitliche Sprache für die interne und externe Evaluation gefunden hat. Die Indikatoren gelten für alle Schulstufen und sind allen Lehrpersonen bekannt. Sie werden von den Lehrkräften sogar für die Vorbereitung der einzelnen Unterrichtslektionen angewendet.[5]
3. Schliesslich gelten selbst erarbeitete und selbst definierte Qualitätsbereiche als besonders hilfreich.

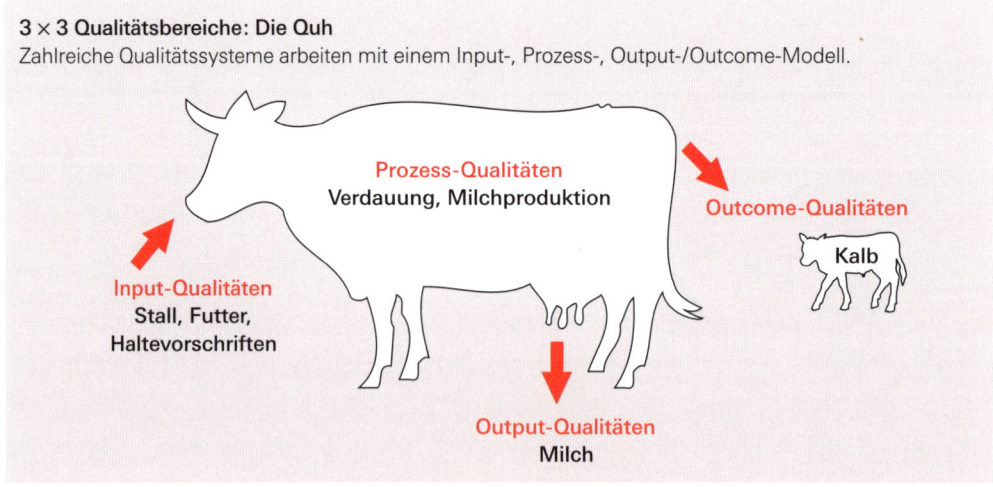

3 × 3 Qualitätsbereiche: Die Quh
Zahlreiche Qualitätssysteme arbeiten mit einem Input-, Prozess-, Output-/Outcome-Modell.

Input-Qualitäten	Prozess-Qualitäten	Output-/Outcome-Qualitäten
I Gesetzl. Rahmenvorgaben – Bildungsauftrag Schule – Berufsauftrag Lehrpersonen – Lehrplan	**I Management der Schule** – Pädagogische Schulführung – Q- und Personalentwicklung – Administration/Organisation – Information/Kommunikation	**Output:** **I Erreichen von Lernzielen, Leistungen der Lernenden**
II Strategie, Leitbild der Schule	**II Zusammenarbeits- und Schulkultur, Klima** (Lehrpersonen – Lernende – Eltern)	**II Wohlbefinden, Arbeitszufriedenheit** (Lehrpersonen – Lernende)
III Personelle, materielle, zeitliche Voraussetzungen – Lehrpersonen/Lernende – Infrastruktur und Ausstattung, Finanzen, Zeitgefässe	**III Lehren und Lernen**	**Outcome:** **III Erfolg an weiterführenden Schulen, Berufs- und Lebenserfolge**

---

4 Acht FQS/QES-Schulen 1999–2005; 42 IPS-Schulen 1998–2007
5 A. McGlynn, How good is our school (1996)

2.3 Fünf Stufen der Schulentwicklung

Neuste Untersuchungen von Katharina Maag Merki[6] haben in einer länderübergreifenden Studie in Schulen der Sekundarstufe II verschiedene Niveaustufen der Kooperation ergeben. Die folgende Zusammenstellung ist für die gesamte Schulentwicklung auf allen Schulstufen bearbeitet beziehungsweise ergänzt worden.

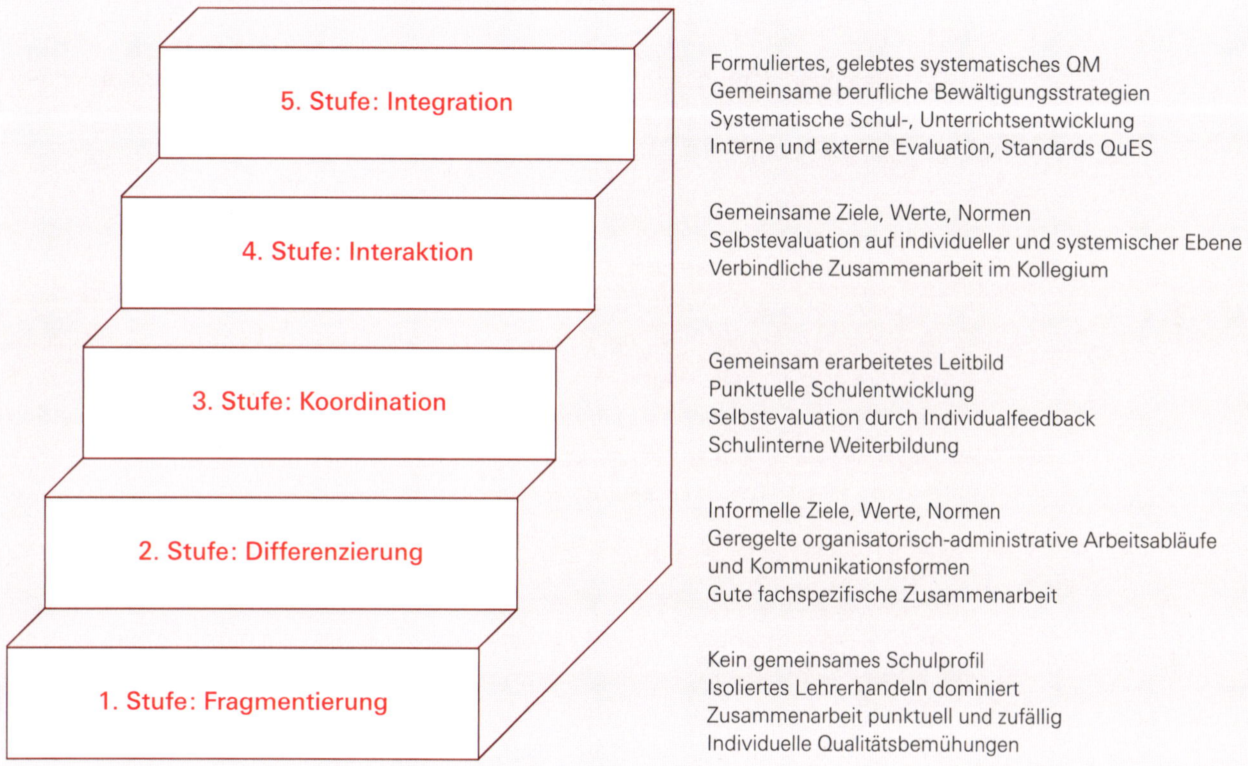

5. Stufe: Integration
Formuliertes, gelebtes systematisches QM
Gemeinsame berufliche Bewältigungsstrategien
Systematische Schul-, Unterrichtsentwicklung
Interne und externe Evaluation, Standards QuES

4. Stufe: Interaktion
Gemeinsame Ziele, Werte, Normen
Selbstevaluation auf individueller und systemischer Ebene
Verbindliche Zusammenarbeit im Kollegium

3. Stufe: Koordination
Gemeinsam erarbeitetes Leitbild
Punktuelle Schulentwicklung
Selbstevaluation durch Individualfeedback
Schulinterne Weiterbildung

2. Stufe: Differenzierung
Informelle Ziele, Werte, Normen
Geregelte organisatorisch-administrative Arbeitsabläufe und Kommunikationsformen
Gute fachspezifische Zusammenarbeit

1. Stufe: Fragmentierung
Kein gemeinsames Schulprofil
Isoliertes Lehrerhandeln dominiert
Zusammenarbeit punktuell und zufällig
Individuelle Qualitätsbemühungen

Mithilfe dieser Zusammenstellung kann die Schule eine Standortbestimmung vornehmen und den zukünftigen Handlungs- beziehungsweise Entwicklungsbedarf festlegen.

Nr. 3
Standortbestimmung
QuES

---

6 Maag Merki K., Lernende Schule, Vortrag Freiburg i. Br. (2006)

2.4 Schulentwicklung, ein kooperativer Prozess

Zehn Thesen zu wirksamer und nachhaltiger Schulentwicklung

Im Rahmen langjähriger Q-Entwicklungsprojekte habe ich den Entwicklungsprozess fortwährend evaluiert und reflektiert. Die Erfahrungen und die sich daraus ergebenden Konsequenzen habe ich jeweils in einem Themenspeicher abgelegt. Die folgenden zehn Thesen sind von Mitgliedern der Steuergruppen diskutiert und kommunikativ* validiert worden.

Sie werden hier als Steuerungswissen für Schulen und Entscheidungsträger im Bildungsbereich weitergegeben.

> **These 1**
> Die Rahmenvorgaben des Entscheidungsträgers (Bildungsdirektion, Kanton) ermöglichen, dass die Schulen individuell auf ihre Voraussetzungen und Bedürfnisse Rücksicht nehmen können.

Nur situative Gestaltungsmöglichkeiten ermöglichen die Sinngebung und eine positive Grundhaltung aller Beteiligten, was für den Erfolg entscheidend ist.

Ein Qualitätsevaluationssystem muss fördernd und unterstützend sein und den Lehrkräften sowie der Schule einen Nutzen bringen. Lehrkräfte müssen erkennen, dass ein formatives Qualitätsevaluationssystem Chancen zur Professionalisierung, zur Aufwertung des Berufsbilds und zur Stärkung des öffentlichen Vertrauens in die Schule eröffnet. Es ist sehr wichtig, Bestehendes zu würdigen und darauf aufzubauen. Die Lehrpersonen sollten innert nützlicher Frist Erfolge sehen können.

> **These 2**
> Die nötigen Zeitressourcen sind bereitgestellt. Vor allem Mitglieder von Projektleitungen und Steuergruppen beziehungsweise schuleigene Q-Beauftragte und Q-Fachpersonen benötigen zusätzliche Zeitressourcen.

Intern und extern müssen die notwendigen Ressourcen zur Verfügung stehen.

Neben einer klaren, partizipativen und kompetenten Führung ist eine vertiefende Aus- und Weiterbildung aller am Q-Prozess Beteiligten nötig. Sie müssen sich seriöses Evaluationswissen aneignen.

Wichtig sind geschützte Zeitgefässe. Für die Arbeit der Q-Gruppen und für den pädagogischen Teil der Lehrer/innen-Konferenzen müssen unbedingt Zeiträume eingerichtet werden. Am besten geeignet sind hier klar definierte Zeitgefässe in der Fortbildungspflicht gemäss Standesregeln oder Berufsauftrag.

Die Arbeit in Projektleitungen und Steuergruppen kann nicht mehr in der normalen Arbeitszeit erledigt werden. Für diese zusätzliche Anstrengung müssen entsprechende Zeitressourcen zur Verfügung gestellt werden. Erfahrungsgemäss umfassen optimale Entlastungen für Projektleitungen beziehungsweise Q-Beauftragte je nach Grösse der Schule ca. 10–20 %, für Mitglieder von Steuergruppen ca. 3–5 % der Arbeitszeit.

> **These 3**
> Schulen brauchen eine kompetente externe Beratung und Schulung.
> Schwerpunkt: Ausbildung und Coaching schuleigener Q-Fachpersonen

Um den komplexen Q-Prozess an einer Schule zu installieren, zu steuern und zu evaluieren, brauchen die Schulen eigene, speziell ausgebildete Q-Fachleute (Kaderleute) und ein Coaching durch externe Fachpersonen.

Diese erfüllen vor allem folgende Hauptaufgaben:
- Schulung, Beratung und Unterstützung von Schul- und Projektleitungen und von Steuergruppen (Kader) in Projektmanagement und Evaluationswissen
- Input-Veranstaltungen, Schulungen für Lehrkräfte in praxisbezogenem Grundwissen für Evaluationen
- Informationen für Begleitgruppen/Schulbehörden über ihre Aufgaben

Die Coachingperson muss u. a. Erfahrungen in Qualitätsevaluation, Organisationsberatung und in der Begleitung von Gruppenprozessen mitbringen. Es ist wichtig, dass sie auf die Eigenheiten der Schule Rücksicht nimmt. Das Coaching soll als unterstützend und hilfreich erlebt werden und in einer Atmosphäre des Vertrauens und gegenseitigen Respekts stattfinden.
Die Zusammenarbeit wird in einem schriftlichen Kontrakt geregelt und hält u. a. auch die Möglichkeit eines Ausstiegs aus der Beratungsbeziehung fest. Ein Abbruch erfolgt erst nach einem gemeinsamen Auswertungsgespräch.

These 4
Qualitätsentwicklung und Selbstevaluation sind für alle Lehrpersonen einer Schule verbindlich.

Die Beteiligung am Q-Prozess ist prinzipiell für alle Lehrkräfte verbindlich. Die Verpflichtung legitimiert sich insbesondere aus dem offiziellen Berufs- und Erziehungsauftrag.
- Rollen, Aufgaben, Zuständigkeiten und Mitwirkung werden in einem Reglement oder Kontrakt festgehalten.
- Für Teilpensenlehrkräfte, Berufseinsteiger/innen, evtl. für Lehrkräfte in aussergewöhnlichen Situationen müssen örtlich besondere Lösungen gefunden werden.
- Die Mitwirkung der Lehrkräfte findet innerhalb der verbindlichen Fortbildungsverpflichtung des Lehrer/innenauftrags statt. Für die Entwicklung der eigenen Schule, geplant aufgrund der Zusammenarbeit mit Kollegium und Schulleitung (Weisungen zur Lehrerinnen- und Lehrerfortbildung 94, Kanton Bern), reserviert die Schule optimal ein Drittel der Fortbildungszeit.

These 5
Die Schulleitung ist verantwortlich für das Q-Management. Rollen und Aufgaben sind klar zugeteilt.

Nach einem neueren Schulleitungsverständnis liegt die Verantwortung für das Q-Management bei der Schulleitung. Sie sorgt für ein geleitetes Q-Projekt und für eine sinnvolle Projektorganisation. Ein Q-Projekt ohne Leitung, Steuerung und klares Mandat hat wenig Aussicht auf Erfolg.

Bei der Einführung einer förderorientierten Selbstevaluation und bei deren Integration in den Schulalltag braucht es eine teilweise neue Aufgaben- und Rollenklarheit.

Eine sinnvolle Projektorganisation ist im Kapitel 4.5 beschrieben.

These 6
Das Q-Management von Schulen wird regelmässig durch interne und externe Meta-Evaluationen unterstützt.

Es ist wichtig, dass Selbstevaluationsprozesse in regelmässigen Abständen intern und extern systematisch überprüft und ausgewertet werden. Dabei ist darauf zu achten, dass die Evaluation relevant, gültig und ökonomisch ist. Damit die Erfahrungen und Erkenntnisse einer Meta-Evaluation auch die nötigen Lern- und Veränderungsprozesse auslösen, ist es sinnvoll, die Beteiligten in dieser Hinsicht sorgfältig zu schulen.

> **These 7**
> Der Kanton gibt Rahmenvorgaben für das Q-Management von Schulen. Sie beinhalten u. a. Mindeststandards für die Qualitätsentwicklung und für die Selbstevaluation.

Die Erfahrungen zeigen, dass klare Vorgaben im Sinn von Minimalstandards oder erfüllbaren Rahmenkriterien die Einführung von Q-Projekten sehr erleichtern. Sie müssen den Schulen genügend Spielräume zugestehen, damit diese einen situativ angepassten Prozess gestalten können. Es ist wichtig, dass auf Bestehendem aufgebaut werden kann. Die Evaluationsbereiche sollen sich auch an den Bedürfnissen der Beteiligten orientieren (Gesamtschule, Lehrpersonen, Eltern, Schülerinnen und Schüler, abnehmende Instanzen).

> **These 8**
> Der Aufbau eines Q-Systems wird als partizipatives Entwicklungsprojekt gestaltet. Nach Abschluss der Einrichtungsphase geht das Q-Management in die Linienorganisation zurück.

Eine seriöse Selbstevaluation kann nicht technokratisch mit einem allgemein gültigen Rezeptbuch eingeführt oder verordnet werden. Es wird von allen Beteiligten ein kreativer Lernprozess gefordert. Folgende Gesichtspunkte sind dabei wichtig:

- Evaluationsergebnisse werden systematisch umgesetzt, die nötigen Schlussfolgerungen gezogen. Die Qualität der Schule wird gegen aussen sichtbar.
- Aufwand und Ertrag müssen in einem guten Verhältnis sein.
- Die Schule legt Schwerpunkte nach ihren Bedürfnissen fest.
- Die Schule bestimmt das Tempo.
- Neben Evaluations- und Fortbildungsphasen müssen auch Integrations- und Ruhephasen eingeplant werden.
- Auf individuelle Belastungssituationen muss Rücksicht genommen werden, z.B. auf die Problematik der Belastungssituation von Berufseinsteigerinnen und Berufseinsteiger oder Lehrpersonen mit einer Burn-out-Ausprägung. Dazu werden Mitarbeitsstufen, individuelle Time-out-Möglichkeiten für Lehrpersonen und gestaffelte Einstiege angeboten.
- Die Einführung des Q-Projekts darf nicht durch aufwendige andere Projekte konkurriert werden.
- Um ein Gelingen sicherzustellen, müssen auftretende Konflikte konstruktiv gelöst werden.

> **These 9**
> Die Schule berichtet regelmässig über ihre Evaluationen und über gezogene Konsequenzen (Rechenschaftslegung, Steuerungswissen).

Das Q-System ist auch auf Legitimation ausgerichtet. Eine regelmässige mündliche und schriftliche Berichterstattung ist notwendig. Sie dient vor allem der externen Rechenschaftslegung. Das Verfassen der Berichte gibt auch Impulse zur Reflexion und Meta-Evaluation der Projekte. Ein wichtiger konstruktiver Aspekt ist die Profilbildung gegen aussen.

> **These 10**
> Die Schulbehörden sind integraler Bestandteil des Q-Managements. Ihre Rolle, ihre Aufgaben und Kompetenzen werden neu definiert.

Für ein Gelingen des Q-Projekts – aber auch für die externe Rechenschaftslegung und Kontrolle der Plausibilität – ist der Einbezug der Schulbehörden wichtig. Aufgaben und Rollen der Behörden sind definiert, schriftlich festgehalten und finden auf der strategischen Ebene statt. Die Behörde setzt zunächst vor allem auf die Seriosität der Selbstevaluation der Schule und kontrolliert diese periodisch durch externe Meta-Evaluation. Aufsichtsrechtliche Probleme, die auch summative Beurteilungen verlangen, können nicht in einem förderorientierten (Selbst-)Evaluationsprozess gelöst werden. Für die neue Rolle der Schulbehörden sind entsprechende Informationen beziehungsweise Schulungen nötig.

Ergänzende Erfahrungssätze aus Berner Projektschulen

Als Projektleiter der beiden Berner Qualitätsentwicklungsprojekte FQS*/QES und *IPS habe ich an den regelmässig stattfindenden Austauschtreffen die Rückmeldungen der Schulen systematisch gesammelt, als Erfahrungssätze verdichtet und bei Projektleitungen und Mitgliedern von Steuergruppen kommunikativ* validiert. Zusätzlich liegen mehrere Evaluations- und Forschungsprojekte vor, die uns weitere Informationen zu unterstützenden Rahmenbedingungen für Qualitätsentwicklungsprojekte liefern.[7]

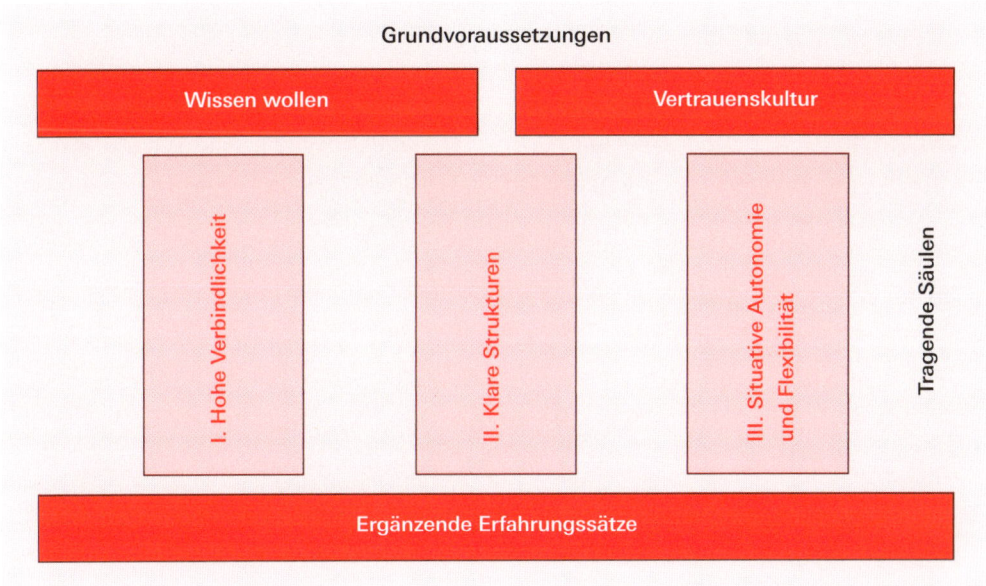

Grundvoraussetzungen

Wissen wollen

In den beiden Forschungsprojekten «Lehren und Lernen im Tandem»[8] sind die Wirkungen von gegenseitigen Unterrichtsbesuchen auf individueller und systemischer Ebene in verschiedenen Settings untersucht worden. Hier hat sich beispielsweise ganz klar gezeigt, dass die Art der Einführung für die Wirksamkeit und Nachhaltigkeit des kollegialen Feedbacks nicht von grosser Bedeutung ist. Ausschlaggebend für den Erfolg ist hingegen eine explorative (forschende) Grundhaltung des interessierten Wissenwollens. Dabei gehen wir vom Prinzip der Bereitschaft zu selbstständigem, selbst verantwortetem Handeln und Lernen aus.

Vertrauenskultur

Eine wichtige Grundvoraussetzung für eine wirksame und nachhaltige Qualitätsentwicklung ist eine wertschätzende Kommunikations- und Vertrauenskultur in der Gesamtschule. Ein konstruktiver Zusammenhalt und eine gemeinsame pädagogische Ausrichtung sind eine Voraussetzung für eine wirksame Qualitätsentwicklung. Diese wiederum unterstützt eine Zusammenarbeitskultur im Kollegium.

---

7 «10 Lehren aus 5 Jahren FQS Kt. BL», Tandem-Forschungsprojekte
8 Enns et al. (2002)

Die drei tragenden Säulen

Säule I: Hohe Verbindlichkeit

Sowohl Forschungsprojekte als auch Projektevaluationen haben deutlich gezeigt, dass Verbindlichkeit zu den wichtigsten Gelingensbedingungen in einem erfolgreichen Q-Prozess gehört. Diese wird beispielsweise in einem gegenseitigen schriftlichen Kontrakt zwischen Schule und Projektleitung definiert oder führt schulintern zu ausgehandelten, aber verbindlichen Abmachungen über die Mitarbeit im Q-Prozess der Schule.

Säule II: Klare Struktur

Alle Evaluationserfahrungen zeigen die Relevanz klarer Strukturen. Dies äussert sich zum Beispiel während der Aufbauphase in einer Projektorganisation der Schule, in der Aufgaben, Rollen und Kompetenzen geklärt sind. Auch Evaluations- und Entwicklungsschlaufen werden nach einem strukturierten und standardisierten Ablauf durchgeführt. Eine exemplarische, standardisierte Evaluationsstruktur, die in internen und externen Evaluationen eingesetzt werden kann, findet sich in den nachfolgenden Kapiteln.

Säule III: Situative Autonomie/Flexibilität

Neben geregelten Verbindlichkeiten und klaren Strukturen sind auch Freiräume unabdingbar. Sie können sich gerade durch die Struktur und die Verbindlichkeit als Ressource entfalten. Der Grundsatz der situativen Flexibilität kann beispielsweise folgendermassen umgesetzt werden:

Gesetzliche Vorgaben sind nach dem Prinzip von Rahmenbedingungen und Mindeststandards formuliert und lassen den Schulen genügend Freiraum, gemäss ihren Bedürfnissen kontextuelle Anpassungen vorzunehmen (unterschiedliche Grösse der Schule, Stadt/Land, Schultyp, -kultur usw.).

Die Schule orientiert sich an Vorgaben beziehungsweise Rahmenbedingungen der Schulbehörden oder einer Projektleitung, sie bestimmt aber die Reihenfolge und das Tempo der konkreten Umsetzung selber.

Einzellehrkräfte auf individueller Ebene und die Gesamtschule auf systemischer Ebene legen je eigene, bedeutsame Evaluations- und Entwicklungsschwerpunkte fest.

Ergänzende Erfahrungssätze aus den Schulen

Einführung als partizipatives Projekt

Einführung beziehungsweise Ausbau einer systematischen Feedbackkultur auf individueller und systemischer Ebene hat sich besonders in der Form eines Entwicklungsprojekts sehr bewährt. Hier können Ziele, Vorhaben, Verbindlichkeiten, Ressourcen und zeitlicher Ablauf genau definiert werden. Rollen, Aufgaben und Kompetenzen aller Beteiligten werden geklärt. Eine hohe Transparenz und die Erzeugung eines gemeinsamen Problembewusstseins unterstützen den Prozess.

Steuerung durch Schulleitung und Steuergruppe

Der Prozess wird durch eine funktionsfähige Steuergruppe unterstützt. Diese ist ausgewogen zusammengesetzt, wobei bei der Auswahl die Mitbeteiligung beziehungsweise Mitsprache des Kollegiums wichtig ist. Die Steuergruppe verfügt über Projektmanagement- und Evaluationskompetenz. Sie findet einen guten Umgang mit ihrem Wissens- und Könnensvorsprung und hütet sich, eine Schattenschulleitung zu werden.

Bestehende Qualitätsentwicklungselemente berücksichtigen

Es ist wichtig, dass die Schulen abgeholt werden und bestehende Elemente der Schulentwicklung in das Projekt integriert werden.

Reservierte Zeitgefässe
Wichtige Bedingungen für den Erfolg des Prozesses sind auch definierte, verbindliche Zeitgefässe, bei denen die zeitliche Beanspruchung klar begrenzt ist. Es ist günstig, wenn sich die verpflichtende Mitwirkung auf den Berufsauftrag und die obligatorische schulinterne Fortbildung abstützen kann.

Mitwirkung Teilpensenlehrkräfte
Ein besonderes Augenmerk ist auf die Mitwirkungsverpflichtung der Teilpensenlehrkräfte zu richten. Es ist förderlich, wenn die Teilnahme an der schulinternen Fortbildung, an Projekttagen, Konferenzen und Aktivitäten der Q-Entwicklung schriftlich geregelt und kommuniziert wird.

Arbeit in Q-Gruppen
Der Gestaltung der Q-Entwicklung in den Q-Gruppen kommt zentrale Bedeutung zu.
Ausnahmslos alle Projektschulen haben Gewinn und Nutzen einer partnerschaftlichen Zusammenarbeit im Strukturelement Q-Gruppe als unterstützend und weiterführend erlebt.

Spürbare Auswirkungen auf den Schul- und Unterrichtsalltag
Die Erfahrungen haben gezeigt, dass der Einstieg in einen systematischen Entwicklungsprozess vor allem im Kernauftrag Unterricht Erfolg versprechend ist. Gerade auch die neusten Tandem-Forschungsergebnisse und die systematisch durchgeführten Erhebungen bei 36 Projektschulen im IPS haben gezeigt, dass Sinn und Nutzen von kollegialen Feedbacks mit dem Tandem-Arbeitsmodell von Lehrpersonen allgemein sehr wohl erkannt und geschätzt werden.

Funktionales Handwerkszeug
Schul- und Projektleitungen, Steuergruppen und Lehrpersonen müssen über funktionales Evaluationshandwerk verfügen. Dabei ist es wirksamer, wenn alle Beteiligten befähigt werden, selber Instrumente (weiter) zu entwickeln. Bewährte Best-Practice-Beispiele helfen allerdings mit, die Entwicklung von Evaluationswerkzeug wirksam und effizient zu gestalten.

Feedbackschlaufe durchziehen
Evaluationen legitimieren sich vor allem durch ihre Auswirkungen auf die Praxis. Wichtig ist, dass die Feedbackschlaufe vollständig durchgezogen wird. Das heisst, dass der Prozess vom Wissen zum Handeln ganz systematisch gestaltet wird (siehe Handlungsleitfaden Kapitel 6.3).

Vom Individuum zum System
Damit die Q-Bemühungen vom ganzen Kollegium unterstützt werden und der Aufbau eines wirksamen Q-Managements von allen Lehrpersonen mitgetragen wird, ist ein Einstieg über Individualfeedbacks in den meisten Fällen erfolgversprechender als ein Beginn der Evaluationstätigkeiten auf systemischer Ebene. Besonders schwierig und wenig gewinnbringend sind externe Evaluationen, die nicht auf Selbstevaluationserfahrungen der Lehrpersonen und der Schule basieren.

Nr. 5
Persönliche Reflexion QE

Balance Stärken–Schwächen
Weil die Bestätigung der Selbstwirksamkeit und der Gewinn an Sicherheit für individuelle und institutionelle Entwicklungsprozesse von entscheidender Bedeutung sind, ist bei Evaluationen ein ausgewogenes Verhältnis zwischen Stärken und Schwächen anzustreben. Eine ausschliessliche Mängelfixierung löst keine Entwicklungsschritte aus.

Externes Coaching der Schulen ist notwendig

Eine externe Beratung oder Begleitung ist in der Aufbauphase notwendig und hilfreich. Dabei kann der Schwerpunkt auf die Schulung und Unterstützung der Steuergruppen, Projekt- und Schulleitungen gelegt werden. Erfahrungsnetzwerke mit Partnerschulen zahlen sich aus.

Keine Konkurrenz durch Ärgerthemen

Krisen, Konflikte oder gravierende äussere Einflüsse wie verordnete Klassenschliessungen können ein Projekt total blockieren. Wenn solche Probleme auftauchen, müssen diese erst bearbeitet werden.

Dem Leitbild Gewicht geben

Die Leitbilder ruhen oft in den Schubladen und haben wenig Auswirkungen auf die Praxis. Mit der systematischen Arbeit an der Qualitätsentwicklung der Schule können nun die (gemeinsam erarbeiteten!) Leitsätze auch wirklich umgesetzt und deren Wirkungen evaluiert werden.

Schulbehörden frühzeitig mit einbeziehen (siehe auch These 10 Seite 24 und Kapitel 3.1)

In einem erfolgreichen Qualitätsentwicklungsprojekt sind Rollen und Steuerungsaufgaben auf operativer (SL, PL, SG) und strategischer (Schulbehörden) Ebene geklärt. Eine Mitbeteiligung einer externen Begleitgruppe, in der neben den schulischen Aufsichtsbehörden weitere critical friends Einsitz nehmen können, unterstützen auf strategischer Ebene den Prozess.

Nr. 6
Ringmodell
Partizipation

Umfassende Informationen

Damit Feedbacks auch Wirksamkeit zeigen, ist eine regelmässige und umfassende Information von Schülerschaft, Eltern, Behörden und der Öffentlichkeit wichtig. Dabei geht es auch um ein aktives Informationskonzept nach dem Grundsatz: Je involvierter, desto wirksamer.

Rhythmisierung

Externe Evaluationen können in Schulen einen merklichen Entwicklungsschub auslösen, sind aber auch mit erheblichem Mehraufwand verbunden. Die Schulen brauchen danach Phasen, in denen die sinnvollen Weiterbildungs- beziehungsweise Entwicklungsschritte systematisch geplant und umgesetzt werden können. Es lohnt sich, nach besonders intensiven Tätigkeiten auch Ruhephasen einzuplanen.

Keine Papierflut

Konkrete Qualitätsbemühungen gehen oft in einer Papierflut unter. Hier gilt der Grundsatz der Beschränkung. Es ist klar, dass das Bedürfnis nach Rechenschaftslegung und Berichterstattung eine umfassende Dokumentation nötig macht. Allerdings kann dies durch eine kleinere Gruppe (z. B. PR-Verantwortliche) erfolgen. Eine Standardisierung und ein systematischer schulinterner Informationsfluss mit einem einfachen Formular helfen mit, die Papierflut einzuschränken.

Integration in den Schulalltag

Allzu oft werden umfangreiche und aufwendige Projekte gestartet, die in der Aufbauphase sehr erfolgreich sind, aber nach Projektende wieder im Sand verlaufen. Hier sind Netzwerke besonders geeignet, die Nachhaltigkeit von Entwicklungsbemühungen zu gewährleisten.

Konstruktiver Umgang mit Widerständen

Widerstände gehören zum Projekt, wobei hinter Abwehrmechanismen oft auch projektrelevantes Wissen steckt. Widerstände müssen entweder in konstruktive Mitwirkung transformiert oder in Würde ausgegrenzt werden. Es gehört zum Projektmanagement, sich ein Repertoire an Lösungsmöglichkeiten zurechtzulegen.

Nr. 7
Widerständen konstruktiv begegnen

3. Leitbild: Eine gute Schule weiss, wohin die Reise geht

3.1 Kontext, Sinn und Zweck des Leitbilds

Ein Leitbild ist ein wichtiges Instrument zur Entwicklung und Führung einer Schule. Je besser Lehrkräfte, Schulleitung, Schülerinnen und Schüler, Eltern und Behörden fähig sind, am gleichen Strick und in die gleiche Richtung zu ziehen, um eine gemeinsame, tragfähige Schulkultur zu entwickeln, desto grösser sind die Qualität und die Leistungsfähigkeit der Schule.

Die folgende Darstellung zeigt die Bedeutung des Leitbilds im Unternehmen Schule.

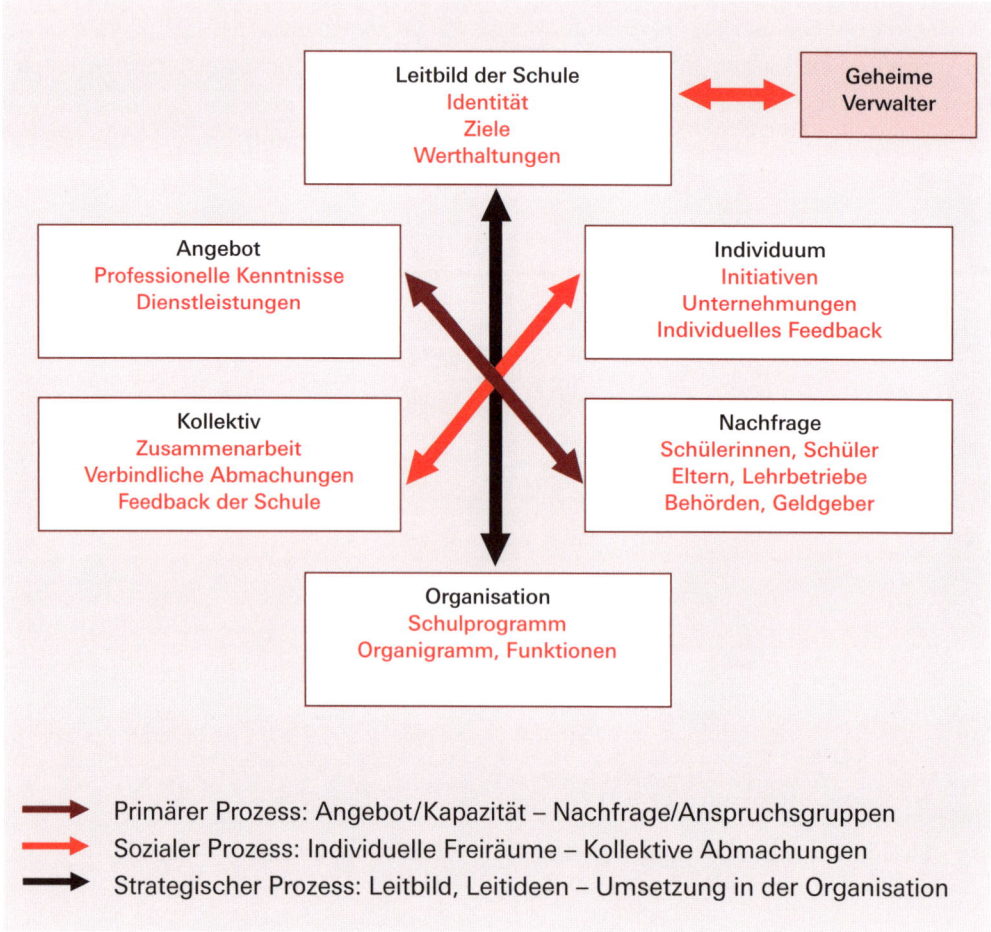

Geheime Verwalter: Schattenkabinett

Geheime Verwalter können eingeschliffene Normen oder alte Geschichten aus der Schulvergangenheit sein, z. B. alte Rivalitäten unter Lehrpersonen, Verletzungen bei der Installation einer neuen Schulleitung usw. Oft haben geheime Verwalter mehr Lenkungskraft als das Leitbild selbst. Um einen wirksamen Schulentwicklungsprozess zu gestalten und zu steuern, lohnt es sich in einer ersten Standortbestimmung, auch die geheimen Verwalter aufzuspüren und zu identifizieren. Eventuell müssen diese Altlasten in einem sorgfältigen Teamentwicklungsprozess bearbeitet werden.

In einem effektiven Leitbild werden folgende Fragen beantwortet:
Wer sind wir?	Beschreibung der Institution
Was wollen wir?	Interne und externe Ziele
Wonach richten wir uns?	Definition der gemeinsamen Werthaltungen
Was tun wir, um diesen Grundsätzen zu genügen?	Gemeinsame Ausrichtung des Verhaltens aller Mitglieder

Nr. 2
Festlegen von
Q-Ansprüchen

Nr. 10
Zukunftswerkstatt

Besonders wichtig ist, dass ein Leitbild gemeinsam erarbeitet und von allen mitgetragen wird. Der Prozess des gemeinsamen Entwerfens, Verhandelns und Diskutierens über ein möglichst realitätsnahes Idealbild der Schule ist wichtiger als das Endprodukt.

Dabei sind folgende Punkte zu beachten:
- Das Leitbild hat **Lenkungskraft** für die Organisation: Jede Aussage muss eine Auswirkung auf die Organisation und die Führung der Schule haben.
- Ein Leitbild ist immer **ziel- und zukunftsorientiert**. Es stellt eine Herausforderung an die Weiterentwicklung der Schule dar.
- Die Aussagen des Leitbilds müssen **konkret und realitätsbezogen** sein, d.h., die Grundsätze sind auch praktisch umsetzbar und überprüfbar.
- Die Abfassung eines Leitbilds ist Teil eines Prozesses: Es ist deshalb **lebendig und flexibel**.

3.2 Evaluation von Leitbildern

Die meisten Institutionen haben ein Leitbild formuliert. Dieses liegt aber eventuell schon etwas verstaubt in einer unteren Schublade und hat kaum Auswirkungen auf die Organisation und die Prozesse der Institution. Eine Analyse von 22 Leitbildern im Intensivprojekt Schule hat gezeigt, dass die Schulen diese periodisch überarbeiten müssen, um sie den neuen internen und externen Anforderungen anzupassen.

Nr. 8
Untersuchung von
22 Leitbildern

Als Projektverantwortlicher wollte ich wissen, ob die Leitbilder der Projektschulen genügen, um die schulischen Qualitäts- beziehungsweise Lern- und Verbesserungsprozesse zu steuern. Folgende Fragestellungen sind untersucht worden:
- Welche Qualitäten müssen die Schulleitbilder aufweisen, damit sie eine Steuerungswirkung im Q-Entwicklungsprozess der Schule erzielen?
- Welche Qualitätsbereiche, -dimensionen weisen die Leitbilder auf?
- Wie vollständig sind sie in Bezug auf Input-, Prozess- und Output-/Outcomequalitäten (Einordnung in das Referenzsystem Q2E)?
- Wie können die Steuerungsinstrumente zur Einrichtung eines systematischen Q-Managements in guten Schulen optimiert werden?

Analyse und Folgerungen aus der Untersuchung der Leitbilder
Die Auswertung hat gezeigt, dass Schulen die wichtigen Qualitätsbereiche sehr unterschiedlich berücksichtigen.

Alle Schulen legen auf **kollegiale Zusammenarbeit** und **Schulkultur** das stärkste Gewicht (54 Nennungen in 22 Leitbildern). Grosse Beachtung finden auch die Prozessqualitäten **Lehr- und Lernarrangement** (35 Nennungen) und **soziale Beziehungen** (24 Nennungen).

Kaum erwähnt werden die Input-Qualitäten **Qualitätsmanagement, materielle/finanzielle Ressourcen** (je 1 Nennung) und **personelle und strukturelle Voraussetzungen** (5 Nennungen). Auch die Prozessqualitäten **Schulführung/Leitung** (6 Nennungen) und **Schulorganisation und Schuladministration** (9 Nennungen) werden vernachlässigt. In der Prozessqualität Unterricht **Prüfen/Beurteilen** (1 Nennung) und in allen **Output-, Outcome-Qualitäten** sind Defizite erkennbar.

Diese Unvollständigkeit ist aus dem damaligen (Berner) Kontext heraus zu verstehen. Der Erarbeitungsprozess der Leitbilder im Jahr 1996/97 ist durch andere, aufwendige Projekte der Erziehungsdirektion konkurrenziert worden. Die Einführung eines neuen Lehrplans und die Umstellung auf das Schulmodell 6/3 hat eine intensive kollegiale Zusammenarbeit vorausgesetzt. Deshalb haben die Schulen in ihren Leitbildern besonders auf diesen Bereich fokussiert.

Aus den Ergebnissen lässt sich ableiten, dass die zum Teil bis 10 Jahre alten Leitbilder heute oft nicht mehr genügen, um den Schul- und Qualitätsentwicklungsprozess auf der strategischen Ebene zu steuern.

3.3 Anregungen zur Überarbeitung von Leitbildern

Bei der Überarbeitung des Leitbilds sind die drei folgenden Merkpunkte zu berücksichtigen:

> **Merkpunkt 1**
> Die Überarbeitung des Leitbilds ist ein kooperativer, sozialer Prozess.
>
> **Merkpunkt 2**
> Im Q-Entwicklungsprozess müssen alle relevanten Qualitätsbereiche des Unternehmens Schule berücksichtigt werden.
>
> **Merkpunkt 3**
> Die Umsetzung beziehungsweise Operationalisierung des Leitbilds muss in einem Schulprogramm konkretisiert werden.

Zu Merkpunkt 1: Die Überarbeitung des Leitbilds ist ein kooperativer, sozialer Prozess.
Alle Anspruchsgruppen müssen entsprechend berücksichtigt werden. Es könnten hier zum Beispiel systematisch in einer 360°-Verantwortung folgende Fragen gestellt werden:
Eltern: In welche Schule möchten Sie Ihr Kind gerne schicken?
Lehrpersonen: In welcher Schule möchten Sie gerne unterrichten?
Schülerinnen und Schüler: In welcher Schule möchtet ihr gerne unterrichtet werden?

Zu Merkpunkt 2: Im Q-Entwicklungsprozess der Schule werden alle relevanten Q-Bereiche des Unternehmens Schule berücksichtigt.
Es gibt hier zahlreiche, wissenschaftlich abgestützte Referenzsysteme, die als Vorlagen beziehungsweise Checklisten für bedeutsame Qualitätsbereiche verwendet werden können. Die Überarbeitung des Leitbildes kann sich z. B. an den Zertifizierungsstandards QuES (vgl. Seite 50), dem Modell der Quh (vgl. Seite 20), den fünf Qualitätsbereichen nach dem Q2E[9] oder am Beispiel auf Seite 33 orientieren.

Nr. 9
Leitbild entwickeln
und überarbeiten

---
9 N. Landwehr, P. Steiner (1999), Seite 18ff.

Beispiel A: Eine Möglichkeit ist die Orientierung an der Zusammenstellung Qualitätsmerkmale wirksamer Schulen (siehe Zusammenstellung unter Kapitel 2.1ff.)

1. Identität, pädagogische Leitideen
Das Profil der Schule, die Grundhaltung und der Konsens bei den Erziehungszielen sind in einem gemeinsam erarbeiteten Leitbild formuliert.

2. Schul- und Kommunikationskultur, Schulethos
Die Schule pflegt eine Kommunikationskultur und ein Klima, welche die Gesundheit und die Arbeitszufriedenheit aller fördern. Für das Zusammenleben gibt es klare Regeln.

3. Zusammenarbeit, Kooperation im Kollegium
Das Kollegium engagiert sich und arbeitet verbindlich zusammen.

4. Leitungs- und Organisationsstruktur
Die Schule wird im pädagogischen und im administrativ-organisatorischen Bereich zielstrebig und partizipativ geleitet.

5. Kernaufgabe Unterricht
Der Unterricht ist geprägt von Zielorientierung und deutlicher Lern- und Leistungserwartung.

6. Schulentwicklung und Qualitätsevaluation
Lehrkräfte und Schule überprüfen und reflektieren ihre Zielsetzungen durch hochwertige Feedbacks in der 360°-Verantwortung. Sie setzen ihre Erkenntnisse und Folgerungen um.

7. Weiterbildung der Lehrpersonen und des Gesamtkollegiums
Die Schule hat ein Weiterbildungskonzept, das die individuellen Bedürfnisse der Lehrpersonen und die Weiterentwicklung der Gesamtschule berücksichtigt.

8. Pflege der Zusammenarbeit mit Eltern, Schulbehörden und Abnehmern
Die Schule arbeitet mit Eltern, Behörden und Ausbildungsbetrieben sowie Entscheidungsträgern zusammen. Sie berücksichtigt deren Anliegen angemessen.

9. Vernetzung und Zusammenarbeit mit dem schulischen Umfeld
Die Schule nutzt Ressourcen externer Fachpersonen beziehungsweise Beratungsstellen und pflegt Kontakte nach aussen.

10. Ressourcen
Die Schule hat eine zweckmässige, schülergerechte Infrastruktur. Zeitliche und finanzielle Ressourcen sind in genügendem Ausmass vorhanden.

Lernende Schule als Ziel

Zu Merkpunkt 3: Die Umsetzung beziehungsweise Operationalisierung des Leitbilds wird in einem Schulprogramm konkretisiert.

Es ist notwendig, dass Aussagen des Leitbilds in einem Schulprogramm auf der konkreten Handlungsebene umgesetzt werden. In der Praxis hat sich ein Schulprogramm für jeweils zwei Jahre bewährt. Neben den Leitideen der Schule berücksichtigt ein Schulprogramm auch die besonderen, situativen Bedürfnisse der Schule und die Vorgaben des Entscheidungsträgers.

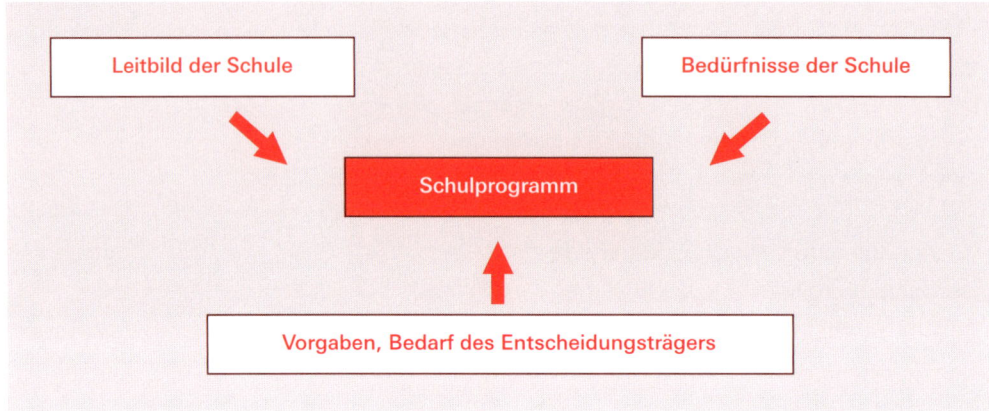

Nr. 11
Erarbeiten eines
Q-Leitbilds nach Q2E

Nr. 17
Entwicklungsvorhaben
und Schulprogramme

Im Qualitätssystem Q2E wird empfohlen, ein Qualitätsleitbild zu erarbeiten. Darin legt die Schule in einem partizipativen Prozess die Werte, Normen und Standards fest, nach denen sie sich zukünftig evaluieren will.

Weitere Ausführungen zur systematischen Planung von Umsetzungsprozessen sind im Kapitel 6.3 dokumentiert.

4. Qualitätsentwicklung in Schulen QuES: Exemplarischer Aufbau eines systematischen Q-Managements

> «Qualitätsentwicklung in Schulen zielt darauf ab,
> lernende Unternehmen zu schaffen,
> die sich selbst organisieren, reflektieren und steuern.»
> K. Maag Merki

4.1 Kurzporträt QuES

- QuES ist ein fünf Jahre dauerndes, förderorientiertes Schulentwicklungsprojekt.
- Es bezweckt die Umsetzung des Schulleitbilds und ist auf die Bedürfnisse der Schule zugeschnitten.
- Während des Projekts arbeitet das ganze Kollegium verbindlich in verschiedenen Phasen an der Qualitätsentwicklung der Schule.
- Die einzelnen Lehrpersonen und die Schule als Ganzes überprüfen mit systematisch eingeholten Rückmeldungen ihre Arbeit.
- Die Selbstevaluation der Schule ist mit externer Evaluation durch Peer Reviews verknüpft.
- Die Erkenntnisse der Evaluationen werden in die Praxis umgesetzt.
- Die Schulen berichten über ihre Arbeit und legen gegenüber externen Stellen Rechenschaft über die Qualität ihrer Arbeit ab.

Im Rahmen der QuES werden Projektleitungen und Steuergruppen aus- und fortgebildet. Sie arbeiten als Multiplikatoren und können sich im Rahmen des Projekts zu schuleigenen Fachpersonen für Qualitätsentwicklung qualifizieren, die eigenständig mit ihren Kollegien Q-Projekte planen, durchführen, auswerten und umsetzen können.

4.2 QuES-Grundsätze

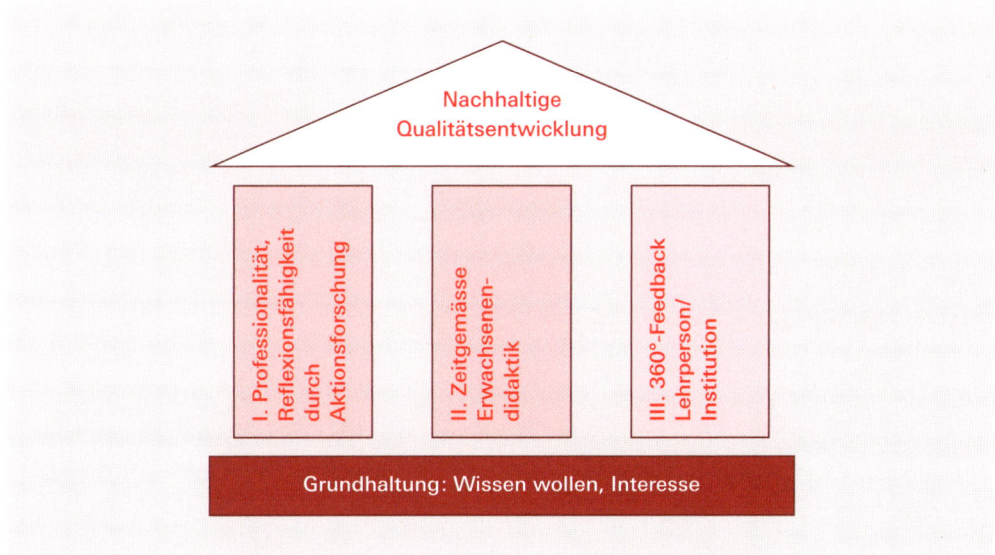

Lernende Schule als Ziel

Grundhaltung: Wissen wollen, Interesse

Nicht die methodische Perfektion ist wichtig, sondern die Grundhaltung, mit der die beteiligten Personen die Qualitätsentwicklungsprozesse planen, durchführen und auswerten. Dabei bilden folgende Grundwerte die Basis:

- Die Gesamtschule beziehungsweise die Lehrpersonen sind bereit für Veränderungen.
- Sie sind vom Sinn und der Bedeutung ihrer Arbeit überzeugt.
- Sie streben eine Verbesserung ihrer Situation an, indem sie Lern- und Entwicklungsprozesse in Gang setzen.
- Sie kommunizieren ihr Interesse an Rückmeldungen aus externen Sichtweisen.

Säule I: Professionalität, Reflexionsfähigkeit durch Aktionsforschung

«Aktionsforschung ist die systematische Untersuchung beruflicher Situationen, die von Lehrerinnen und Lehrern selbst durchgeführt wird, in der Absicht, diese zu verbessern»

John Elliott (1981)

Damit die Schule zu nachhaltigen Entwicklungsprozessen befähigt ist, müssen Lehrpersonen bereit sein, an der Weiterentwicklung einer reflexiven Berufspraxis zu arbeiten. Diese dient letztendlich auch der Arbeitszufriedenheit und Gesunderhaltung im Beruf.

Säule II: Zeitgemässe Erwachsenendidaktik

Um nachhaltige Lernprozesse bei Lehrpersonen zu ermöglichen, wird von einer zeitgemässen Erwachsenendidaktik ausgegangen. Folgende Stichworte sind wichtig:

Aktiv	Lernen ist nur über aktive Beteiligung des Lernenden möglich.
Selbst gesteuert	Bei jedem Lernen übernimmt der Lernende Steuerungs- und Kontrollprozesse. Es ist kein Lernen ohne Selbststeuerung denkbar.
Konstruktiv	Lernen ist in jedem Fall konstruktiv. Ohne den individuellen Erfahrungs- und Wissenshintergrund und eigene Interpretationen finden im Prinzip keine kognitiven Prozesse statt.
Situativ	Lernen erfolgt stets in spezifischen Kontexten, sodass jeder Lernprozess auch als situativ gelten kann.
Sozial	Lernen ist schliesslich immer ein sozialer Prozess: Zum einen sind der Lernende und all seine Aktivitäten stets soziokulturellen Einflüssen ausgesetzt, zum andern ist jedes Lernen ein interaktives Geschehen.

Dozentenleitfaden, Rolf Arnold (1999)

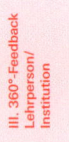

Säule III: 360°-Feedback der Lehrpersonen/Institution

«Eine konsequent auf Förderung angelegte Beurteilungskultur nutzt sowohl informelle als auch formelle Möglichkeiten in grosser Vielfalt. Hochwertige Beurteilung geschieht mehrperspektivisch im Rahmen des Kollegiums, in laufenden Rückmeldungen von Seiten der Schülerinnen und Schüler, der Eltern und der Behörden.»

These 7, Berufsleitbild LCH (1999)

«Das Einholen von Feedback ist ein zentrales Prinzip jeder Art von professionellem Training und Unterricht. Der Einsatz dieses Verfahrens ist ein unabdingbarer Teil der Lehrerprofessionalität.»

Andreas Helmke

360°-Feedback jeder Lehrperson

aus Verantwortung gegenüber ...   dem **Berufsstand (Standesregeln LCH)** und
den **Anspruchsgruppen der Schule**

Schülerinnen Schüler → ← Kollegium (Peers)

Eltern → ← Schulleitung

Abnehmer ↗ ↖ Behörden

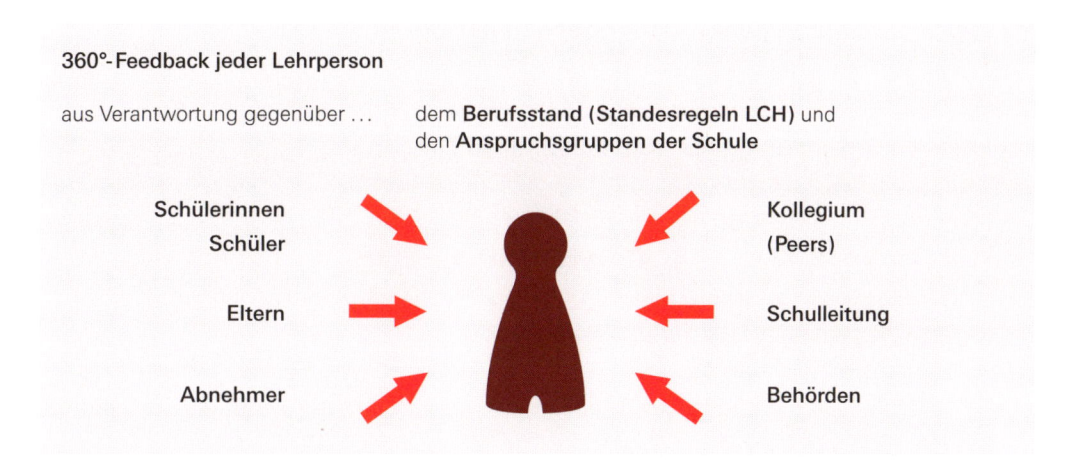

360°-Feedback der gesamten Schule

aus Verantwortung gegenüber ...   dem **Berufsstand (Standesregeln LCH)** und
den **Anspruchsgruppen der Schule**

Schülerinnen Schüler → ← Kollegium (Peers)

Eltern → ← Schulleitung

Abnehmer ↗ ↖ Behörden

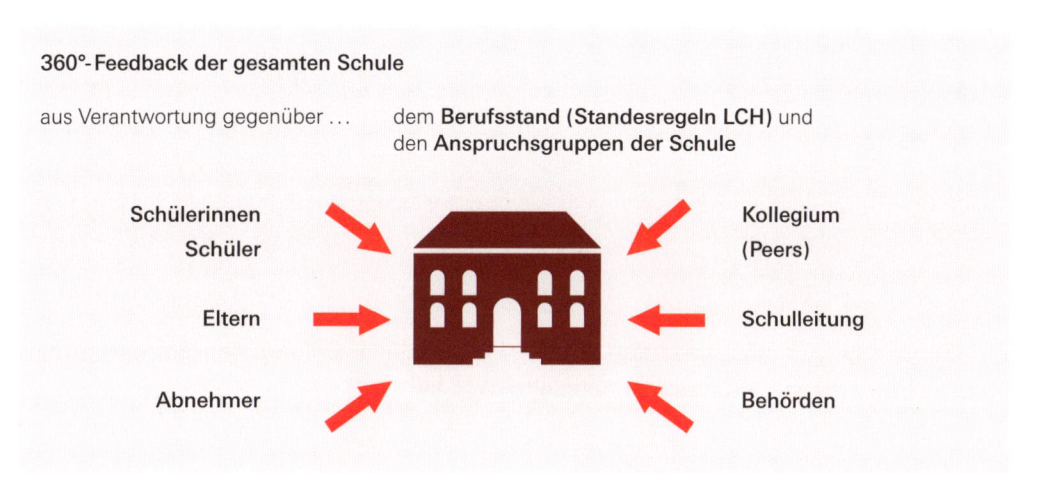

4.3 Zielsetzungen und Voraussetzungen in der QuES

Mithilfe von entwicklungsorientierter Qualitätsevaluation nähern die Schulen die Schulwirklichkeit ihrem gemeinsam erarbeiteten Leitbild an.
Das heisst konkret:
- Die Schule hat Leitsätze zu den relevanten Bereichen Input-, Prozess- und Output-/Outcome-Qualitäten formuliert. Wenn nötig, wird das Leitbild überarbeitet.
- Die Umsetzung der Entwicklungsziele wird in einem Schulprogramm konkretisiert.
- Bei Bedarf erarbeitet die Schule ein Qualitätsleitbild.

Die Wirksamkeit der Schule wird in einer 360°-Verantwortung evaluiert und weiterentwickelt.
Das heisst konkret:
- Lehrpersonen und die Schule als Ganzes holen bei ihren Anspruchsgruppen Feedbacks ein, reflektieren diese und setzen die Erkenntnisse in der Praxis um (Rückmeldungen von Schülerinnen und Schülern, Eltern, abnehmenden Instanzen, vom Kollegium, von der Schulleitung).
- Schwerpunkte sind die Evaluation und die Weiterentwicklung des Kerngeschäfts Unterricht.
- Es werden verschiedene Untersuchungsmethoden angewendet und interne und externe Sichtweisen berücksichtigt (Prinzip der Triangulation).

Die QuES trägt zur gegenseitigen Unterstützung der Erfüllung des Berufsauftrags und zur Umsetzung der Leitideen des Lehrplans bei.
Das heisst konkret:
- Durch gegenseitige Unterrichtsbesuche im Kollegium wird der Unterricht reflektiert und weiterentwickelt.
- QuES unterstützt die Zusammenarbeit im Kollegium, mit Eltern und Schulbehörden.
- Lehrpersonen arbeiten verbindlich in der Entwicklung der Gesamtschule mit.
- Im Rahmen der QuES erfüllen sie einen Teil der Fortbildungspflicht und bilden sich berufsbezogen weiter.

Im Rahmen der QuES werden schuleigene Fachpersonen für Qualitätsentwicklung aus- und fortgebildet.
Das heisst konkret:
- Q-Fachpersonen können eigenständig mit ihren Kollegien Q-Projekte planen, durchführen, auswerten und umsetzen.
- Die Ausbildungsmodule werden an einen Nachdiplomkurs für Q-Fachpersonen angerechnet.

> **Was wird von der Schule erwartet?**
> - Es liegt ein gemeinsam erarbeitetes Leitbild der Schule vor.
> - Zum Projekteinstieg wird eine Zustimmung von 80 % des Kollegiums erwartet.
> - Nach dem Mehrheitsentscheid steht das ganze Kollegium hinter dem Projekt und ist zu einer zielorientierten Zusammenarbeit mit der Projektleitung bereit.
> - Das Kollegium ist zur Übernahme von Eigenverantwortung und Eigensteuerung bereit und fähig.
> - Das Kollegium arbeitet als Team zusammen und will Konflikte konstruktiv bearbeiten.
> - Die Schulkommission unterstützt das Projekt.

4.4 Entwicklungsschritte in der QuES

Überblick

In der QuES wird nach einer sorgfältig durchgeführten Vorphase in sechs Entwicklungsschritten systematisch eine interne Evaluationskultur aufgebaut, die mit externer Evaluation durch Peer Reviews verknüpft ist. Nach Ende des QuES-Projekts führen die Projektschulen ihre Zusammenarbeit in einem selbst gesteuerten Netzwerk weiter.

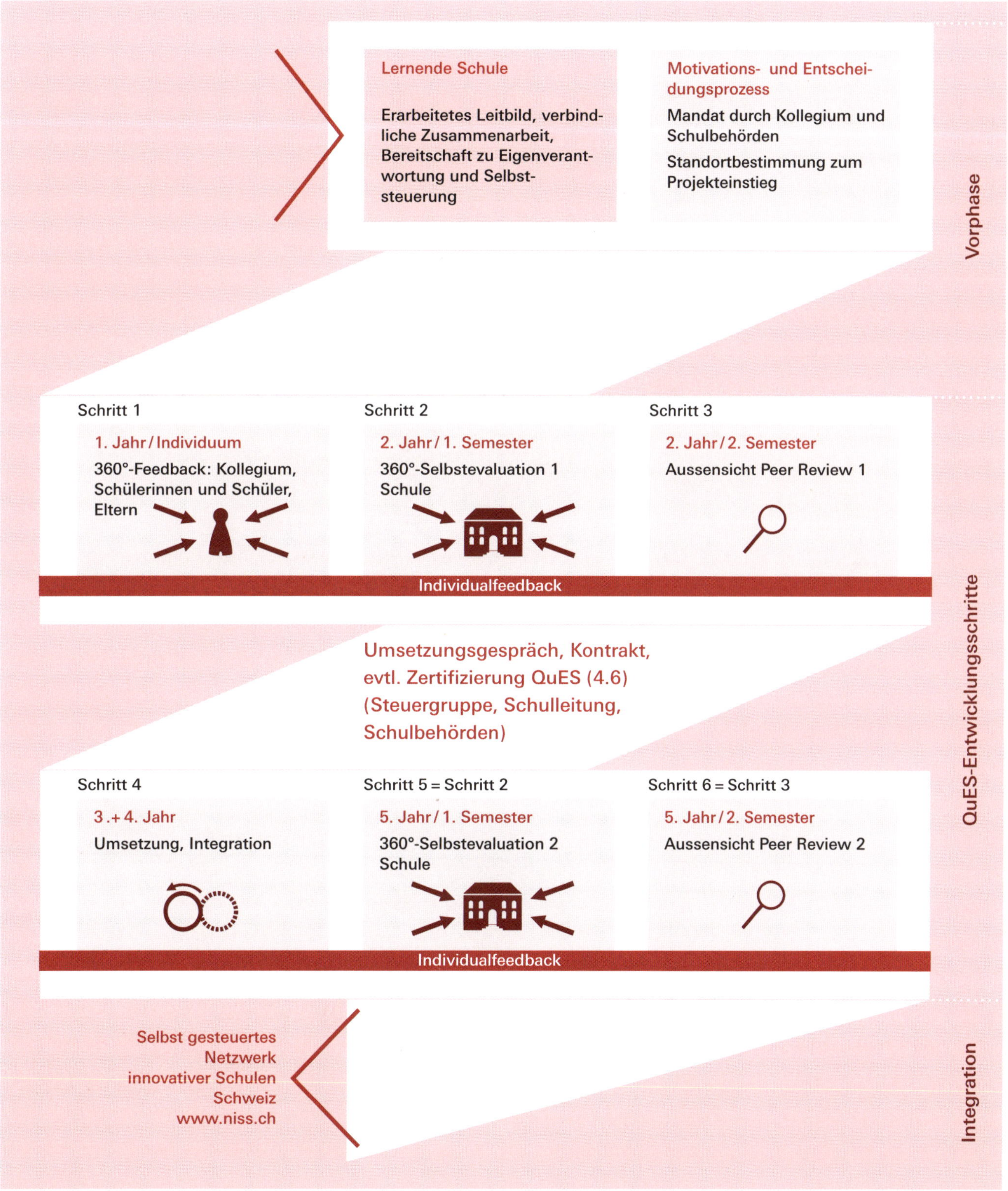

Vorphase

Lernende Schule
Erarbeitetes Leitbild, verbindliche Zusammenarbeit, Bereitschaft zu Eigenverantwortung und Selbststeuerung

Motivations- und Entscheidungsprozess
- Mandat durch Kollegium und Schulbehörden
- Standortbestimmung zum Projekteinstieg

QuES-Entwicklungsschritte

Schritt 1 — 1. Jahr / Individuum
360°-Feedback: Kollegium, Schülerinnen und Schüler, Eltern

Schritt 2 — 2. Jahr / 1. Semester
360°-Selbstevaluation 1 Schule

Schritt 3 — 2. Jahr / 2. Semester
Aussensicht Peer Review 1

Individualfeedback

Umsetzungsgespräch, Kontrakt, evtl. Zertifizierung QuES (4.6) (Steuergruppe, Schulleitung, Schulbehörden)

Schritt 4 — 3. + 4. Jahr
Umsetzung, Integration

Schritt 5 = Schritt 2 — 5. Jahr / 1. Semester
360°-Selbstevaluation 2 Schule

Schritt 6 = Schritt 3 — 5. Jahr / 2. Semester
Aussensicht Peer Review 2

Individualfeedback

Integration

Selbst gesteuertes Netzwerk innovativer Schulen Schweiz
www.niss.ch

Lernende Schule als Ziel

Vorphase

Evaluations-/Entscheidungsprozess vor dem Projekteinstieg

Vor der definitiven Anmeldung ist eine sorgfältige Evaluations- beziehungsweise Entscheidungsphase einzuplanen. Nach dem Mehrheitsentscheid mit grosser Mehrheit (z. B. 80%-Zustimmung) muss das Q-Projekt vom Gesamtkollegium mitgetragen werden und funktioniert auf einvernehmlicher Basis. Es ist für alle Lehrpersonen einer Schule verbindlich. Die Verpflichtung legitimiert sich vor allem aus dem offiziellen Berufsauftrag und Vorgaben zur Weiterbildung. Die Schulbehörden werden einbezogen.

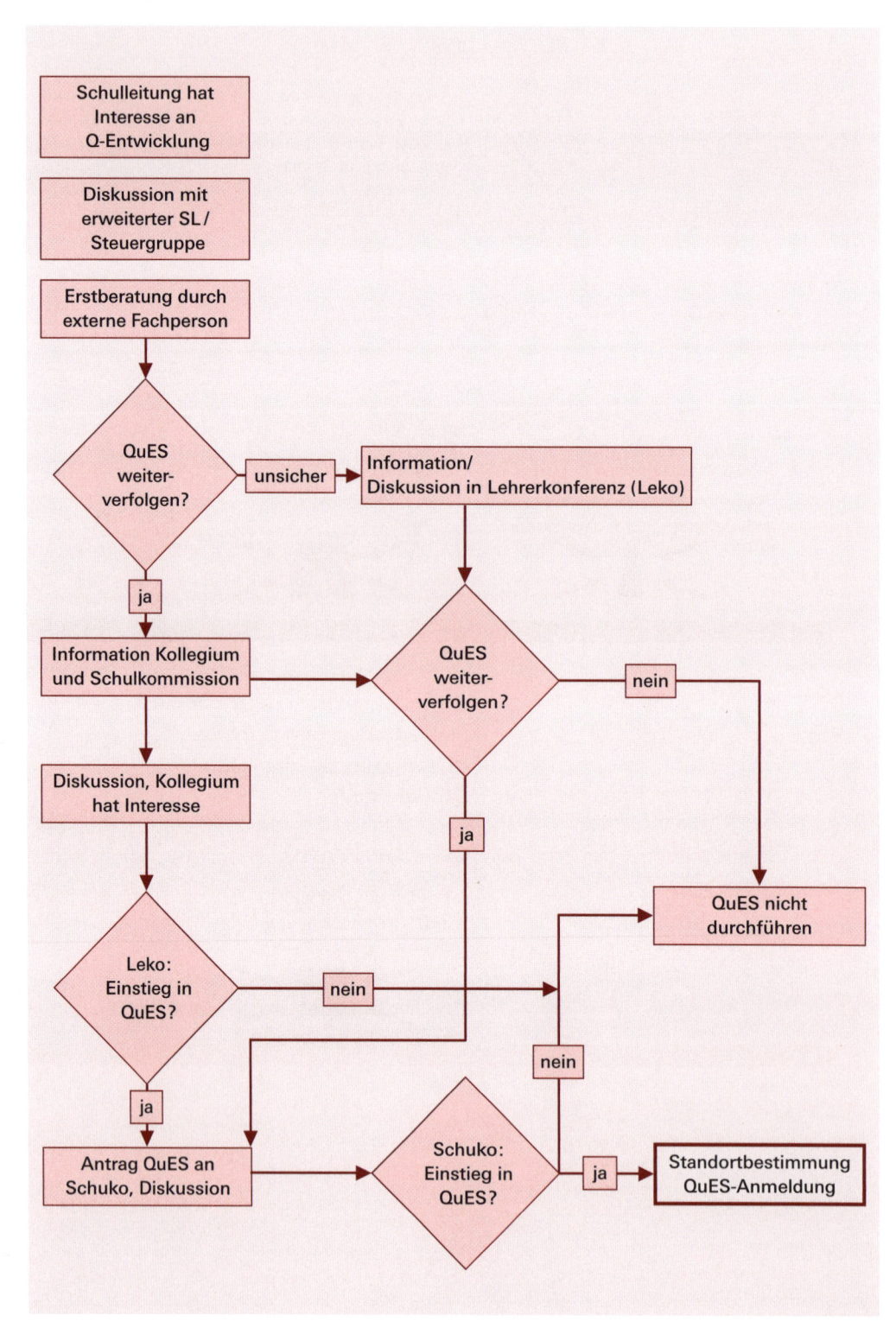

```
Schulleitung hat Interesse an Q-Entwicklung
            ↓
Diskussion mit erweiterter SL / Steuergruppe
            ↓
Erstberatung durch externe Fachperson
            ↓
     ◇ QuES weiterverfolgen? ──unsicher──→ Information/Diskussion in Lehrerkonferenz (Leko)
            │ ja                                       ↓
            ↓                               ◇ QuES weiterverfolgen? ──nein──→ QuES nicht durchführen
Information Kollegium und Schulkommission ────→        │ ja
            ↓
Diskussion, Kollegium hat Interesse
            ↓
     ◇ Leko: Einstieg in QuES? ──nein──→ QuES nicht durchführen
            │ ja
            ↓
Antrag QuES an Schuko, Diskussion ──→ ◇ Schuko: Einstieg in QuES? ──nein──→ QuES nicht durchführen
                                              │ ja
                                              ↓
                                    Standortbestimmung QuES-Anmeldung
```

Raster für Standortbestimmung zum Projekteinstieg

Damit man sich ein Bild von der Schule machen kann, werden Informationen zu folgenden Punkten benötigt:

1. Kurzbericht über den Entwicklungsstand der Schule
Wo steht die Schule bezogen auf den gesetzlichen Auftrag (Lehrplan, Volksschulgesetz)?
- Welches sind ihre Stärken, Schwächen, Entwicklungsbereiche?
- Wie ist der Stand der Leitbildarbeit, deren Umsetzung und Evaluation?
- Welche Anlässe bezüglich Kollegiumsentwicklung haben stattgefunden?
- Werden Intervisionen beziehungsweise Supervisionen durchgeführt?
- Finden gegenseitige Unterrichtsbesuche statt?

2. Rückmeldekultur an der Schule
Die Schule muss sich regelmässig Rechenschaft über die Erfüllung ihrer Aufgaben geben. Sie überprüft durch internes und externes Feedback, wie der Lehrplan umgesetzt und wie die getroffenen Vereinbarungen – z. B. Zielsetzungen des Schulleitbilds – eingehalten werden (Berner Lehrplan 1995, AHB).
- Wie sieht die Rückmeldekultur in den Klassen aus?
- Wie wird der Unterricht evaluiert beziehungsweise reflektiert?
- Finden Befragung ehemaliger Schülerinnen und Schüler statt?

3. Zusammenarbeit zwischen der Schule und den Eltern
Lehrerschaft, Schulkommission und Eltern sind zur Zusammenarbeit verpflichtet.
- Welche Grundsätze der Zusammenarbeit bestehen?
- Wie wird die Qualität der Zusammenarbeit eingeschätzt?
- Besteht ausserhalb der Schulkommission eine Elternvertretung?

4. Die Schülerinnen und Schüler sind an der Ausgestaltung der eigenen Schule beteiligt.
- Wie werden die Schülerinnen und Schüler in den Klassen/in der Schule einbezogen?
- Besteht ein systematisches Mitwirkungskonzept der Schule?

5. Weiterbildungskonzept der Schule
- Wie sieht das Weiterbildungskonzept der Schule aus?
- Welche Schwerpunkte sind in den letzten 5 Jahren bearbeitet worden?

6. Externe Evaluation durch Drittpersonen
Kollegium, Schulleitung und Schulkommission sind einverstanden mit einer externen Begutachtung der Schule durch Drittpersonen/andere Projektschulen (Peer Reviews im 2. und 5. Projektjahr) nach vorgängiger Information der Betroffenen (Lernende, Eltern, Schulbehörden, Hauswart).

7. Angaben zur Schule
Adressen, Telefon, E-Mail, Schulleitung
Anzahl Lehrkräfte und Klassen

Sechs QuES-Entwicklungsschritte (vgl. Seite 39)

Schritt 1 (1. Projektjahr)
Aufbau einer Rückmeldekultur auf individueller Ebene

Alle Lehrpersonen der QuES-Schulen holen in einer 360°-Verantwortung Rückmeldungen ein. Schwerpunkte liegen im kollegialen Hospitieren und im Einholen von Schülerinnen-, Schüler- und Elternfeedbacks. Dabei entsteht eine offene, konstruktive Rückmeldekultur, die während der ganzen Projektdauer zu einer systematischen Selbstevaluationskultur auf individueller Ebene weiterentwickelt und gepflegt wird.
(Planung, Auswertung und Durchführung des Individualfeedbacks siehe Kapitel 7.)

Schritt 2 (2. Projektjahr, 1. Semester)
Selbstevaluation der gesamten Schule

Durch Selbstevaluation holt die Schule als Ganzes Rückmeldungen zu selbst gewählten und selbst verantworteten Themenbereichen ein. Diese Schulqualitätsrecherchen erlauben die Herausarbeitung von Stärken und Schwächen der Schule als Ganzes.
(Der Aufbau einer Feedbackkultur auf systemischer Ebene ist im Kapitel 8 dokumentiert.)

Schritt 3 (2. Projektjahr, 2. Semester)
Peer Reviews

Eine externe Evaluation durch Peers (= Gleichgestellte) erlaubt der Schule die Selbstkontrolle ihrer Evaluationsergebnisse. Sie dient auch der Rechenschaftslegung nach aussen. Dabei ergänzt sie interne durch externe, alternative Sichtweisen, ermöglicht so eine Vertiefung der internen Qualitätsbemühungen und setzt Entwicklungsimpulse.
(Eine detaillierte Beschreibung des Peer-Review-Verfahrens QuES findet sich im Kapitel 9.)

Schritt 4 (3. und 4. Projektjahr)
Umsetzung/Integration der Evaluationsergebnisse

Die Evaluationsergebnisse der Schritte 1 bis 3 werden analysiert, der Handlungsbedarf wird festgelegt und ein Umsetzungsplan erstellt. Die geplanten Massnahmen, Entwicklungsvorhaben und schulinternen Fortbildungen werden in einem schriftlichen Kontrakt mit der Projektleitung beziehungsweise den Schulbehörden festgehalten. Die Schule setzt die Ergebnisse der Evaluationen in die Schulpraxis um.
(Die systematische Umsetzung von Evaluationsergebnissen ist im Kapitel 6.3 dargestellt.)

Schritte 5 und 6 (5. Projektjahr)
Analog den Schritten 2 und 3

Überprüfung der Wirksamkeit und Nachhaltigkeit der Umsetzungsmassnahmen durch Selbstevaluation der Schule und externe Evaluation mit Peer Reviews.

Zusammenarbeit in einem selbst gesteuerten Netzwerk

> «Die Entstehung von Netzwerken hat vermutlich das grösste Potenzial,
> um die Kultur des Lernens und Lehrens in Zukunft zu verändern.»
> Peter Posch

Ausgangslage
Projektschulen des Kantons Bern, die im Rahmen ihrer mehrjährigen QuES-Pilotprojekte ein systematisches Qualitätsmanagement eingerichtet haben, führen nach Beendigung des Projekts ihre gezielte Qualitätsentwicklung weiter. Sie haben im Rahmen ihrer intensiven Zusammenarbeit auf Peer-Ebene die Einsicht gewonnen, dass ein systematischer Austausch von Wissen, Erfahrungen und Schulentwicklungsinstrumenten gewinnbringend ist. Aus diesem Grund haben sie das «Netzwerk innovativer Schulen Schweiz NISS» gegründet.

Was ist ein Netzwerk?
Unter Netzwerk wird eine Verbindung von Personen oder Institutionen verstanden, die Problemlösungen zu einem gemeinsamen Thema suchen und gegenseitig Erfahrungen und Steuerungswissen austauschen wollen. Zielsetzungen sind die Erhöhung der Selbstwirksamkeit und das selbst organisierte und selbst gesteuerte Lernen auf individueller und institutioneller Ebene.

Nr. 12
Konzeptskizze Netzwerk

Zweck
Mit dem «Netzwerk innovativer Schulen Schweiz NISS» wollen gute Schulen eine wirksame und nachhaltige Qualitätsentwicklung an der eigenen Institution unterstützen. Dabei wird der systematische Austausch von Instrumenten, Wissen und Erfahrungen zur Schulentwicklung organisiert.
Folgende Tätigkeiten stehen im Vordergrund:
- Arbeit an gemeinsamen Projekten und Problemstellungen
- Austausch von Erfahrungen und Know-how
- Organisation von Weiterbildungen zu aktuellen Themen nach den Bedürfnissen der Netzwerkschulen
- Wissen und Erfahrungen an andere Schulen, Fachstellen oder interessierte Stellen weitergeben.

Adressaten
Adressaten sind
… ehemalige Projektschulen, die nach Beendigung ihres Projekts die Weiterführung und Integration ihrer systematischen Qualitätsentwicklung unterstützen wollen.
… innovative Schulen, die ein Qualitätsmanagement eingerichtet haben und an der Weiterentwicklung ihrer Schule interessiert sind.
… wirksame Schulen, die an einer internen und externen Feedbackkultur arbeiten.
… einzelne Lehrpersonen, Fachstellen oder andere Bildungsinstitutionen, die an Best-Practice-Beispielen und an Wissens- und Erfahrungsaustausch interessiert sind.
Beteiligte Netzwerk-Schulen sind bereit, ihre Erfahrungen weiterzugeben und Besuche von interessierten Partnern zu empfangen.

Organisation
Auf der Homepage www.niss.ch wird der Wissensaustausch organisiert. Wer Beiträge liefert, wird Mitglied des Netzwerks und erhält fortwährend die neusten Informationen aus den Netzwerkschulen.

4.5 Projektorganisation und –steuerung in der QuES

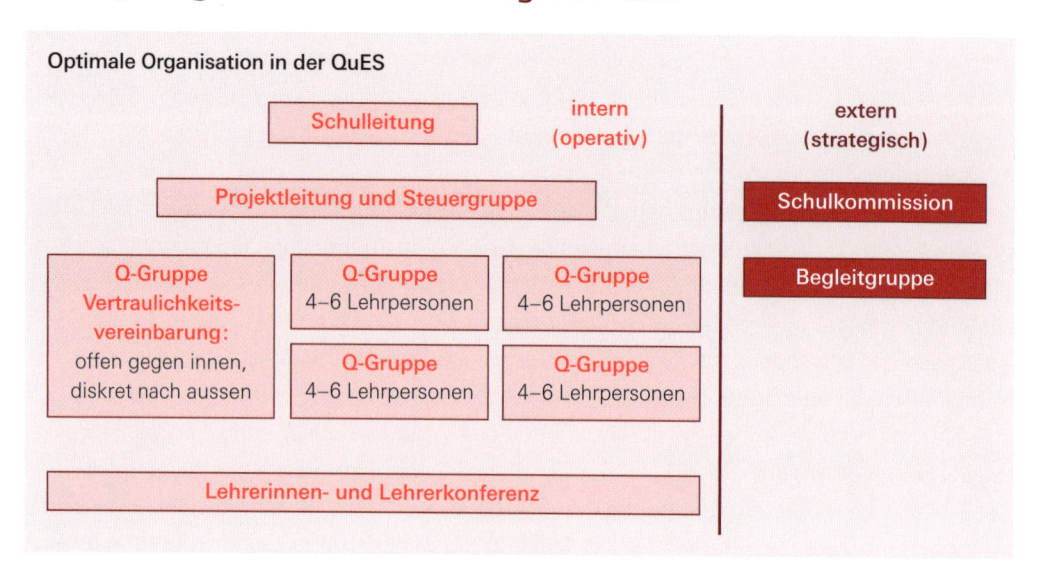

Optimale Organisation in der QuES

	intern (operativ)	extern (strategisch)
Schulleitung		Schulkommission
Projektleitung und Steuergruppe		Begleitgruppe
Q-Gruppe Vertraulichkeitsvereinbarung: offen gegen innen, diskret nach aussen	Q-Gruppe 4–6 Lehrpersonen / Q-Gruppe 4–6 Lehrpersonen / Q-Gruppe 4–6 Lehrpersonen / Q-Gruppe 4–6 Lehrpersonen	
Lehrerinnen- und Lehrerkonferenz		

Aufgaben, Rollen und Kompetenzen in der QuES sind wie folgt verteilt:

Lehrpersonen

… arbeiten gemäss dem vereinbarten, verbindlichen Mitwirkungsgrad auf die Zielsetzungen der QuES hin und sind an Fortschritten interessiert;

… setzen für den Entwicklungsprozess Arbeitszeit ein (evtl. im Zeitgefäss der schulinternen Fortbildung);

… stellen ihre Erfahrungen, ihre Berufskompetenz der Q-Gruppe zur Verfügung;

… geben im Rahmen der Q-Gruppe Einblick in ihren Unterricht und ihre Feedbacks.

Nr. 13 Lehrpersonen mit kleinen Pensen

Q-Gruppen

Alle Lehrpersonen sind in **Qualitätsgruppen** (Q-Gruppen) zu 4 bis 6 Personen organisiert. Diese holen nach gemeinsam vereinbarten Themen und Zielsetzungen auf individueller Ebene Feedback ein. Dieses wird gemeinsam ausgewertet, dokumentiert und darüber, unter Wahrung der Vertraulichkeit, Bericht erstattet.

Eine Q-Gruppe arbeitet für eine bestimmte Zeit zusammen. Erfahrungsgemäss hat sich eine **Zeitspanne von zwei Jahren** bewährt. Die Bildung der Q-Gruppen ist mit Sorgfalt vorzunehmen, es kann hier zu Verletzungen oder Blossstellungen kommen.

Die **Zusammensetzung** kann nach folgenden Kriterien vorgenommen werden:
- Zusammensetzung nach Sympathie-/Vertrauensgruppen
- bestehende Teams (Stufenteams, Fachschaften, Klassenteams)
- stufen- und/oder fächerübergreifende Kontrastgruppen
- themenbezogene Interessen

Die Q-Gruppe funktioniert als **kollegiale Feedback- und Beratungsgruppe**, die sich durchwegs in allen Qualitätsentwicklungsprojekten als **wichtigstes Strukturelement** bewährt hat. Einerseits findet durch den kollegialen Austausch im Sinn einer Triangulation ein grösserer Anregungsreichtum statt, andererseits stellt der halböffentliche Charakter einer Peer-Gruppe einen verbindlicheren Rahmen für die seriöse Durchführung und Auswertung der Selbstevaluation dar. Die Ergebnisse der Tandem-Forschung haben u. a. gezeigt, dass bei institutioneller Einführung der gegenseitigen Unterrichtsbesuche bei ablehnenden Lehrpersonen die Mogel- und Ausweichmöglichkeiten in Tandems klar grösser sind als in einer Q-Gruppe.

Je nach Kontext, Funktion und System werden für die Q-Gruppen unterschiedliche Namen verwendet: Trainingsgruppen, Reflexionsgruppen, Peer-Gruppen.

Folgende sechs Aufgaben werden der Q-Gruppe übertragen:

1. **Gemeinsames Vorbereiten der Individualfeedbacks**
   Themenwahl, Bestimmen von Kriterien, Indikatoren, Entwickeln der Feedbackinstrumente, z. B. für eine Schülerinnen- und Schüler- oder Elternbefragung
2. **Organisieren des kollegialen Hospitierens**
   Absprachen über Erwartungen, Zielsetzungen, Beobachtungsgesichtspunkte, Ort, Zeit
3. **Spiegeln und kritisches Kommentieren**
   Feedback geben und nehmen, kritisches Betrachten der Ergebnisse durch die Beteiligten
4. **Gemeinsame lernende Auswertung**
   Auswerten der Evaluationsergebnisse; Planen und Umsetzen derselben
5. **Meta-Evaluation**
   Reflexion der Zusammenarbeit, Überprüfen der Evaluation; Auswerten der Erfahrungen mit den gewählten Vorgehensweisen, Methoden und Instrumenten anhand von Verfahrensstandards
6. **Berichterstattung**
   Weitergeben von Erfahrungen an andere Q-Gruppen; Melden von Steuerungswissen an Schulleitung und Behörden; Melden von Legitimationswissen via Schulleitung an Behörden und Öffentlichkeit

Die Q-Gruppen schliessen eine Zusammenarbeits- und Vertraulichkeitsvereinbarung ab, welche grösstmögliche Offenheit innerhalb der Gruppe und absolute Diskretion gegen aussen sichert.

Mit folgenden Massnahmen kann die Zusammenarbeit in der Q-Gruppe optimiert werden:
- Die sechs Aufgaben der Q-Gruppe sind klar umschrieben, kommuniziert und werden periodisch überprüft (Meta-Evaluation);
- Die Q-Gruppe gibt sich einen Namen beziehungsweise ein Motto;
- Q-Gruppensitzungen sind moderiert. Für Q-Gruppen-Leitungen wird ein Coaching eingerichtet. Es wird auch auf Wissen im Umgang mit gruppendynamischen Schwierigkeiten geachtet;
- Für Q-Gruppen in Schwierigkeiten wird ein Beratungsangebot bereitgestellt;
- Es findet alle 2–4 Jahre ein Wechsel der Zusammensetzung statt.

Nr. 13
Arbeit in Q-Gruppen

Steuergruppe

Die Steuergruppe besteht aus Vertretungen der Qualitätsgruppen und der (pädagogischen) Schulleitung. Idealerweise delegiert jede Q-Gruppe ihre Leitung in die Steuergruppe. Da die Steuergruppe nicht mehr als sieben Personen umfassen sollte, brauchen grosse Schulen eventuell noch eine Substruktur in Form eines Q-Forums.

Die Steuergruppe plant, steuert und koordiniert die Evaluationsprozesse im Rahmen der QuES. Ihre Mitglieder werden durch die Lehrerschaft bestimmt. Sie werden systematisch zu schuleigenen Q-Fachpersonen aus- und fortgebildet und geben ihr Wissen nach dem Multiplikatorenprinzip an das Kollegium weiter.

Die Steuergruppe
- … macht rechtzeitig auf zu klärende Fragen und Entscheidungen zuhanden der Lehrerschaft, Schulleitung und Beratung aufmerksam;
- … schlägt Evaluationsvorhaben vor (Thema und Arbeitsform);
- … plant Schulqualitätsrecherchen, führt sie durch und wertet sie aus;
- … sorgt für gute Informationsflüsse;
- … unterstützt die Vertretung gegen aussen;
- … kann externe Beratung anfordern.

Schulleitung/Projektleitung

Die Schulleitung führt das Projekt selbst oder delegiert diese Aufgabe an einen Q-Verantwortlichen. Die Projektleitung besitzt das Vertrauen der Lehrerschaft und übernimmt folgende Pflichten in der QuES:

Die Projektleitung

- … leitet die QuES und garantiert eine korrekte Durchführung;
- … sorgt für Sinngebung und ehrliches (Re-)Kontrakting (d. h. gibt auch Widerständen, Ängsten Raum);
- … fordert kontraktgemässes Verhalten ein;
- … veranlasst und moderiert interne Meta-Evaluationen;
- … leitet und veranlasst Schulqualitäts-Recherchen;
- … redigiert und kommuniziert die Berichterstattung nach aussen;
- … vertritt die Schule nach aussen;
- … achtet auf Rollen-/Funktionsklärung bezüglich der verschiedenen Beurteilungslinien (Trennung von Aufsicht und Entwicklung!);
- … erkennt Probleme und greift diese auf (z. B. Q-Gruppen in Schwierigkeiten);
- … veranlasst und/oder führt Kriseninterventionen durch (z. B. bei erheblichen Beschwerden);
- … kann Beratung anfordern;
- … wendet das 360°-Feedback sichtbar selbst an.

Die oben stehenden Aufgaben und Kompetenzen müssen zwischen Projekt- und Schulleitung geklärt und definiert werden.

Extern
Schulbehörden

Das Inspektorat unterstützt die Ziele der QuES und erteilt die zur Durchführung erforderlichen Bewilligungen im Rahmen seiner Kompetenzen. Es ist Feedbackpartner der Schulleitung und führt die periodischen Controlling-, Reporting-Gespräche in einer wertschätzenden und förderorientierten Haltung durch.

Die Schulkommission unterstützt die Ziele des Projektes und erteilt die zur Durchführung erforderlichen Bewilligungen im Rahmen ihrer Kompetenzen. Sie nimmt Einsitz in der Begleitgruppe.

Die Schulkommission

- … schafft günstige Rahmenbedingungen für die Selbstevaluation (Anteilnahme, Ressourcen);
- … nimmt Anteil, zeigt Interesse an den Menschen und der Schule (Fragen, Zuhören, Schulbesuche, Mitwirken);
- … unterstützt die Schul- beziehungsweise Projektleitung;
- … stellt sich als Partner im Rahmen der 360°-Verantwortung für Schul-, Projektleitungen und Lehrkräfte für formative Feedbacks zur Verfügung;
- … regt in Zusammenarbeit mit der Schulleitung Untersuchungen zur Beschaffung von Steuerungswissen in ihren Zuständigkeitsbereichen an;
- … arbeitet an Rollenklarheit mit, vermeidet schwammige Überschneidungen;
- … veranlasst Kriseninterventionen, trifft Entscheide im Zuständigkeitsbereich, trennt diese jedoch klar vom QuES-Prozess ab.

Daten beziehungsweise Erkenntnisse aus der Selbstevaluation der Lehrpersonen sind der Behörde generell nicht zugänglich.

Begleitgruppe

Die Begleitgruppe ist in ihrer Rolle für die Schule unterstützend und sorgt für die Legitimation der Selbstevaluation der Schule gegenüber den Behörden. In diesem Sinne ist sie ein Verbindungsglied zwischen Behörden und der Schule. Ihr Auftrag ist auf die Dauer eines QuES-Projekts beschränkt.

Die Begleitgruppe

... wertet die Berichte aus (Plausibilitätskontrolle);
... lässt sich periodisch über das Q-Projekt informieren und diskutiert dessen strategische Ausrichtung mit dem Zweck, Schul-, Projektleitungen und Steuergruppen in der Optimierung des Prozesses zu beraten.

Jedes einzelne Mitglied

... bringt seine besondere Sichtweise aus seinem jeweiligen institutionellen Hintergrund als Bereicherung für die Prozesssteuerung ein;
... schützt den Entwicklungsprozess der Schule vor störenden Einflüssen;
... arbeitet an Rollenklarheit mit und hilft bei der Vermeidung von schwammigen Überschneidungen;
... ist mitverantwortlich für die interne und externe Meta-Evaluation des QuES-Projekts.

Aufgabenverteilung und Verantwortlichkeiten zwischen Schulkommission und Begleitgruppe werden situativ in einem Kontrakt geregelt.

Externe Beratungspersonen/Coaches

... beraten die Projektleitungen und Steuergruppen;
... führen Schulungen und Informationen im Rahmen des QuES-Projekts durch;
... stellen ihr Wissen und ihre Erfahrungen in Absprache mit der Projektleitung beziehungsweise Steuergruppe zur Verfügung

Ihre Beratung ist anwaltschaftlich, sie bemüht sich darum, dass die Zielsetzungen des Projekts erreicht und die QuES-Philosophie in den Schulen umgesetzt wird.

4.6 Zertifizierung QuES nach Mindeststandards für Qualitätsentwicklung[10]

Wozu eine Zertifizierung?

Heute besteht ein klarer Trend der gesetzlichen Verpflichtung zu einem wirksamen und nachhaltigen Qualitätsmanagement. Alle Erfahrungen aus Pilotprojekten weisen darauf hin, dass eine systematisch geplante Selbstevaluation Grundvoraussetzung für eine dauerhafte Qualitätsentwicklung beziehungsweise -sicherung der Schule ist. Diese wird mit einer externen Evaluation überprüft.

Mit dem Zertifizierungsverfahren QuES werden folgende Ansprüche überprüft und bestätigt:
- Einrichtung eines zweckmässigen Qualitätsmanagements nach den vorgegebenen Rahmenbedingungen der Schule
- Durchführung und Auswertung von systematisch geplanter Selbstevaluation auf individueller und institutioneller Ebene zum Zwecke einer dauerhaften Qualitätsentwicklung und -sicherung, aus professionellem Eigenantrieb sowie zur Rechenschaftslegung gegenüber Dritten
- Konsequente Umsetzung der Evaluationsergebnisse
- Externe Berichterstattung/Rechenschaftslegung über die Befunde der Evaluation, Steuerungswissen und die konkrete Umsetzung der Ergebnisse

Was ist ein Zertifikat QuES?

Die Berner Fachstelle für Schulentwicklung, Evaluation und Beratung bescheinigt der Schule, dass sie ein systematisches und nachhaltiges Qualitätsmanagement eingerichtet hat.

Auf individueller und institutioneller Ebene werden Rückmeldungen zur Unterrichts- beziehungsweise Schulqualität eingeholt und reflektiert. Eine externe Evaluation mit dem Peer-Review-Verfahren überprüft die Ergebnisse der Selbstevaluation. Die daraus abgeleiteten Erkenntnisse werden in die Praxis umgesetzt.

Die Schule beachtet folgende Standards:
- Die Beteiligung aller Betroffenen in der Selbstevaluation wird gewährleistet. Diese ist systematisch geplant, die Verfahrensregeln sind geklärt.
- Die Selbstevaluation wird mit einer externen Evaluation überprüft.
- Es werden bedeutsame Themen der Unterrichts- beziehungsweise Schulentwicklung untersucht. Die Auswahl der Evaluationsgegenstände ist begründet.
- Angestrebt werden Klarheit der Ziele, Klima der Offenheit, mehrperspektivische Untersuchungsanlagen, hohe Aussagekraft der Befunde.
- Die Evaluation wird dokumentiert. Es erfolgt eine zweckmässige Berichterstattung nach innen und nach aussen.

Die Befunde der Evaluation werden konsequent in Verbesserungen und Massnahmen zur Erhaltung der Qualität umgesetzt und zur Sicherung des Entwicklungsprozesses genutzt.

---

[10] Orientierung an Schweiz. Mindeststandards für die Selbstevaluation von Schulen (Vorschlag einer Expertengruppe an die EDK 2001) und am EU-Leonardo-Projekt «Peer Review zur Qualitätsentwicklung und -sicherung»; Zertifizierungsstelle unter www.befaseb.ch

Welches sind die Zertifizierungsstandards?

1. Die Schule gewährleistet mit ihrem Qualitätsmanagement eine wirksame und nachhaltige Qualitätsentwicklung beziehungsweise -sicherung.
- Das QM ist reglementarisch festgehalten (z. B. in einem Q-Handbuch der Schule).
- Das Konzept orientiert sich an den gesetzlichen Rahmenvorgaben, an den Produkten und Dienstleistungen der Schule, an den Bedürfnissen der verschiedenen Anspruchsgruppen und am Leitbild der Schule.
- In diese Regelung können alle interessierten Personen Einsicht nehmen.

2. Die Schule unterstützt mit der systematisch geplanten Selbstevaluation ihre Entwicklung zu einer lernenden Organisation.
Die Selbstevaluation umfasst
- individuelle Selbstevaluation (Aspekte der Aufgabenerfüllung der Personen);
- schulbezogene Selbstevaluation (Aspekte der Aufgabenerfüllung der Schule beziehungsweise von Abteilungen);
- Überprüfung der Selbstevaluation (Meta-Evaluation);
- definierte Bezüge zur Personal- und Schulentwicklung und zur Rechenschaftslegung beziehungsweise Aufsicht;
- geklärte Verfahrensregeln, namentlich der Umgang mit sensiblen Personendaten.

3. Die Schule untersucht bedeutsame Themen.
Sie verfügt über evaluationsgestütztes Qualitätswissen in folgenden Bereichen:
- **Input-Qualitäten**, z. B. gesetzliche Rahmenvorgaben, Strategie/Leitbild; personelle, materielle und zeitliche Ressourcen
- **Prozessqualitäten**, z. B. Management, Zusammenarbeits- und Schulkultur; Lehren und Lernen
- **Output-/Outcome-Qualitäten**, z. B. Leistungen der Lernenden und Lernergebnisse, Wohlbefinden/Arbeitszufriedenheit/Erfolg an weiterführenden Schulen/Berufs- und Lebenserfolge. Lehrpersonen fokussieren vor allem auf die Teilaspekte Zusammenarbeits- und Schulkultur, Lehren/Lernen und Lernergebnisse.

4. Die Selbstevaluation bemüht sich um hohe Aussagekraft der Befunde (= Validität).
- Schulen und Lehrpersonen verwenden verschiedene, mehrperspektivische Evaluationsverfahren (Methoden/Instrumente).
- Diese sind zuverlässig, zweckmässig und ökonomisch.
- Evaluationsaktivitäten geschehen anhand vereinbarter Zielnormen, Qualitätskriterien und entsprechender Indikatoren.
- Erhebung und Auswertung sind für Dritte nachvollziehbar.

5. Es erfolgt eine zweckmässige Berichterstattung.
- Es wird intern und extern über den Vollzug der Selbstevaluation und dabei gewonnene Verfahrenserkenntnisse berichtet.
- Erkenntnisse werden weitergeleitet, sodass sie der Erfüllung der schulischen Aufgaben am Ort, der Entwicklung von Einzelpersonen und der Entwicklung des betreffenden Schulsystems dienen.

6. Die Selbstevaluation wird durch eine externe Evaluation mit dem Peer-Review-Verfahren überprüft.
- Die Schule dokumentiert die Ergebnisse der Selbstevaluation in einem Portfolio.
- Personelle und finanzielle Ressourcen werden adäquat eingesetzt.
- Die Peers werden gezielt auf ihre Aufgabe vorbereitet.
- Das Kollegium ist am Peer-Review-Prozess beteiligt.

7. Die Befunde werden konsequent umgesetzt.
- Die Befunde der Selbstevaluation werden in Massnahmen umgesetzt, die dem Erhalt und der Weiterentwicklung der Qualität sowie der Behebung von Mängeln dienen.
- Die Wirkungen der Massnahmen werden dokumentiert und nachgeprüft.

Nr. 14
Zertifizierung QuES

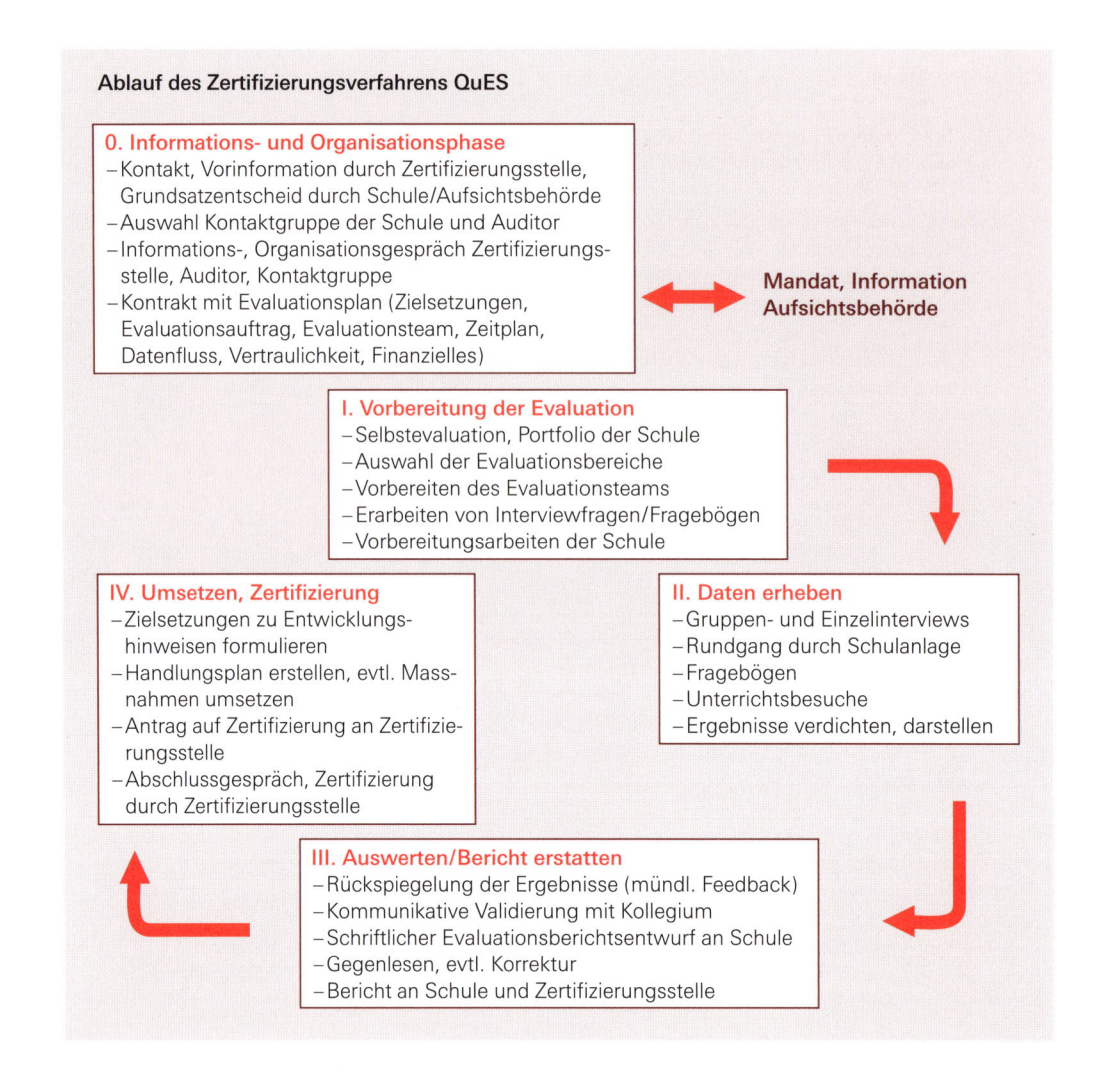

Ablauf des Zertifizierungsverfahrens QuES

0. Informations- und Organisationsphase
- Kontakt, Vorinformation durch Zertifizierungsstelle, Grundsatzentscheid durch Schule/Aufsichtsbehörde
- Auswahl Kontaktgruppe der Schule und Auditor
- Informations-, Organisationsgespräch Zertifizierungsstelle, Auditor, Kontaktgruppe
- Kontrakt mit Evaluationsplan (Zielsetzungen, Evaluationsauftrag, Evaluationsteam, Zeitplan, Datenfluss, Vertraulichkeit, Finanzielles)

↔ Mandat, Information Aufsichtsbehörde

I. Vorbereitung der Evaluation
- Selbstevaluation, Portfolio der Schule
- Auswahl der Evaluationsbereiche
- Vorbereiten des Evaluationsteams
- Erarbeiten von Interviewfragen/Fragebögen
- Vorbereitungsarbeiten der Schule

II. Daten erheben
- Gruppen- und Einzelinterviews
- Rundgang durch Schulanlage
- Fragebögen
- Unterrichtsbesuche
- Ergebnisse verdichten, darstellen

III. Auswerten/Bericht erstatten
- Rückspiegelung der Ergebnisse (mündl. Feedback)
- Kommunikative Validierung mit Kollegium
- Schriftlicher Evaluationsberichtsentwurf an Schule
- Gegenlesen, evtl. Korrektur
- Bericht an Schule und Zertifizierungsstelle

IV. Umsetzen, Zertifizierung
- Zielsetzungen zu Entwicklungshinweisen formulieren
- Handlungsplan erstellen, evtl. Massnahmen umsetzen
- Antrag auf Zertifizierung an Zertifizierungsstelle
- Abschlussgespräch, Zertifizierung durch Zertifizierungsstelle

Mit welchem Aufwand muss gerechnet werden?

Nach den vorliegenden Erfahrungen ist je nach Grösse der Schule mit einem Aufwand von 12 bis 15 Personentagen auf Seiten des Evaluationsteams zu rechnen. Neben einem summativen Zertifizierungsentscheid erhält die Schule qualitative Hinweise für ihre Entwicklung zu einer lernenden Organisation.

Wer überprüft das Zertifizierungsverfahren?

Ein wissenschaftlicher Beirat begleitet, unterstützt und berät die Zertifizierungsstelle als critical friends in der Erfüllung der definierten Aufgaben. Er setzt sich aus international anerkannten Expertinnen und Experten aus den Fachbereichen Evaluation/Schul- beziehungsweise Qualitätsentwicklung zusammen.

Aufbau einer internen Feedbackkultur

5. Feedback – unverzichtbares Instrument für alle Evaluations- und Entwicklungsprozesse 52
   5.1 Was ist Feedback? 52
   5.2 Wozu Feedback? 55
   5.3 Gelingensbedingungen für erfolgreiches Feedback 55

6. EVA-Kreis und QuES-∞: Standardisiertes Grundmodell für alle Evaluations- und Entwicklungsprozesse 57
   6.1 Ausgangslage 57
   6.2 Der EVA-Kreis 58
   6.3 Die QuES-∞: Erkenntnisse umsetzen 59

7. Aufbau einer Feedbackkultur auf individueller Ebene 63
   7.1 Gegenseitige Unterrichtsbesuche 63
   7.2 Schülerinnen- und Schülerfeedback 81
   7.3 Eltern- beziehungsweise Abnehmerfeedback 89
   7.4 Schulleitungsfeedback 95
   7.5 Instrumentenkoffer Feedback (ohne Fragebogen) 100

8. Aufbau einer Feedbackkultur auf systemischer Ebene 101
   8.1 Kontext, Funktion einer Schulqualitätsrecherche (SQR) 101
   8.2 Verschiedene Arten von Untersuchungen 103
   8.3 EVA-Kreis «Schulqualitätsrecherche SQR» 104
   8.4 Beschreibung der Phasen 104
   8.5 Leit- und Planungsfragen 106
   8.6 Fallen/Tipps 108
   8.7 Einsatz von Fragebögen 110
   8.8 Führen von Interviews 113
   8.9 Meta-Evaluation 114
   8.10 Dokumentation der Selbstevaluation/Berichterstattung 116

5. Feedback – unverzichtbares Instrument für alle Evaluations- und Entwicklungsprozesse

> «Man darf sarkastisch feststellen, dass der Mensch inzwischen die Distanz bis zum Mond
> überwunden hat, aber immer noch daran scheitert, zu seinen Mitmenschen zu gelangen.»
> Josef Rattner

5.1 Was ist Feedback?

Begriffsklärung

Der Begriff Feedback stammt aus der Kybernetik, der Lehre über Gesetzmässigkeiten von Steuerungs- und Regelungsvorgängen in Technik, Biologie und Soziologie. Er bezeichnet in seiner ursprünglichen Bedeutung die Rückmeldung oder Rückkoppelung von Informationen.

In der Sozialwissenschaft hat sich der Begriff Feedback fest etabliert, wobei hier die Rückkoppelungen nicht einfach kausal auf Ursache – Wirkung zurückzuführen sind. Die Rückmeldungen erfolgen simultan auf verschiedenen Ebenen und die (Aus-)Wirkungen auf einen Impuls sind für den Feedbackgeber nicht voraussehbar.

Heute wird Feedback vor allem als gemeinsame Verständigungsleistung zwischen zwei oder mehreren Personen verstanden. Unsere Verhaltensweisen werden durch Feedback gespiegelt. Wir erfahren, wie wir von anderen wahrgenommen, verstanden und erlebt werden. Ebenso erfahren andere von uns, wie ihre Person und Handlungsweise auf uns wirken. Zwischenmenschliche Beziehungen können dadurch geklärt und wesentlich verbessert werden.

Feedback und Kommunikation

Ein echter Dialog entsteht erst, wenn wirkliches Interesse für den Mitmenschen besteht. Feedback kann sich im Privatleben, aber besonders auch am Arbeitsplatz sehr positiv auswirken, wenn es sich nach bestimmten Grundregeln, welche von beiden Parteien eingehalten werden, richtet. Durch das Wechselverhältnis zwischen Selbstmitteilung und Feedback können sich Menschen besser verstehen, und das Vertrauen untereinander wächst.

Im Johari-Fenster, benannt nach Joe Luft und Harry Ingham (1970), werden verschiedene Bereiche von Person und Interaktion unterschieden. Es zeigt die Art der Veränderungen von Selbst- und Fremdwahrnehmung, die im Verlaufe eines Gruppenprozesses entstehen.

A Wir kennen diesen Teil unserer Persönlichkeit und zeigen ihn bewusst in der Öffentlichkeit. Dadurch kennen auch andere diesen Bereich.
B Diesen Teil geben wir der Öffentlichkeit nicht preis. Es kann gegen aussen eine Art Scheinwelt oder Fassade entstehen, was Beziehungen schwierig macht.
C Weitere Teile unserer Persönlichkeit beziehungsweise Handlungsweisen werden von der Aussenwelt deutlich erkannt, aber von uns selber nicht bemerkt.
D Wir selbst und auch unsere Mitmenschen haben schwerlich Zugang zum Unbewussten. Dieser Bereich ist durch Feedback meist nicht veränderbar und gehört eher in die Hand eines Psychologen.

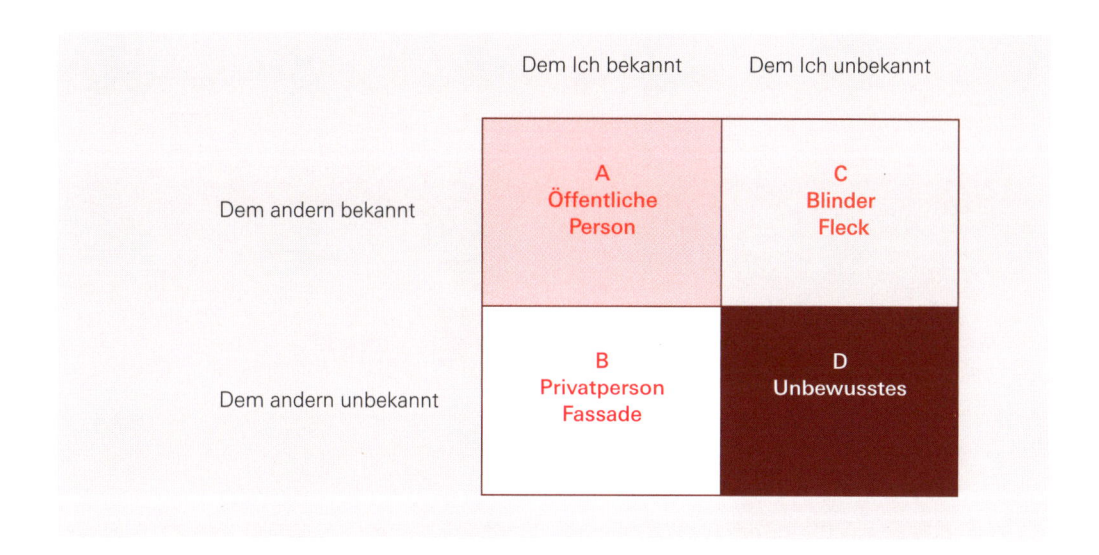

	Dem Ich bekannt	Dem Ich unbekannt
Dem andern bekannt	A Öffentliche Person	C Blinder Fleck
Dem andern unbekannt	B Privatperson Fassade	D Unbewusstes

Wie erreichen wir eine bessere Kommunikationskultur?

Einen wesentlichen Anteil leistet die **Selbstkundgabe**, das Bekanntmachen der eigenen Person. Um den Quadranten Öffentliche Person zu vergrössern, teilen wir uns vermehrt mit und lassen andere mehr an unserem Leben teilnehmen. Dadurch wächst das gegenseitige Vertrauen und die Zusammenarbeit wird gefördert.

Der Anteil des blinden Flecks verkleinert sich ebenfalls durch sorgfältig angebrachtes **Feedback**. Dies kann auch durch vermehrte **Selbstbeobachtung** geschehen, z. B. durch Video- oder Tonaufnahmen.

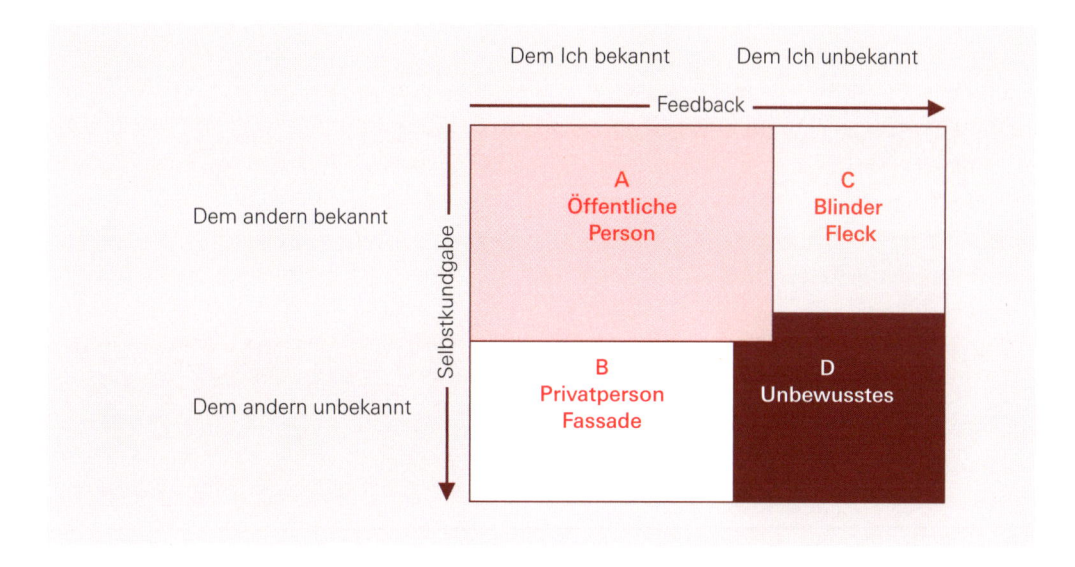

	Dem Ich bekannt	Dem Ich unbekannt
	← Feedback →	
Dem andern bekannt	A Öffentliche Person	C Blinder Fleck
Dem andern unbekannt	B Privatperson Fassade	D Unbewusstes

(Selbstkundgabe ↓)

Aufbau einer internen Feedbackkultur

Das 4-Ohren-Modell

Ein Feedback kann vier verschiedene Mitteilungen enthalten und beim Empfänger auf vier verschiedene Arten ankommen. Schulz von Thun spricht von einem 4-Ohren-Modell.

Sachinhalt
Wie ist der Sachinhalt zu verstehen?

Selbstkundgabe
Was ist das für ein Mensch?
Was ist mit ihm?

Beziehung
Wie redet der mit mir?
Wen glaubt er vor sich zu haben?

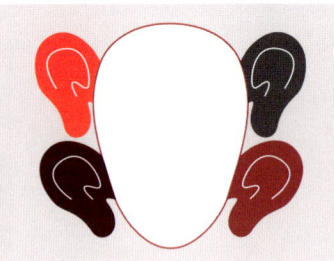

Appell
Was soll ich denken, fühlen, tun aufgrund seiner Mitteilung?

Sachinhalt
Dabei handelt es sich um Informationen, sachlich nachprüfbare Beobachtungen.

Selbstkundgabe
Hier offenbart sich der Feedbackgeber selbst. Er teilt uns bewusst oder unbewusst etwas über seine Persönlichkeit und aktuelle Befindlichkeit mit.

Beziehung
Der Feedbacksender zeigt, wie er die Beziehung zwischen ihm und dem Empfänger sieht.

Appell
Dies ist ein Versuch, auf das Handeln, Denken oder Fühlen des Feedbackempfangenden Einfluss zu nehmen.

Auch in relativ kurzen Feedbacks lassen sich mit etwas Übung die vier verschiedenen Komponenten recht gut erkennen. Der Sender möchte mit seinen Äusserungen, auch wenn er es nicht direkt erwähnt, einen gewissen Einfluss auf sein Gegenüber ausüben. Entsprechend empfängt das Gegenüber die Nachricht mit seinen vier verschiedenen Ohren. Je nach Spezialisierung und Bevorzugung eines der vier Ohren wird der weitere Gesprächsverlauf eine entsprechende Richtung nehmen.

Ein Beispiel soll dies erläutern:
Ein Ehepaar sitzt im Auto. Der Mann sagt zu seiner am Steuer sitzenden Frau: «Du, da vorne ist Grün!»

Sachinhalt:	Die Nachricht enthält eine Sachinformation, nämlich den Zustand der Ampel. Sie steht auf Grün.
Selbstkundgabe:	Der Sender gibt etwas von sich preis. Er ist ... a) deutschsprachig, b) wach, innerlich dabei, c) vermutlich nicht farbenblind, d) vielleicht in Eile.
Beziehung:	Die Botschaft könnte hier heissen: a) Ich traue deinen Fahrkünsten nicht ganz. b) Ohne meine Hilfe fährst du nicht optimal. Die Reaktion könnte ablehnend sein, z. B.: Fährst du oder fahre ich? Formulierung und Tonfall sowie Gestik zeigen, wie der Sender zur Empfängerin steht. Feedbackempfangende reagieren hier meistens besonders sensibel.
Appell:	Der Sender will etwas bewirken, z. B. Ich habe es eilig, gib Gas!

5.2 Wozu Feedback?

Feedback ist kein Beurteilungs-, sondern ein Entwicklungsinstrument.

Funktionen des Feedbacks[11]

Feedback …
- steuert Verhalten;
- hilft, zielgerichtet zu arbeiten;
- ermutigt, hebt die Motivation und fördert den persönlichen Entwicklungsprozess;
- Feedback hilft bei der Suche nach Stärken und Schwächen;
- bewirkt Identifikation mit den beruflichen Aufgaben und verstärkt die Selbstwirksamkeit;
- zeigt die Auswirkungen des eigenen Verhaltens auf;
- führt zu einem Zuwachs an Einfluss, sowohl beim Empfänger wie beim Geber von Rückmeldungen;
- hilft bei der Reflexion der Berufspraxis und der Planung der beruflichen Entwicklung;
- hilft, die Qualität von Entscheidungen zutreffend zu bewerten und zu beurteilen;
- trägt zur Gesunderhaltung und Arbeitszufriedenheit bei und beugt Burnout vor.

Nr. 15
Feedback

5.3 Gelingensbedingungen für erfolgreiches Feedback

Eine wesentliche Gelingensbedingung ist die Haltung, mit der die Beteiligten an ein Feedback herangehen. Sind sie wirklich aneinander interessiert und für Veränderungen bereit, wird die methodische Perfektion zweitrangig. Trotz Mängeln kann dann Feedback eine positive Wirkung haben und eine engere Verbindung zwischen den Parteien bewirken.

Eine Haltung, die Erfolg verspricht, heisst,
    vom Sinn und von der Bedeutung der Arbeit überzeugt zu sein,
    echtes gegenseitiges Interesse aneinander zu haben,
    echtes Interesse an einer Aussensicht zu haben,
    Bereitschaft für Veränderungen zu haben,
    eine konkrete Verbesserung der Situation anzustreben.

Ein Feedback, das helfen soll, blinde Flecken aufzudecken, folgt eher den Kriterien der folgenden linken Spalte.

Kriterien für erfolgreiches Feedbackgeben	Kriterien für wenig erfolgreiches Feedback
eher beschreibend, beobachtend	bewertend, beurteilend, interpretierend
eher konkret	allgemein
eher erbeten	aufgezwungen
eher einladend	zurechtweisend
eher verhaltensbezogen	charakterbezogen
eher sofort und situativ	verzögert und rekonstruierend
eher klar und präzise	schwammig und vage
eher durch Dritte überprüfbar	auf dyadische Situation beschränkt

---

[11] Fengler (2004), Seite 21ff.

Aufbau einer internen Feedbackkultur

Die Formulierung «eher» bedeutet, dass es manchmal nicht möglich ist, sich genau an die Vorschriften zu halten. Zum Beispiel kann das Feedback vielleicht nicht sofort angebracht werden oder es muss ein Feedback erfolgen, auch wenn es nicht erbeten ist.

Feedback führt auch im Kollegium zu einer förderlichen Arbeitsatmosphäre, wenn möglichst alle Beteiligten den gleichen Wissensstand darüber haben, wie Feedback erfolgreich angewendet werden kann. Nach einer Einführung der Regeln erfolgt eine Experimentierphase, welche in überschaubaren Gruppen (Tandem, Q-Gruppen) abläuft. Es entsteht eine Kultur der Offenheit und des Vertrauens, und gegenseitige Unterstützung und Verantwortung wachsen.

Nr. 15
Erfolgreiches Feedback, Übung

Feedbackgrundsätze

Feedback geben ←→	Feedback empfangen
Zeitgefässe und Verfahrensregeln im Voraus festlegen.	Zeitgefässe und Verfahrensregeln im Voraus festlegen.
Rückmeldungen werden besser akzeptiert, wenn das Gegenüber auch innerlich bereit ist, Feedback anzunehmen.	Persönliche Interessen und Ziele offenlegen, mitteilen, in welchen Bereichen Feedback erwünscht ist.
Feedback möglichst kurz nach Geschehnissen oder Beobachtungen mitteilen (spätestens innerhalb einer Woche).	Feedbacks sind besser nachvollziehbar, wenn sie unmittelbar erfolgen.
Wahrnehmungen von Vermutungen trennen, Gefühle genau beschreiben, Ich-Botschaften formulieren, z. B.: Ich habe beobachtet, dass … Ich habe vermutet, ich dachte … Ich empfand dabei … oder: Das löste bei mir … aus.	Klare, emotionslose Beschreibungen der Beobachtungen sind besser akzeptierbar. Unsensible Äusserungen von Gefühlen mögen zwar ehrlich und spontan sein, sind aber oft auch verletzend. Ich-Botschaften können besser angenommen werden.
Beobachtungen beschreiben, dabei Wertungen vermeiden. Pauschalurteile und Ausdrücke wie «immer, nie, jedes Mal, alle, keine» vermeiden.	Ruhig zuhören, gegebenenfalls nachfragen, um Unklarheiten zu klären. Rechtfertigung oder Verteidigung vermeiden. Eventuelle Verhandlungen zu einem späteren Zeitpunkt ansetzen.
Positives unbedingt benennen. Wenn etwas stört oder missfällt, sich auf Verhaltensweisen beziehen, die lern- oder veränderbar sind. Keine Ausrutscher unter die Gürtellinie.	Stärken können weiter ausgebaut werden und bringen Mängel eventuell zum Verschwinden. Wertschätzung erfahren wirkt aufbauend und motivierend.
Nur so viel benennen, wie der Partner/die Partnerin aufnehmen kann.	Gut dosiertes Feedback kann besser verdaut werden. Notizen geben zudem die Möglichkeit, sich zu einem späteren Zeitpunkt nochmals Gedanken darüber zu machen.
Bei Bedarf können auch Erwartungen an das Gegenüber formuliert werden.	Sie entscheiden, was Sie mit den Informationen machen wollen. Wäre es sinnvoll, in Zukunft etwas zu verändern, den formulierten Erwartungen gerecht zu werden? Wichtig ist, Entscheidungen über Ihr Verhalten selbst zu treffen.
Erfolgreich Feedback geben erfolgt in einer positiven, wertschätzenden und wohlwollenden Art und Weise.	Feedback erhalten ist ein Geschenk, deshalb mitteilen, was es bewirkt hat, und sich dafür bedanken. Ist ein verletzendes Feedback erfolgt, soll dies ebenfalls kommuniziert werden.

Nr. 15
Feedback geben /
Feedback empfangen

6. EVA-Kreis und QuES-∞
Standardisiertes Grundmodell für alle Evaluations- und Entwicklungsprozesse

6.1 Ausgangslage

In wirksamen und nachhaltigen Qualitätsentwicklungsprojekten werden systematische Evaluationsabläufe auf drei Ebenen geplant, durchgeführt und ausgewertet. Zu diesem Zweck werden auf der Mikro-Ebene (= individuelle Ebene), der Meso-Ebene (= Schule) und der Makro-Ebene (= schulübergreifend, extern) hochwertige Feedbacks eingeholt. Es ist zwingend, dass diese drei Ebenen kohärent miteinander verknüpft werden.

I. Feedback auf individueller Ebene
Beispiel: Alle Lehrkräfte holen auf individueller Ebene in einer 360°-Verantwortung hochwertige Feedbacks von Kolleginnen und Kollegen, von Schülerinnen und Schülern und/oder von Eltern beziehungsweise Lehrbetrieben ein.

II. Feedback auf institutioneller Ebene (Selbstevaluation der Gesamtschule)
Die Schule als Ganzes holt durch Selbstevaluation Rückmeldungen zu selbst gewählten und selbst verantworteten Themenbereichen ein. Diese Schulqualitätsrecherchen erlauben die Herausarbeitung von Stärken und Schwächen.

III. Externe Evaluation
Auf der Grundlage von Selbstevaluationsergebnissen werden die Schulen durch externe Fachpersonen evaluiert. Diese Evaluation kann von Peers aus andern Schulen oder von einer externen Fachstelle beziehungsweise externen Fachpersonen durchgeführt werden.

Je nach Evaluationsvorhaben und Grundlagen der Quellen beziehungsweise Autoren bestehen heute in Evaluationsabläufen verschiedenste Modelle mit unterschiedlicher Art und Anzahl der Durchführungsphasen. Allein in den Qualitätsentwicklungsprojekten des Kantons Bern sind bis heute, je nach Untersuchungsgegenstand, Zweck, Zielsetzung und Interessen, sechzehn verschiedene Evaluationsabläufe angewendet oder zum Mindesten vorgestellt worden. Die regelmässigen Auswertungs- und Reflexionsgespräche mit Mitgliedern von Steuergruppen und Lehrkräften aus Projektschulen haben eindeutig ergeben, dass eine Reduktion der Komplexität, verbunden mit einer geordneten Grundstruktur, wirksamer und effizienter ist. Die Schulen weisen darauf hin, dass ein einfacher, übersichtlich strukturierter und standardisierter Evaluationsablauf ihre Qualitätsentwicklungsprozesse optimal unterstützt.

Ich habe mir deshalb das Ziel gesetzt, diesem Bedürfnis gerecht zu werden. Dabei bin ich von folgender Fragestellung ausgegangen:

Welche standardisierte Struktur der Evaluationsabläufe ist für Schulen geeignet, um auf individueller und systemischer Ebene nützliches und bedeutsames Steuerungswissen zu generieren und den Qualitätsprozess weiterzuentwickeln?

Die daraus entstandene standardisierte Grundstruktur wird nun in allen Evaluationsbeziehungsweise Feedbackabläufen auf individueller und systemischer Ebene angewendet. Um valide Ergebnisse zu erhalten, ist das **Prinzip der Triangulation**[12] weiterhin konsequent anzuwenden. Das heisst, es werden im Sinne einer 360°-Feedbackkultur verschiedene, mehrperspektivische Evaluationsverfahren beziehungsweise -instrumente eingesetzt.

---

[12] ursprünglich Begriff aus der Trigonometrie; hier Evaluation von verschiedenen Perspektiven her

6.2 Der EVA-Kreis

Phasen der Evaluation

Vor der eigentlichen Evaluation müssen meistens noch strukturelle, organisatorische oder mandatsklärende Voraussetzungen geschaffen werden. Dazu gehören auch ethische Überlegungen über die Verwendung der Daten. Diese Vorarbeiten werden in der **Organisationsphase** 0 geklärt:

- Beschreibung der Ausgangslage
- Mandatsumfang und -auftrag
- Rollen, Aufgaben, Kompetenzen der Beteiligten
- Ergebniserwartung
- Zeitgefässe, Termine
- Ressourcen
- Regeln im Umgang mit vertraulichen Daten

Falls das Individualfeedback in Q-Gruppen vorbereitet, durchgeführt und ausgewertet wird, werden organisatorische Vorarbeiten wie Bildung von Q-Gruppen, Abschluss von Regeln über Zusammenarbeit und Vertraulichkeit und Terminplanungen in dieser Phase vorgenommen.

Die verschiedenen Evaluationsschritte können sinngemäss den vier folgenden Grundphasen zugeordnet werden:

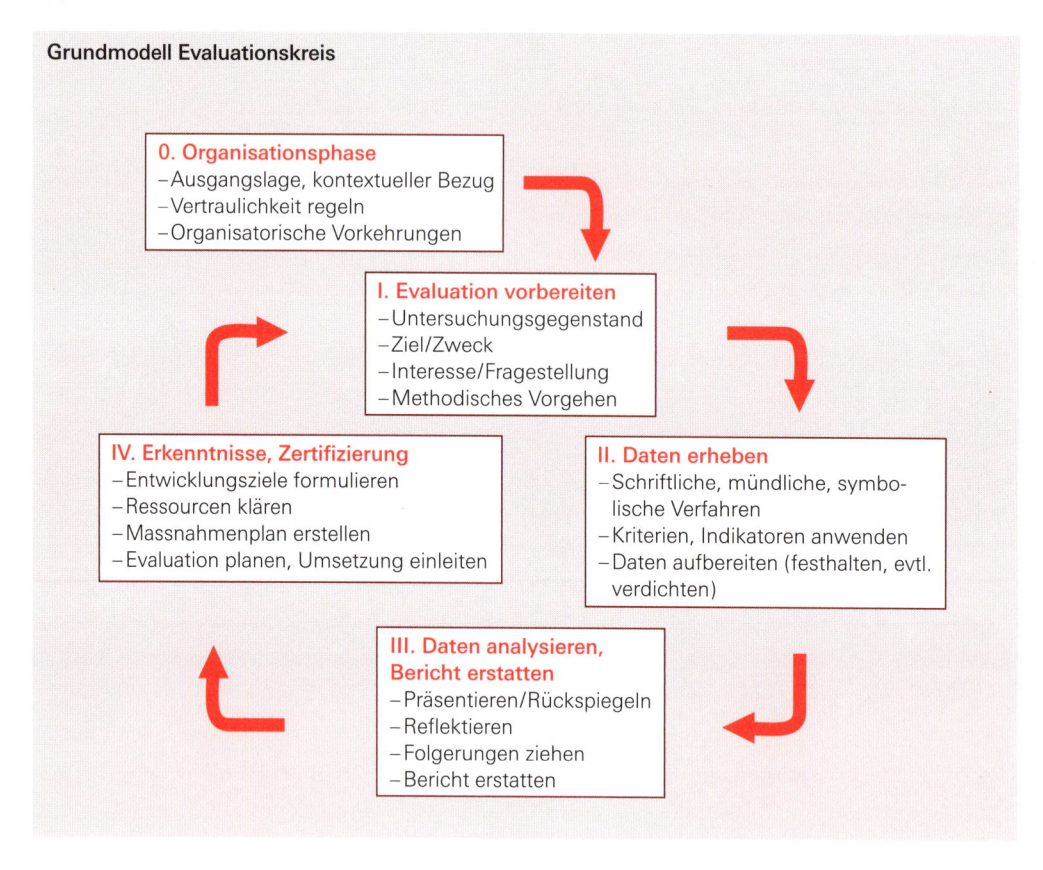

Grundmodell Evaluationskreis

0. Organisationsphase
- Ausgangslage, kontextueller Bezug
- Vertraulichkeit regeln
- Organisatorische Vorkehrungen

I. Evaluation vorbereiten
- Untersuchungsgegenstand
- Ziel/Zweck
- Interesse/Fragestellung
- Methodisches Vorgehen

II. Daten erheben
- Schriftliche, mündliche, symbolische Verfahren
- Kriterien, Indikatoren anwenden
- Daten aufbereiten (festhalten, evtl. verdichten)

III. Daten analysieren, Bericht erstatten
- Präsentieren/Rückspiegeln
- Reflektieren
- Folgerungen ziehen
- Bericht erstatten

IV. Erkenntnisse, Zertifizierung
- Entwicklungsziele formulieren
- Ressourcen klären
- Massnahmenplan erstellen
- Evaluation planen, Umsetzung einleiten

Nr. 16 Grundmodelle EVA-Kreis

6.3 Die QuES-∞: Erkenntnisse umsetzen

Grundmodell Evaluations- und Entwicklungsschlaufen
Evaluationen legitimieren sich durch ihre Auswirkungen auf die Praxis. Deshalb ist es besonders wichtig, auf die Umsetzung der Ergebnisse zu fokussieren.[13] Die Ergebnisse des EVA-Kreises müssen somit zwingend in einer konkreten Entwicklungsschlaufe umgesetzt werden. Auch diese folgt einem standardisierten Strukturmodell. Für die Umsetzung der Ergebnisse wird der folgende Handlungskreislauf vorgeschlagen, welcher, wenn möglich, kooperativ im Kollegium geplant wird.

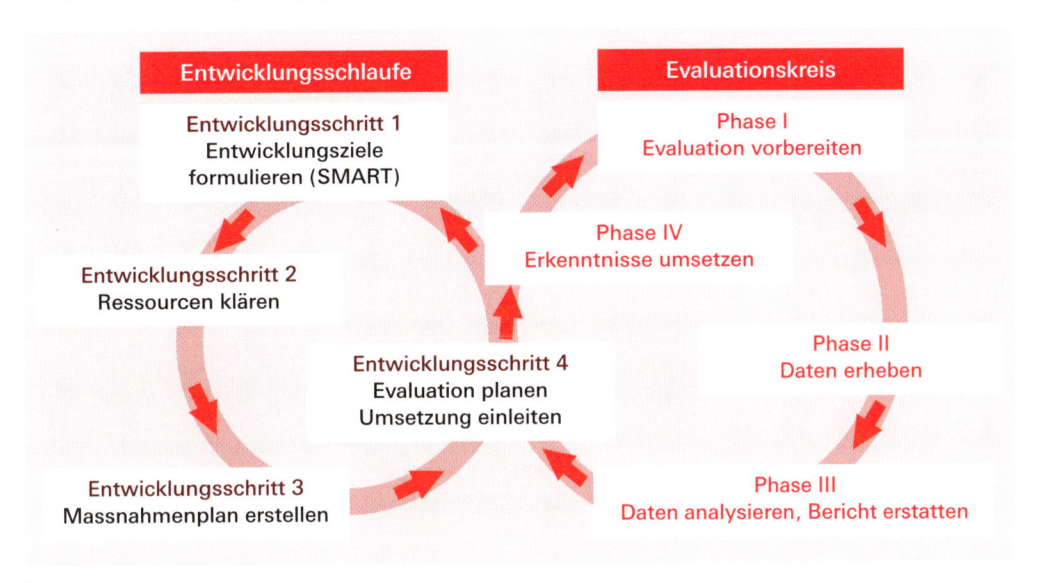

Entwicklungsschlaufe
- Entwicklungsschritt 1: Entwicklungsziele formulieren (SMART)
- Entwicklungsschritt 2: Ressourcen klären
- Entwicklungsschritt 3: Massnahmenplan erstellen
- Entwicklungsschritt 4: Evaluation planen, Umsetzung einleiten

Evaluationskreis
- Phase I: Evaluation vorbereiten
- Phase II: Daten erheben
- Phase III: Daten analysieren, Bericht erstatten
- Phase IV: Erkenntnisse umsetzen

Leit- und Planungsfragen für die Umsetzung von Evaluationsergebnissen

Entwicklungsschritt 1: Entwicklungsziele formulieren
Es ist wichtig, dass Schulen aufgrund der Evaluationsergebnisse nach ihren Bedürfnissen und eventuellen Vorgaben der Schulaufsicht mittelfristige Entwicklungsziele, z. B. für eine Periode von 2 bis 3 Jahren, formulieren.
Dabei ist das SMART-Schema hilfreich:

Spezifisch, konkret / **M**essbar, überprüfbar / **A**ttraktiv / **R**ealistisch / **T**erminiert

Entwicklungsschritt 2: Ressourcen klären, Unterstützung planen
Wenn wir die Umsetzung konkretisieren wollen, ist es unabdingbar, die vorhandenen Ressourcen zu klären. Dabei müssen individuelle und institutionelle Bedürfnisse berücksichtigt werden.

---

13 siehe SEVAL-Standards Nützlichkeit beziehungsweise Praxisrelevanz, www.seval.ch

Aufbau einer internen Feedbackkultur

> **Leitfragen**
> - Welche fördernden Kräfte sind vorhanden und können genutzt werden (Netzwerke, Kollegium)?
> - Welche internen Unterstützungssysteme können aktiviert werden (z. B. Qualitätsgruppen, gegenseitige Unterrichtsbesuche, Intervision, Projektgruppen usw.)?
> - Welche finanziellen, personellen (internen und externen) und zeitlichen Ressourcen stehen für die Zielerreichung zur Verfügung?
> - Welche Hindernisse, Stolpersteine gilt es zu beachten?
> - Wie können die hindernden Kräfte reduziert werden?
> - Wie wird mit Widerständen umgegangen?
> - Braucht es Beratung? Wozu? Durch wen?
> - Brauchen wir dazu Weiterbildung, neue Verfahrens-, neue Handlungsmodelle?
> - Sind Trainingsprogramme für das Kollegium sinnvoll?
> - Wie sieht unser Arbeits- und Zeitplan aus?

Entwicklungsschritt 3: Massnahmenplan erstellen (Operationalisieren)

> **Leitfragen**
> - Womit wird begonnen? Welches sind die nächsten Schritte (Prioritäten festlegen)?
> - Was ist zu tun, damit das Ziel erreicht wird?
> - Sind Zwischenziele (Meilensteine) sinnvoll?
> - Welche Ressourcen (finanziell, personell, zeitlich) stehen zur Verfügung?
> - Wer ist involviert oder trägt die Verantwortlichkeit?
> - Ist der Einsatz einer Steuergruppe sinnvoll?
> - Durch wen muss der Massnahmenplan noch genehmigt werden?
> - Wie kann die Umsetzung nach aussen kommuniziert werden?

In einem Massnahmenplan können die nächsten Entwicklungsschritte festgehalten werden:

Massnahmen, nächste Schritte	Priorität	Zeithorizont	Verantwortliche	Ressourcen
Was ist zu tun?	Was ist dringend?	(Bis) Wann?	Wer?	Es braucht dazu …

Nr. 17 Entwicklungsvorhaben und Schulprogramme

Entwicklungsschritt 4: Evaluation planen, Umsetzung einleiten

Alle Entwicklungsvorhaben auf individueller und institutioneller Ebene schliessen wieder mit einer Evaluationsschleife ab, d. h., es werden neue Feedbacks eingeholt.

> **Leitfragen**
> - Woran wird die Zielerreichung erkannt?
> - Welche Erfolgskriterien und Indikatoren können formuliert werden?
> - Wie kann überprüft werden, ob Fortschritte gemacht worden sind?
> - Welche Feedbackverfahren werden angewendet?
> - Gegenüber wem wird Rechenschaft abgelegt, wird berichtet?
> - In welcher Form erfolgt die Berichterstattung? Schriftlich? Oder mündlich und schriftlich?
> - Wer erinnert an Ziele und Vorhaben, wenn sie vernachlässigt werden?
> - Welche positiven Konsequenzen hat die Zielerreichung?
> - Wie wird belohnt, wenn (Zwischen-)Ziele erreicht werden?
> - Welche Konsequenzen hat das Nicht-Erreichen von Zielen?

Weitere Anregungen zur Umsetzung von Evaluationsergebnissen
Wenn wir die Evaluationsergebnisse beziehungsweise -erkenntnisse in die Praxis umsetzen wollen, können wir auf verschiedenen Ebenen intervenieren.

Ebene …
Lehrperson   Verhaltensvorsätze, -training, Fortbildung, Coaching, Praxisberatung
Klasse   Lernverträge, Schülerinnen-, Schülerfeedback
Q-Gruppe   gemeinsame Fortbildung, Praxisberatung, Intervision
Schule   Schilf-Kurse, Schulentwicklungsprojekte

Besonders gewinnbringend ist der Austausch in der Q-Gruppe, die persönliche Entwicklungsprozesse unterstützen kann. Dabei haben sich folgende Vorgehensweisen bewährt:

- **Kollegialer Austausch, damit Konsequenzen aus Feedbacks nicht versanden**
  Während der Q-Gruppen-Sitzung findet ein moderiertes Expertengespräch nach einem Intervisionsmodell statt.
- **Q-Gruppen-Protokoll mit persönlichen Entwicklungsvorhaben**
  Im Q-Gruppen-Protokoll werden persönliche Entwicklungsziele festgehalten. Diese sind terminiert und deren Erreichung wird von den Peers überprüft.
- **Offenlegung der Selbstverträge in der Q-Gruppe**
  Innerhalb der Q-Gruppe werden Selbstverträge abgeschlossen und periodisch (z. B. einmal pro Jahr) offen gelegt und diskutiert.
- **Weiterbildungsmarkt**
  Einmal jährlich wird ein Markt über persönliche Weiterbildungserfahrungen veranstaltet. Zu diesem Anlass werden Gesamtkollegium und Schulleitung eingeladen.
- **Weiterbildung zu einem gemeinsamen Entwicklungsschwerpunkt**
  Die Q-Gruppe entschliesst sich für ein gemeinsames Entwicklungsthema. Zu diesem Schwerpunkt werden Erfahrungen gesammelt, Weiterbildungen veranstaltet und Literatur studiert.
- **Jahresplanung der Q-Gruppen-Arbeit**
  Im Rahmen der Jahresplanung werden Meilensteine für Zwischenbilanzen, -evaluation und Inputs durch Peers festgelegt.
- **Meta-Evaluationen in der Q-Gruppe**
  In moderierten Sequenzen werden Stärken, Schwächen und Nutzen der Evaluationstätigkeiten periodisch reflektiert. Das gewonnene Steuerungswissen wird an interessierte Stellen weitergeleitet.

Integration aller Anspruchsgruppen
Bei der Befragung der verschiedenen Anspruchsgruppen im zweiten Tandem-Forschungsprojekt sind Interviews mit Schulleitung/Steuergruppen, Lehrpersonen, Schülerinnen/Schülern, Schulbehörden und Eltern durchgeführt worden. Die Aussagen wurden codiert und hinsichtlich ihrer geschilderten Wirkungen zusammengefasst.

In der Auswertung hat sich die Erkenntnis herauskristallisiert, dass die Interviewten mehr Wirkung schilderten, wenn sie in den Feedbackprozess involviert waren. Als These kann davon abgeleitet werden: **Je beteiligter eine Anspruchsgruppe, desto grösser die geschilderte Wirkung.**

Nr. 6
Ringmodell
Partizipation

Aufbau einer internen Feedbackkultur

> Sämtliche beschriebenen Evaluationsabläufe beziehungsweise Feedbackschlaufen der folgenden Kapitel sind nach diesem standardisierten und einheitlich strukturierten **Phasenmodell des EVA-Kreises QuES** dokumentiert. Je nach Kontext, Untersuchungsgegenstand, Zielsetzung und Fragestellungen sind die einzelnen Evaluationsphasen sinngemäss verändert worden.
>
> Zu allen Abläufen sind **Leit- und Planungsfragen** formuliert worden, die von den Schulen beziehungsweise den Lehrpersonen auf ihren Kontext angepasst und bearbeitet werden können.
>
> Zum Schluss werden jeweils **Empfehlungen** zu den verschiedenen Feedbackschlaufen formuliert.

Der Schule wird empfohlen, ein **Informations- und Kommunikationskonzept** zu erstellen, in dem festgehalten ist, wie systematisch und adressatengerecht gegen innen und aussen informiert wird. Dabei kann durch einen zweckmässig organisierten Dialog mit den Informationsempfängern die Wirksamkeit verstärkt werden.

7. Aufbau einer Feedbackkultur auf individueller Ebene

7.1 Gegenseitige Unterrichtsbesuche in der Q-Gruppe, ein partnerschaftliches Fortbildungssystem

> «Die mit Abstand wirksamste Methode bestand darin, interessierten Lehrern unmittelbaren Zugang zu Kollegen zu ermöglichen, die an der Durchführung und Untersuchung von Innovationen in ihrem Unterricht arbeiten. Keine andere Form von Öffentlichkeit (abgesehen von der direkten Mitarbeit an Innovationen) eröffnet einen so ganzheitlichen Eindruck vom Denken und Handeln eines Lehrers wie die vorübergehende Teilnahme an seinem Unterricht und Gespräche mit ihm über seine Erfahrungen.»
> Altrichter, Lehrer erforschen ihren Unterricht, Klinkhardt, 1994

Einleitende Gedanken

Den gegenseitigen Unterrichtsbesuchen wird in den folgenden Beschreibungen des Individualfeedbacks ein prominenter Platz eingeräumt. Dies hat verschiedene Gründe:

- Umfragen in mehrjährigen Qualitätsentwicklungsprojekten zeigen deutlich, dass Lehrpersonen an der Reflexion und Weiterentwicklung des Kerngeschäfts Unterricht längerfristig grosses Interesse zeigen und daher die Akzeptanz in diesem Qualitätsevaluationsbereich am grössten ist.
- Zwei umfangreiche Studien der Universitäten Bern, Calgary, Halifax, der Lehrer- und Lehrerinnenfortbildung des Kantons Bern und des Bundesamtes für Gesundheit weisen auf relevante Wirkungen von gegenseitigen Unterrichtsbesuchen auf individueller und systemischer Ebene hin (siehe Seite 70ff.). Überdies zeigen verschiedene Konzepte zur Förderung der Unterrichtskompetenz, die vom Prinzip des Peer-Lernens ausgehen, hochwirksame Resultate.[14]
- Anhand der Struktur der gegenseitigen Unterrichtsbesuche nach dem Tandem-Arbeitsmodell können exemplarisch alle Evaluationsabläufe, sowie die konkrete Umsetzung der Ergebnisse in die Praxis eingeführt und geübt werden (siehe Gelingensbedingungen, Seite 78).
- Gegenseitige Unterrichtsbesuche nach dem Tandem-Arbeitsmodell werden von Gleichgestellten (= Peers) durchgeführt. Der Schritt von diesen internen Peer Reviews zur externen Evaluation mit dem Peer-Review-Verfahren ist für alle Beteiligten nachvollziehbar, weil intern und extern die gleichen Strukturen beziehungsweise Abläufe gelten (siehe Kapitel 9ff.). Gegenseitige Unterrichtsbesuche beziehungsweise interne Peer Reviews stellen somit eine optimale Vorbereitung auf später folgende externe Peer Reviews dar.

Beschreibung/Definition von Tandem-Strategien

Die nachfolgenden Kapitel basieren auf den Erkenntnissen aus zwei Forschungsprojekten[15] und den Erfahrungen in zahlreichen Projektschulen. Die beiden Studien untersuchen mögliche Wirkungen von gegenseitigen Unterrichtsbesuchen auf das berufliche Handeln von Lehrpersonen, die Tandem-Strategien mindestens während zweier Jahre in der strukturierten Verlaufsform nach dem Tandem-Arbeitsmodell durchgeführt haben.

---

14 z. B. Konstanzer Trainingsmodell, Tennstädt, Kause, Humpert und Dann, 1994; Untersuchungen von Taylor und Cox (1997) zu Peer-Tutoring
15 Enns E. et al. (2004 und 2006)

Begriffsbestimmung[16]

Gegenseitige Unterrichtsbesuche werden in der Literatur mit verschiedenen Begriffen bezeichnet:

Tandem (Enns 1991), Praxis-Tandem (Wahl 1984 und 1995), Kollegiales Hospitieren (Strittmatter 1999), Lernpartnerschaften (Achermann et al. 2000). Im nordamerikanischen Raum kennt man ähnliche Methoden unter Begriffen wie Peer Coaching oder Collaboration. Alle diese verschiedenen Begriffe beinhalten grundsätzlich den gegenseitigen Besuch und das Beobachten des Unterrichts.

Vier Aspekte charakterisieren im Wesentlichen die hier Tandem genannte Form von gegenseitigen Unterrichtsbesuchen:

- **Die Zielsetzung einer selbst gesteuerten beruflichen Weiterentwicklung**
  Mehr über den eigenen Unterricht zu erfahren und diesen in eigener Kompetenz und nach eigenen Zielsetzungen weiterzuentwickeln, ist eine zentrale Zielsetzung des Tandems.

- **Die Organisation als Peer-Team beziehungsweise als kollegiale Zusammenarbeit**
  Das Tandem funktioniert in der Regel als Zweierteam, selten als Dreierteam, und nach dem Prinzip der sozialen Symmetrie. Zwei Peers arbeiten zusammen als gleichberechtigte Partner ohne hierarchische Unterschiede.

- **Die Methode der Fremdperspektive**
  Der Vergleich der Selbst- mit der Fremdwahrnehmung ermöglicht eine neue Perspektive und ein Überdenken von unreflektierten, oft eingeschliffenen Verhaltensweisen.

- **Die strukturierte Verlaufsform**
  Die Tandemarbeit folgt in ihrem Verlauf einer klaren Struktur: Ausgangspunkt ist der Unterricht, der gezielt und auftragsbezogen nach bestimmten Gesichtspunkten beobachtet wird. Die Beobachtungen werden rückgemeldet und die Ergebnisse im Hinblick auf Verhaltensmuster und Handlungsmöglichkeiten reflektiert. Aufgrund der Reflexion wird eine Idee umgesetzt und in der Folge entsprechend modifiziert unterrichtet.

Alle vier Aspekte sind bei den vorher erwähnten Unterrichtsbesuchen mehr oder weniger stark ausgeprägt vorhanden. Aufgrund der strukturellen Ähnlichkeit werden wir deshalb ganz allgemein von Tandem und synonym dazu von gegenseitigen Unterrichtsbesuchen sprechen.

---

16 Enns E. et al. (2004 und 2006)

EVA-Kreis: «Gegenseitige Unterrichtsbesuche nach dem Tandem-Arbeitsmodell»

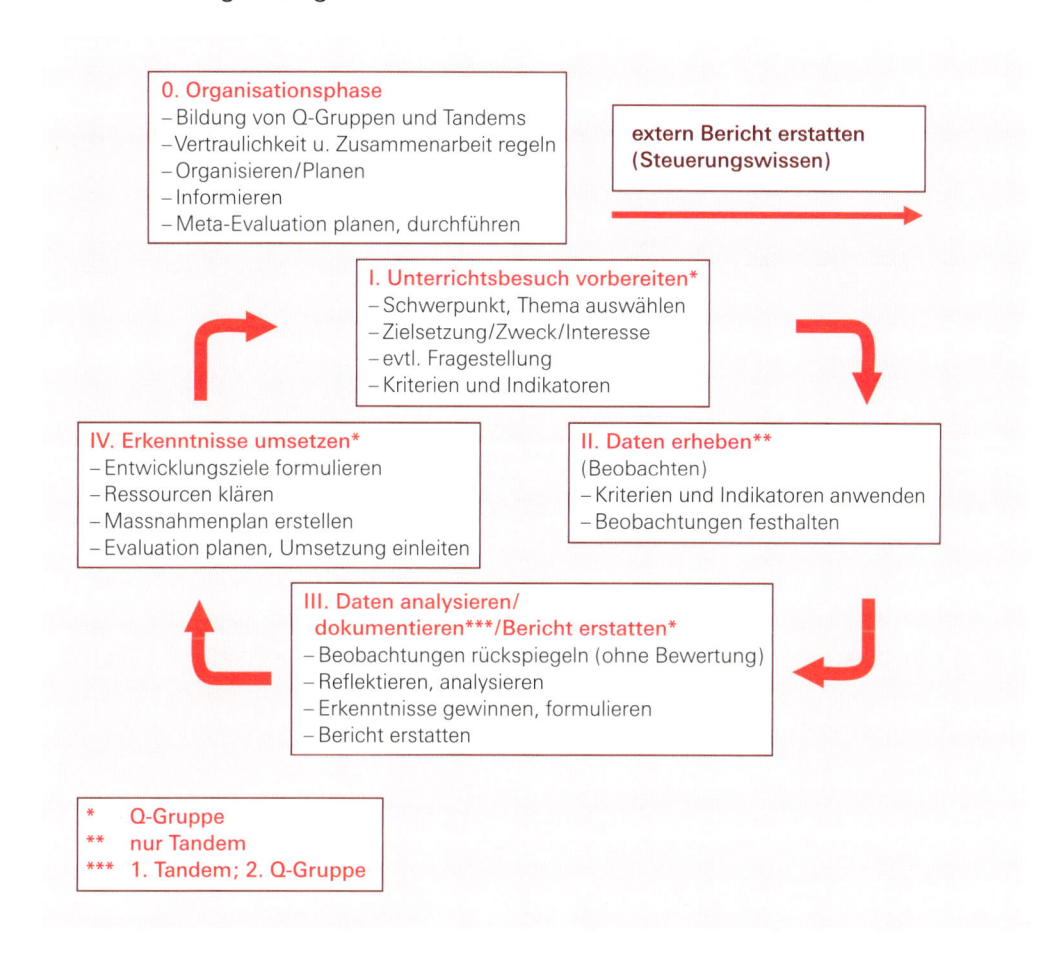

0. Organisationsphase
– Bildung von Q-Gruppen und Tandems
– Vertraulichkeit u. Zusammenarbeit regeln
– Organisieren/Planen
– Informieren
– Meta-Evaluation planen, durchführen

extern Bericht erstatten (Steuerungswissen)

I. Unterrichtsbesuch vorbereiten*
– Schwerpunkt, Thema auswählen
– Zielsetzung/Zweck/Interesse
– evtl. Fragestellung
– Kriterien und Indikatoren

IV. Erkenntnisse umsetzen*
– Entwicklungsziele formulieren
– Ressourcen klären
– Massnahmenplan erstellen
– Evaluation planen, Umsetzung einleiten

II. Daten erheben**
(Beobachten)
– Kriterien und Indikatoren anwenden
– Beobachtungen festhalten

III. Daten analysieren/ dokumentieren*/Bericht erstatten***
– Beobachtungen rückspiegeln (ohne Bewertung)
– Reflektieren, analysieren
– Erkenntnisse gewinnen, formulieren
– Bericht erstatten

*   Q-Gruppe
**   nur Tandem
***   1. Tandem; 2. Q-Gruppe

Beschreibung der Tandem-Phasen

Phase 0: Organisation

Bei jeder Evaluation braucht es eine Phase, in der allgemeine Rahmenbedingungen und organisatorische Fragen geklärt werden müssen. In dieser Vor- beziehungsweise Planungsphase der gegenseitigen Unterrichtsbesuche werden folgende Schritte unternommen:
- Bildung von Tandems und Q-Gruppen
- Aushandeln und Abschliessen von Zusammenarbeits- und Vertraulichkeitsvereinbarungen
- Organisation der Unterrichtsbesuche (Wer besucht wen? Tandem, Kreismodell?)
- Arbeits- und Terminplanung der Phasen I bis IV
- Orientierung/Information der Schülerinnen und Schüler, Eltern und Schulbehörden

In der Organisationsphase geht es auch darum, sich so aufeinander abzustimmen, dass ein unbelastetes und vertrauensvolles Zusammenarbeiten möglich ist. Zu Beginn der Q-Gruppen-Arbeit sollten auch Erwartungen und eventuelle Befürchtungen transparent gemacht werden. Am Ende jeder Sitzung wird die Zusammenarbeit der Q-Gruppen reflektiert (Meta-Evaluation). Hier werden u. a. Überlegungen zur Effizienz (angemessenes Verhältnis Aufwand/Ertrag), Wirksamkeit, Zielerreichung und zu organisatorischen Fragen angestellt und Erkenntnisse dokumentiert.

Nr. 13 Vertraulichkeitsvereinbarung

Phase I: Unterrichtsbesuch vorbereiten (Q-Gruppe)

In der Vorbereitungsphase wird in der Q-Gruppe der Schwerpunkt beziehungsweise das Beobachtungsthema festgelegt. Als Ausgangspunkt können individuelle Fragen, Aussagen im Leitbild und/oder Anliegen der Schule dienen. Das Thema, welchem häufig eine Diskrepanz zwischen Ist und Soll zugrunde liegt, wird gemeinsam diskutiert und soll sowohl individuellen als auch Bedürfnissen der Q-Gruppe oder der Gesamtschule entsprechen. Wir gehen vom Grundsatz aus, dass die gegenseitigen Unterrichtsbesuche eine Dienstleitung an die besuchte Person darstellen.

Vorgängig werden die Zielsetzungen formuliert. Wirksam sind die gegenseitigen Unterrichtsbesuche vor allem dann, wenn die Ergebniserwartungen klar sind.

Als Nächstes werden durch das Festlegen der Kriterien und Indikatoren die Qualitätsansprüche des Themas definiert. Eventuell können Teilaspekte des Themas mit andern Instrumenten beobachtbar oder beschreibbar gemacht werden.

Nr. 18 Q beschreiben und überprüfbar machen.

Phase II: Daten erheben (im Tandem)

Während des Unterrichtens beobachtet nun die Partnerin/der Partner das Geschehen, indem sie/er die formulierten Kriterien/Indikatoren anwendet. Die Beobachtungen werden auf dem im Voraus erstellten Beobachtungsbogen schriftlich festgehalten. Dieses Unterrichtsprotokoll dient der gemeinsamen Auswertung im Tandem.

Nr. 19 Beobachtungsinstrumente

Phase III: Daten analysieren/dokumentieren (Tandem und Q-Gruppe), Bericht erstatten

Die Rückmeldung nimmt Bezug auf die vereinbarten Gesichtspunkte, die Beobachtungen werden ohne Interpretation zurückgespiegelt. In einem nächsten Schritt werden die Ergebnisse reflektiert und analysiert. Dabei kann die besuchte Person eigene Wahrnehmungen, Wertungen und Annahmen vorbringen und mit den Gefühlen und Interpretationen des Tandem-Partners vergleichen. Aus dieser Diskussion werden Schlüsse gezogen und die wichtigsten Erkenntnisse schriftlich formuliert.

Im systemischen Setting werden die Erfahrungen an die gesamte Q-Gruppe weitergeleitet. Dort findet ein erweiterter fachlicher Austausch statt. Wird vom Setting her ein Weiterleiten der Erkenntnisse verlangt, ist es aus Effizienzgründen sinnvoll, ein standardisiertes Berichtsformular zu verwenden.

Nr. 20 Auswertung

Phase IV: Erkenntnisse umsetzen (Q-Gruppe)

In dieser Phase werden die konkreten Schritte für die Umsetzung auf die Handlungsebene systematisch geplant (siehe dazu Kapitel 6.2).

Als Erstes werden Entwicklungsziele für die einzelnen Lehrpersonen und/oder für die Q-Gruppe formuliert. Um die vereinbarten Zielsetzungen auch umzusetzen, müssen die nötigen Ressourcen eingeplant und bereitgestellt werden. In einem schriftlichen Massnahmenplan werden die Priorität der einzelnen Schritte und deren Zeithorizont, die Verantwortlichkeiten und nötigen Ressourcen festgelegt. Die vereinbarten Konsequenzen müssen in konkrete Handlungsschritte umgesetzt werden. Dabei werden Überlegungen angestellt, wie die Zielerreichung evaluiert werden kann.

Die **Umsetzungsphase** mündet nach der Konkretisierung der Umsetzung wieder in eine **Evaluationsschlaufe**. Über die Umsetzung erfolgt eine zweckmässige **Berichterstattung**.

In allen Phasen findet am Ende der Arbeit eine **Meta-Evaluation** beziehungsweise Reflexion der Zusammenarbeitssequenz statt. Auch diese Reflexionserkenntnisse werden zwecks Ergebnissicherung dokumentiert.

Leit- und Planungsfragen Tandem-Arbeitsmodell

Phase I: Unterrichtsbesuch vorbereiten
- Sollen individuelle Schwerpunkte, Q-Gruppen- oder Schulthemen evaluiert werden?
- Welchen Schwerpunkt, welches Thema, welche Norm, Qualität wollen wir beobachten?[17]
- Zielsetzung/Zweck: Was wollen wir mit dieser Beobachtung erreichen? Wozu beobachten wir diesen Schwerpunkt?
- Welche Kriterien machen diese Qualität aus? (4–5 Merkmale)
- Welche Indikatoren sind für die Kriterien bedeutsam?
- Welche persönlichen Interessen habe ich?

Phase II: Daten erheben
- Welche Form der Beobachtung und Aufzeichnung wird gewählt?
- Welche diesbezüglichen Erfahrungen haben wir?
- Können wir einander bewährte Beobachtungsinstrumente zur Verfügung stellen?
- Welche Instrumente entwickeln wir gemeinsam?

Mögliche Formen
Freies Unterrichtsprotokoll, Beobachtungsprotokoll mit eindeutigen Fragen/Kriterien/Indikatoren. Beobachtungsraster für quantitative Erfassung von Verhaltensaspekten, Videoaufzeichnungen u. a. m.

Phase III: Daten analysieren/dokumentieren, Beobachtungen rückspiegeln, Bericht erstatten
- Wo und wann erfolgt die Nachbesprechung?
- Wie viel Zeit wird für die Auswertung eingesetzt?
- Welche Feedbackregeln sollen besonders beachtet werden?
- Wie werden die Feedbacks gestaltet?
- Werden Eindrücke zuerst von der besuchten Person oder der beobachtenden geschildert?

Reflektieren, analysieren
- Welche Erfahrungen haben wir gemacht? (Tandem-Kurzprotokoll)
- Welche Ergebnisse/Erkenntnisse werden der Q-Gruppe zur Verfügung gestellt?

Dokumentieren, Bericht erstatten
- Was wird an die Steuergruppe weitergeleitet? (Berichtformular Q-Gruppe)

---

17 Drei Auswahlkriterien nach J. Kramis (1990): Grundlegende Gütekriterien für Unterricht
 – Bedeutsamkeit: Was ist wichtig beziehungsweise bedeutsam hinsichtlich der momentanen und zukünftigen Bildungsziele der Schüler/innen?
 – Effektivität: Unterrichten wir wirksam und zielorientiert? Wird die Zielerreichung überprüft? Wird selbstständiges Lernen mit Transfermöglichkeiten gefördert? Sind die Ergebnisse nachhaltig?
 – Effizienz: Ist der Aufwand gemessen an der erzielten Wirkung gerechtfertigt? Könnten die gleichen Ziele ökonomischer erreicht werden?

Standardisierte Auswertungsraster (für alle Feedbackanalysen anwendbar!)

A Ressourcen, Merk- und Fragwürdigkeiten bezüglich Pädagogik/Didaktik
Stärken
- Welche Erkenntnisse, Ressourcen, Stärken, die wir beobachtet und erarbeitet haben, stellen wir der Q-Gruppe zur Verfügung?
- Was ist würdig, dass wir es uns merken? (Merkwürdigkeiten)

Schwächen
- Welche Fragen- und Problemstellungen wollen wir in die Q-Gruppe tragen?
- An welchen pädagogisch-didaktischen Themen würde es sich lohnen, in der Q-Gruppe zu arbeiten?

B Evaluationserfahrungen (Meta-Evaluation)
Stärken
- Was hat sich organisatorisch, methodisch, verfahrensmässig bewährt?
- Welche positiven Erfahrungen über Evaluation wollen wir in die Q-Gruppe einbringen?

Schwächen
- Was hat sich organisatorisch, methodisch, verfahrensmässig als schwierig erwiesen?
- Welche kritischen Fragen bezüglich Evaluationsverfahren wollen wir in die Q-Gruppe einbringen?

Phase IV: Erkenntnisse umsetzen

Entwicklungsziele formulieren
- Welche Stärken wollen wir weiter bewahren und pflegen?
- Welche Konsequenzen werden gezogen?
- Welche Entwicklungsziele auf individueller oder systemischer Ebene können gesetzt werden?

Ressourcen klären
- Wer kann Entwicklungen wie unterstützen?
- Welche Ressourcen brauche ich dazu? (Zeit, Coaching, Weiterbildung usw.)

Massnahmenplan erstellen

Massnahmen, nächste Schritte	Priorität	Zeithorizont	Verantwortliche	Ressourcen
Was ist zu tun?	Was ist dringend?	(Bis) Wann?	Wer?	Es braucht dazu …

Evaluation planen, Umsetzung einleiten
- Welche Erfolgskriterien können wir formulieren?
- Woran erkenne ich die Zielerreichung?
- Gegenüber wem lege ich Rechenschaft ab?
- Wie sieht die Berichterstattung aus? Wie können Schülerinnen, Schüler, Eltern, Schulleitung und Behörden einbezogen werden?

Individuelles Tandem (I-dem) und systemisches Tandem (Q-dem)

Der Hauptzweck von gegenseitigen Unterrichtsbesuchen besteht darin, die berufsbezogene Weiterentwicklung zu fördern. Während im individuellen Setting der Schwerpunkt auf einer individuellen Weiterentwicklung von Berufskompetenzen liegt, bezwecken die gegenseitigen Unterrichtsbesuche im systemischen Setting auch eine Unterstützung von gemeinsamen Schul-, Qualitäts- und Unterrichtsentwicklungsprozessen an der Gesamtschule.

Individuelles Setting

Zwei oder mehr Lehrkräfte besuchen eine Fortbildung mit dem Ziel einer individuellen beruflichen Weiterentwicklung, die sie zu dieser speziellen Form der Zusammenarbeit befähigen soll.

Systemisches Setting

Die Tandem-Idee wird als **ein** Element des QuES-Modells eingeführt und praktiziert. Vorbereitung und Auswertung der gegenseitigen Unterrichtsbesuche erfolgen in Q-Gruppen von 4 bis 6 Personen. Im Unterschied zum individuellen Setting werden hier die gegenseitigen Unterrichtsbesuche stets im Rahmen eines Schulentwicklungsprojekts durchgeführt. Die Q-Gruppen stellen einander relevante methodisch-didaktische Erkenntnisse und Steuerungswissen bezüglich Organisation und Durchführung der gegenseitigen Unterrichtsbesuche zur Verfügung. Die gesammelten Erfahrungen werden systematisch intern und extern kommuniziert.

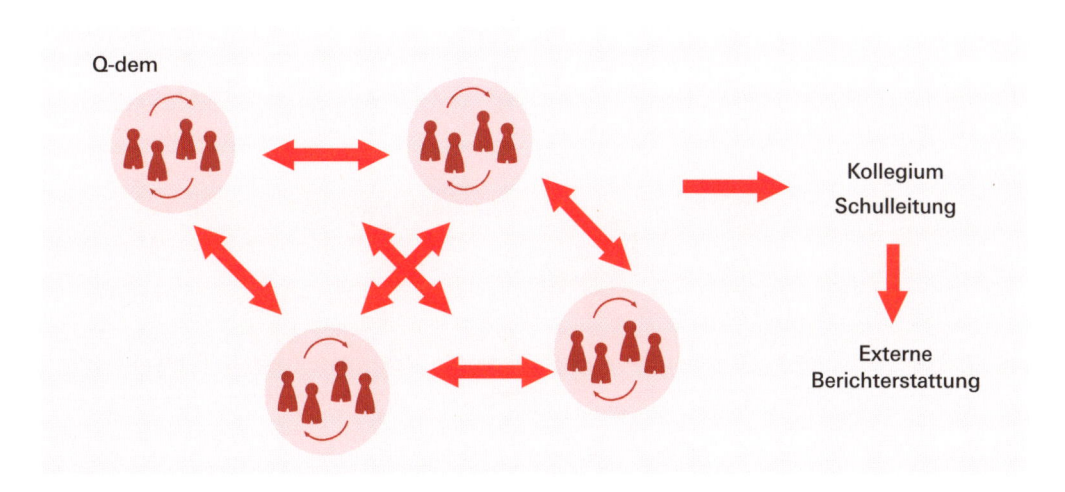

Eignung von Q-dem und I-dem

I-dem: auf Individuum bezogenes Setting
Q-dem: auf (Qualitäts-)System bezogenes Setting

Entwicklungsbereiche	Entwicklung personaler Kompetenzen	Unterrichtsentwicklung	Schulentwicklung
I-dem	++	+	−
Q-dem	+	++	++

+ geeignet, ++ sehr gut geeignet, − weniger geeignet

Was bewirken gegenseitige Unterrichtsbesuche beim Individuum?

Die nachfolgend beschriebenen Wirkungen reichen von der Förderung der Unterrichtskompetenz über das Vorantreiben der Persönlichkeitsentwicklung bis zur Verbesserung der Gesundheit und Arbeitszufriedenheit. Zur Illustration der geschilderten Wirkungen dienen jeweils Zitate der interviewten Personen.

Bestärkung der Lehrperson

Die befragten Lehrkräfte machen relativ viele Angaben zu Wirkungen, die in verschiedener Weise die Lehrperson bestärken. Dazu gehören zum Beispiel Aussagen in folgenden Bereichen:

Gewinn an Sicherheit

Der Gewinn an Sicherheit und Selbstvertrauen und die Bestätigung in didaktischer und pädagogischer Hinsicht ist für alle befragten Lehrkräfte ein zentrales Fazit der gegenseitigen Unterrichtsbesuche.

> Durch das Feedback habe ich in meinen Klasseninterventionen wieder mehr Sicherheit in der Führung der schwierigen Klasse erhalten. (Rosa)
> Ich lernte meine Schwachstellen und meine Stärken formulieren. Ich erarbeitete mir ein klares Bild von mir selbst. Das gibt mir Sicherheit, ich fühle mich nicht mehr angreifbar. (Bea)

Relativieren der eigenen Schwächen und Stärken

Die Zusammenarbeit im Tandem führt bei verschiedenen Befragten dazu, dass sie ihre eigenen Fähigkeiten mit jenen ihrer Tandem-Kolleginnen und -Kollegen vergleichen. Dieser Vergleich entspricht der Orientierung an einer sozialen Bezugsnorm (zusätzlich zur individuellen Bezugsnorm). Durch diesen ausserhalb der eigenen Person liegenden Vergleichsmassstab können die eigenen Schwächen als weniger gravierend erscheinen.

Ein sehr hohes Anspruchsniveau kann so relativiert und unter Umständen auch realistischer eingeschätzt werden.

> Das gegenseitige Hospitieren hat mir gezeigt, dass ich nicht unfehlbar sein muss. Es hat meine Einschätzung, andere machen es auf jeden Fall besser, korrigiert. (Ruth)

Der Vergleich kann aber auch dazu führen, andere in einem neuen, eventuell weniger hellen Licht zu sehen. Dies allein scheint schon eine Entlastung zu sein.

> Der Guru ist nicht mehr der Guru. Es gibt einen Ausgleich. (Bea)

Zudem kann es für eine Lehrkraft wichtig sein zu sehen, dass andere sich mit sehr ähnlichen Problemen herumschlagen.

> Es tut gut zu sehen, dass der andere die gleichen Probleme hat und auch nur mit Wasser kocht. (Ruth)

Stärkung der Zweierdynamik

Viele Lehrkräfte fühlen sich nicht mehr als Einzelkämpferinnen beziehungsweise Einzelkämpfer, wie dies oftmals zuvor der Fall war.

> Das hat mir so Rückhalt gegeben …. Ich wusste, wenn ich ein Problem habe, kann ich zur Kollegin gehen und sie um Rat fragen… (Bea)
> Ich wurde aus einer Art Einsamkeit herausgeholt. Ich empfinde psychische Erleichterung. Obwohl zusätzliche Arbeiten geleistet werden müssen, die eine Mehrbelastung darstellen, sind die Kontakte für mich eine Kraftquelle. (Theresa)

Entwicklung einer reflexiven Berufspraxis

Bestärkung in der Reflexionsfähigkeit

Nachdenken über das Handeln im Unterricht spielt in den Tandem-Phasen der Vorbereitung und des Nachbesprechens eine wichtige Rolle. Für viele der Lehrkräfte wird dieses Nachdenken zu einer Haltung, die nicht nur im Rahmen der Tandem-Arbeit eine wichtige Rolle spielt. Reflektiert wird auch dann, wenn niemand den Unterricht beobachtet. Es werden sozusagen reflexive Spuren gelegt, welche die beruflichen Aktivitäten ganz generell und praktisch jederzeit beeinflussen.

> Das ist zwar interessant, dass man die Klassenzimmertüren aufmacht – das ist eine gewisse Transparenz, die da geschaffen wird. Aber die eigentliche Bewusstwerdung passiert vor- und nachher – also, wenn man die Ziele vorbereitet und setzt. (Paul)
> Wenn man das als Kriterium setzt in einem Hospitationsbogen, dann überlegt sich jede Lehrkraft schon vorher … Ich merke dann selber, dass ich nur während der Hospitationsstunde Hochdeutsch spreche und sonst nie … Also gebe ich mir schon Mühe. Das Ziel wird schon von Anfang an, wenn es gesetzt wird, umgesetzt. Man beginnt sich zu beobachten und denkt: «Aha … ja klar – da muss ich …» (Paul)

Forschende Haltung im Unterricht

Einige Personen beschreiben, dass bei ihnen eine Haltung des Forschens entstanden ist, die als gewinnbringend wahrgenommen wird.

> Früher war ich in solchen Situationen froh, die Stunden überlebt zu haben. In diesem Fall wurde es für mich spannend. Ich freute mich jedes Mal, die Feedbacks und Informationen meines Tandem-Partners zu reflektieren und eine Woche später für mich neue Handlungsweisen auszuprobieren. Ich konnte beobachten, welche meiner Impulse wie wirkten und erhielt daraufhin wieder ein Feedback meines Tandem-Partners. (Stefanie)

Entwicklung von Offenheit und Sensibilität

Zunehmende Offenheit

Die Tandem-Partnerinnen und -Partner berichten von einer Zunahme von Offenheit in Bezug auf Öffnung der Schulzimmertüren und gegenüber Schülerinnen und Schülern, aber auch von einer erhöhten Bereitschaft, unangenehme Aspekte des eigenen Berufhandelns anzusprechen.

> Man wird offener und schafft nicht nur im eigenen Garten. (Ruth)
> Früher hatte Charlotte ihre Linie im Kopf und kommunizierte diese weniger offen. Charlotte wollte an ihren Absichten festhalten. Heute ist sie gegenüber den Lernenden viel offener. Sie kommuniziert klarer und handelt mit ihnen Situationen gemeinsam aus.

> Neben dem wertschätzenden Umgang miteinander müssen auch relevante Punkte angesprochen werden, man muss auch auf das «Zahnfleisch» kommen. (Hannes)

Erhöhte Sensibilität

Eine erhöhte Sensibilität wird von einem Teil der Befragten direkt als solche angesprochen.

> Ich bin durch die Tandemarbeit freier, weniger verhaftet, sowie optisch und visuell sensibler geworden. (Guy)
> Die Tandem-Arbeit hat zu einer Reflexion der eigenen Praxis geführt. In einigen Bereichen bin ich besonders sensibilisiert worden (Planen von Übergängen, Rhythmisierung des Unterrichts). Durch die präzise Vorbereitung bin ich freier geworden und kann heute meinen Schülerinnen und Schülern besser zuhören. (Hannes)

Befähigung, die Unterrichtspraxis zu verändern

Alle Befragten berichten über ganz konkrete und zum Teil bleibende Veränderungen ihres Unterrichts aufgrund der Tandem-Arbeit. Das Nachdenken mündet in konkretes Handeln.

> Das Thema der nächsten gegenseitigen Unterrichtsbesuche fokussiert mein bewusstes und unbewusstes Handeln und fliesst verändernd in den Unterricht. (Theresa)
> Nach der dritten Runde wurde dann begonnen, umzusetzen. Wenn man die Massnahmen plant, da kommt dann «Fleisch an den Knochen». (Paul)
> Der Entwicklungsprozess beginnt eigentlich dort, wo man entscheidet, auf was man schauen möchte (in der Phase Gesichtspunkte erstellen). Bis der Beobachter dann kommt, hat man im Unterricht schon längst entsprechend reagiert und den Punkt umgesetzt oder sich selber beobachtet. Dann ist beim Besuch der Punkt bereits umgesetzt. Die drei haben gemerkt, dass der Prozess vorher fast wichtiger ist als der Besuch selber. (Stefanie)

Gesundheit und Arbeitszufriedenheit

Das Mitgetragenwerden

Lehrkräfte erläutern, dass sie durch den gemeinsamen Austausch im Tandem-Team die Belastungen des Lehrberufes deutlich leichter bewältigen können.

> Es gibt Rückhalt, die Unterrichtsprobleme mit der Kollegin beziehungsweise dem Kollegen anzuschauen. Man hängt weniger im leeren Raum. (Stefanie)
> Es war so schön zu erleben, wie sie da sass, beobachtete und mir die Rückmeldung gab: «Sitz doch einmal ab und lass doch diese Kinder. Sie sind halt so schwierig und du machst doch so viel.» Dieses positive und gleichzeitig auch negative Feedback hat mir sehr viel gebracht. Ich habe erkannt, dass ich mich von dieser Situation nicht krank machen lassen will und dass ich tatsächlich viel mache. (Theresa)
> Wenn ich mich in der Spirale Richtung Burn-out bewege, weiss ich, dass eine Türe offen bleibt. Dass ich mich und mein Handeln erforschen kann und dass ich jemanden habe, mit dem ich mich austauschen kann. Tandem-Arbeit ist für mich insbesondere in schwierigen Situationen eine grosse psychische Unterstützung. (Charlotte)

Abbau von Stressfaktoren

Die Tandem-Arbeit kann einen Beitrag zum Abbau von Stressfaktoren wie Ängste, Einsamkeit, Verletzungen beitragen.

Die Kollegin hilft mir, Ängste zu überwinden, wenn ich glaube, dass die Situation entgleisen könnte. (Rosa)

Durch die positive Veränderung bezüglich Zusammenarbeit im Kollegium hat sich für mich ein wichtiger Wunsch erfüllt. Ich wurde aus einer Art Einsamkeit herausgeholt. Ich empfinde psychische Erleichterung. (Theresa)

Rückmeldung eines Methodiklehrers während des (Lehrer-)Seminars: «Gut gemacht. Aber das hätte jeder von der Strasse auch gekonnt.» ... Positive Erfahrungen im Tandem haben dazu beigetragen, diese Verletzung zu überwinden. Ich konnte diesen Hammer verarbeiten. (Hannes)

Sozusagen als Vorbeugung gegen Stresserscheinungen kann Tandem zu einem gelasseneren Umgang mit den Anforderungen des Lehrberufs führen.

In dieser Arbeitsform geht man gelassener an die Arbeit. Man kann sich in ein Team einbringen; man bekommt Anerkennung. Das trägt zur Gelassenheit bei. Das ist vielleicht sogar wichtiger als der Lohn. (Paul)

Gefühl der Selbstwirksamkeit

Es gibt Hinweise darauf, dass Lehrpersonen durch die Tandem-Arbeit in ihren Selbstwirksamkeitsgefühlen bestärkt werden. Selbstwirksamkeit wird hier verstanden als die Überzeugung, dass jemand durch sein Handeln etwas bewirken und bewegen kann.

Für mich war es ein Highlight, wenn ich gemerkt habe, dass ich etwas umsetzen kann. (Rosa)

Weil ich unsicher war, habe ich früher einfach nicht reagiert, auch wenn ich spürte, dass ich reagieren sollte. Aus meiner Selbstsicherheit und meinem Selbstverständnis als Lehrerin handle ich heute anders. Wenn ich zum Beispiel feststelle, dass jemand nicht ehrlich ist, werde ich aktiv und kläre die Situation. (Charlotte)

Die Situation hat mich verändert, ich bin stärker geworden. Ich habe in der gleichen Ernsthaftigkeit weitergearbeitet. Ich habe die Kinder abklären lassen, mit den Eltern gesprochen und entgegengenommen, was sie mir sagten. Ich ging zum Schulleiter und habe ein Kind, das nicht in die Erziehungsberatung wollte, sogar zwangseinweisen lassen. Ich bin die Erste in diesem Schulkreis, die so etwas getan hat. (Theresa)

Anerkennung und Bestätigung bekommen

Die Aussagen verschiedener Lehrkräfte weisen darauf hin, dass Lob und Anerkennung von Seiten der Tandem-Partnerin beziehungsweise des Tandem-Partners ausserordentlich geschätzt werden. Anerkennung lässt die Selbstzweifel kleiner werden, erhöht die Motivation und scheint sich ganz generell emotional günstig auszuwirken.

Die Rückmeldungen geben Motivation, noch weiterzuarbeiten. Man bekommt Bestätigung, dass man auf dem richtigen Weg ist, und man bekommt neue Lust, weiterzumachen. (Bea)

Durch die Hospitation haben wir gelernt, was es heisst, Anerkennung geben und Anerkennung erhalten. Wir haben gelernt, wenn man etwas gibt, dann kommt auch etwas zurück. (Paul)

Ich lege jetzt ein grösseres Augenmerk darauf, dass ich die Kinder mehr rühme und mehr lobe. Im wöchentlichen Lernjournal sieht man, dass die Schüler auch sehr positiv schreiben und auch Lob geben. (Stefanie)

Berufliches Wachsen
Die meisten der befragten Personen berichten von deutlichen Einflüssen auf ihre Professionalität und ihre berufliche und persönliche Entwicklung.

> Tandem unterstützt mich, beruflich einen Schritt weiterzukommen – ich als Lehrer – ich als Mensch – ich als Vorgesetzter meiner Schülerinnen und Schüler. (Guy)
> Das kollegiale Hospitieren hat einen Einfluss auf mein professionelles Handeln: Ich erhalte kompetente, offene und ehrliche Rückmeldungen von einem Profi. (Ruth)

Erweiterung der Rollen von Lehrpersonen im Kollegium
Durch die Einführung der Tandem-Arbeit in einem institutionellen Rahmen qualifizieren sich Mitglieder von Steuergruppen zur schuleigenen Fachperson. Sie können auch die Rolle einer Mentoratsperson übernehmen

> Daraus entstand ein systematisches Berufseinstiegskonzept der Schule mit Schulbesuchen auf Gegenseitigkeit … Aus der ursprünglich nur administrativen Einführung mit einer Checkliste entwickelt sich nun ein systematisches, pädagogisches Mentorat. (Hannes)

Welche Wirkung entsteht durch gegenseitige Unterrichtsbesuche auf systemischer Ebene?

Obwohl bei der ersten Untersuchung vor allem die Wirkungen der gegenseitigen Unterrichtsbesuche auf die einzelnen Lehrkräfte untersucht worden sind, haben bei der systemischen Einführung mit Q-dems alle befragten Interviewgruppen über Wirkungen auf das Gesamtsystem Schule berichtet. Diese geschilderten Auswirkungen haben vor allem in den folgenden Bereichen stattgefunden:

Gemeinsame Ziele im Bereich Unterricht beziehungsweise Unterrichtsentwicklung
Im Q-dem finden ein gemeinsames pädagogisches Nachdenken und ein fachlicher Austausch über den Kernbereich Unterricht statt. Dabei wird kollegiales Erfahrungswissen genutzt, und die Schule arbeitet an einem Konsens bezüglich gemeinsamen Zielen, Werten und Normen.

Durch den gemeinsamen Erkenntnisgewinn und die gemeinsame Planung und Auswertung des Unterrichts wird auch über Veränderungen im methodisch-didaktischen Bereich berichtet.

> Die neue Perspektive, das ist das Neue, das ist das Gute. Sich auf Ziele einigen. Was wollen **wir** – nicht, was will **ich**. (Paul)
> Aber, man hat jetzt auch gemerkt, nach den Besuchen, dass er viel mehr mit uns gesprochen hat. Also, er hat es nicht einfach erklärt und danach mussten wir es machen. Er hat mit uns vorne einen Kreis gebildet und danach haben wir über dieses Thema diskutiert. Es war einfach viel lustiger, und manchmal bei Mathematik machten wir anstelle der Arbeit mit dem Buch ein Schnellrechnungs-Spiel. Das machte nachher auch mehr Spass. (Schüler, Schule B)

> Wir haben uns ein Ziel definiert und die Tandems entsprechend zusammengesetzt. Am Ende einer Hospitationsrunde haben wir im Kollegium gemeinsam ausgewertet und uns überlegt, was die Erkenntnisse für unsere Schule bedeuten, und diese setzen wir heute unmittelbar um. Es findet immer in einem Kreislauf statt. Manchmal hat die Auswertung auch zum neuen Thema geführt. (Lehrperson Schule C)

Intensivierung der kollegialen Zusammenarbeit

Die systematische Zusammenarbeit im Kollegium hat klare Auswirkungen auf das Zusammenleben der Gesamtschule. Das gemeinsame Nachdenken über den Unterricht und das gegenseitige Zuschreiben von pädagogischer Kompetenz führt zu einer wertschätzenden Schulkultur. Es werden gemeinsame Ziele und Normen des Zusammenlebens ausgehandelt (Benimmregeln, pünktlicher Unterrichtsbeginn) und schulübergreifend verbindlich gehandhabt.

Die Zusammenarbeit im Kollegium begünstigt auch die Integration von neuen Lehrpersonen und der Teilpensenlehrkräfte. Wegen des Austauschs im Kollegium wird auch von einer Kontinuität in der Begleitung von Schülerinnen und Schülern berichtet.

> Das kollegiale Hospitieren hat engere, konstruktive Zusammenarbeit im Kollegium bewirkt und führt zu besserer Reflexion der Kernaufgabe «Unterrichten». (Hannes)
>
> Die gemeinsame Tandem-Arbeit hat unsere Zusammenarbeit gestärkt. Allerdings sind die Auswirkungen im Kollegium unterschiedlich ausgefallen, weil ein Erfolg nur eintreten kann, wenn die Beziehungsebene stimmt... (Ruth)
>
> Man (Schüler und Eltern) weiss, dass wir als Lehrkräfte einander Rückmeldungen geben. Zum Beispiel, wenn ich einen Schüler erwische, der raucht, dann wissen alle, dass ich es seinem Klassenlehrer melden werde. Und das ist ganz normal so. Dieser Austausch im Kollegium und in der Schule funktioniert. (Lehrperson Schule C)

Beziehungsklima

Die Arbeit in Q-Gruppen führt zu einer Abnahme des Einzelkämpfertums und zu einer unterstützenden und wertschätzenden Team-Kultur. Es wird auch von einer Qualitätssteigerung in der Beziehung zwischen Lehrpersonen und Schülerinnen und Schülern berichtet, weil Lehrpersonen selber genaues Hinschauen erfahren, Feedback erhalten und sich kritischen Augen aussetzen müssen. Die Zunahme des Zusammenhalts im Kollegium führt dazu, dass vermehrt auch kritische Rückmeldungen an die direkt Betroffenen gehen.

> Zum Beispiel sagt man viel eher, was man denkt, oder auch, was man fühlt; das kann so weit gehen, dass man auch sagt, wenn man Lust hat, alles hinzuschmeissen und beruflich etwas ganz anderes anzupacken. (Stefanie)
>
> Was während der Stunde passiert, ist nicht wichtig – ob man brilliert oder Fehler macht. Der Besuch gibt Gesprächsstoff. Das ist sehr angenehm, darüber zu sprechen... Es ist inzwischen ins Blut übergegangen. Man führt die pädagogischen Gespräche nicht nur nach Schema oder in bestimmten Situationen. Es kann passieren, dass man plötzlich beim Kaffee in pädagogische Gespräche einsteigt. (Paul)
>
> Irgendwie hat man seine Antennen anders gestellt – habe ich irgendwie das Gefühl –, ausgerichtet auf andere und nicht nur auf mich. Weil ich dann gemerkt habe, dass mich das eigentlich gar nicht belastet, dieses mit den andern, sondern dass es mich letztlich wieder entlastet, weil ich eben von den andern etwas mitnehmen kann, das mir ein gutes Gefühl gibt für die Schule. (Lehrperson Schule A)

Kommunikation

Tandem-Arbeit fördert eine kommunikative Grundhaltung. Allein die sorgfältige Anwendung des Tandem-Arbeitsmodells bedingt professionelle, wertschätzende Kommunikationsformen. Dazu gehören beispielsweise aktives Zuhören, die Grundhaltung, Dienstleistungen an Partner zu erbringen, nicht Ratschläge zu erteilen, angemessene Form der Rückmeldungen anwenden, zwischen Fakten und Wertungen unterscheiden usw. Durch das Tandem-Arbeitsmodell fliessen Informationen gezielt und geregelt.

> Heute sagen wir uns direkt, was uns betrifft. Es wird nicht mehr – ganz bestimmt nicht mehr so häufig – hinten herum über andere gesprochen. (Theresa)
>
> Von meiner früheren Tätigkeit in der Schulkommission weiss ich, dass es nicht so war mit Austausch und Kritik. Ich mag mich erinnern, dass es Probleme gegeben hat. Es gab zum Beispiel eine Gruppe Lehrer, die zur Schulkommission kam und sich beklagte, dass sie mit einem bestimmten Lehrer nicht zusammenarbeiten konnten. Solche Sachen hatten wir recht oft. Auch noch vor sechs Jahren war das so. Aber in der Schulkommission sind solche Sachen heute kein Thema mehr. (Lehrperson Schule A)

> Ich habe sicher eine andere Haltung, eine andere Sprache entwickelt. Wenn wir im Tandem reflektieren, wollen wir ja nicht urteilen. Es hat die Haltung verändert und man spricht unter den gleichen Voraussetzungen miteinander. Man hört einmal zu und reflektiert, was man gehört oder gesehen hat – nicht, dass man schon alles mit allen Gefühlen und allem vermischt. Ich habe einfach das Gefühl, dass wir eine ähnliche Sprache erhalten haben. (Lehrkraft Schule B)

> Dann habe ich bei mir selber gespürt, dass man mehr Lust hat, auf die Leute zuzugehen, weil man das irgendwie lernt, miteinander zu reden – nicht nur über den Unterricht, auch über andere Sachen. (Lehrkraft Schule A)

Offenheit, Abnahme von Ängsten

Gegenseitige Unterrichtsbesuche führen zu Offenheit im Kollegium. Neben dem Öffnen der Schulzimmertüren kommt es auch zu einer Öffnung für eine Diskussion von schwierigen pädagogischen Themen. Auch Mitglieder von Schulbehörden und Eltern nehmen eine grössere Offenheit der Schule war. Damit wird auch dem Stereotyp «Lehrer als Besserwisser» entgegengetreten.

> Man wird offener und schafft nicht nur im eigenen Garten. Durch den Kollegiumsentscheid machen alle mit. Die Verbindlichkeit im Kollegium nimmt zu: Es wird vorgegeben, wer wie viele Besuche machen muss. (Ruth)
>
> Die Lehrkräfte sind viel offener geworden, und sie sprechen Probleme viel klarer an. Es kann viel schneller eine Lösung angestrebt werden, ohne dass man dauernd alles hinterfragt und leicht beleidigt wird. Die Person und die Sache werden besser getrennt. Es wird weniger persönlich genommen ... (Ruth)
>
> Wir gehen Themen direkt an. Es wird viel weniger geschwatzt. (Dennis)

Steuerung des Q-Prozesses durch die Schulleitung

Gegenseitige Unterrichtsbesuche in der Q-dem-Form ermöglichen es einer Schulleitung, die Schul-, Qualitäts- und Unterrichtsentwicklungsprozesse auf eine kooperative und partizipative Art zu implementieren und zu steuern. Entscheidungen sind durch Konsensfindung breit abgestützt. Durch die flache Hierarchie werden Innovationen gefördert. Über das Bearbeiten von gemeinsamen Themen kann auch eine Team-Entwicklung gefördert werden.

> Entscheide sind nicht mehr Einzelbeschlüsse, sondern verbindlich für die ganze Schule. Das hat sich positiv ausgewirkt. Zum Beispiel bin ich hier in diesem Dorf. So werde ich oft auf die Schule angesprochen, und ich wurde früher auch oft gefragt: «Der macht das und die macht das – was sagst du dazu?», und das hat aufgehört. (Lehrerin Schule C)
>
> Ich habe einfach gemerkt, dass sich ein Kollegium nicht durch Abstimmung entwickelt. Bei einer knappen Abstimmungsmehrheit wird die Mehrheit vielleicht den Beschluss umsetzen, vielleicht auch eher nicht. Die Minderheit wird es gerade extra nicht machen.

> Mit diesem Instrument, nicht nur, aber auch mit dem Tandem, wird plötzlich über pädagogische Themen gesprochen, und zwar mit Engagement. Als Schulleiter bin ich gewählt. Ich habe aber keine Mittel ... auch punkto Personalführung habe ich nichts in der Hand. Ich habe auch sonst keine Machtmittel. Ich habe den Konsens. Sobald ich Konsens bilden kann, kann sich die Schule entwickeln. Der kann sehr schmal sein, das spielt eigentlich keine Rolle. Ich muss herausfinden, wo er ist. Dort hilft mir jetzt das Tandem. Durch das Tandem bekommt mein Kollegium (meistens) gleiche Einsichten. Das liegt in der Natur der Sache. (Schulleitung, Schule C)

Rechenschaftslegung

Das Bedürfnis nach externer Rechenschaftslegung gegenüber Schulaufsicht und Öffentlichkeit hat in letzter Zeit stark zugenommen (siehe Kapitel 1.3). So kann beispielsweise die Schulleitung gegenüber dem Inspektorat beim jährlichen Schulbesuch Red und Antwort stehen, ob und wie weit die Schule im Bereich Qualitätsentwicklung aktiv sei.

> Ich hatte immer ein schlechtes Gewissen: Wir machen ja nichts punkto Q-Entwicklung, keine Mitarbeitergespräche. Ich war sehr froh, dass Kollege S die Idee mit dem Tandem eingebracht hat. Das ganze Kollegium hat sich ohne Zwang dafür entschieden. Für mich als Schulleiter war das eine Befreiung. Ich dachte: Endlich machen wir auch etwas punkto Q-Entwicklung, Q-Sicherung. (Schulleitung Schule B)

Wirkungen nach aussen

Eine angemessene Information der Mitglieder der Schulbehörden und der Eltern bewirkt eine grössere Wertschätzung und Akzeptanz der Schule und ihrer Lehrpersonen. Einige Lehrkräfte haben auch gute Erfahrungen gemacht, wenn sie ihre Schülerinnen und Schüler über Zielsetzungen, Zweck und Ergebnisse der gegenseitigen Unterrichtsbesuche informiert haben.

> Die neue Feedbackkultur, die durch das Tandem im Rahmen von Qualitätsentwicklung gefördert wird, wirkt sich jetzt auch auf das Umfeld aus. Das ist vor allem bei Eltern und in der Schulkommission spürbar. Das Verhältnis zur Schulkommission ist sehr entspannt geworden. Früher hat es einen grossen Konflikt gegeben, den viele eigentlich bearbeiten wollten. Durch die Arbeit am Unterricht hat sich dann auch auf Umwegen das Verhältnis zur Schulkommission gebessert, und zwar schlagartig. Man hat gelernt, wie man Feedback nehmen und geben kann, und das hat sich bei der Schulkommission ausgewirkt. (Paul)
>
> Als Mutter hatte ich (früher) den Eindruck, dass jede Lehrperson so vor sich hin «brösmelet» und für sich gearbeitet hat, aber sie sprachen nicht wahnsinnig viel zusammen. Jede versuchte ihr Projekt durchzuboxen. Jetzt ist es wie übergreifend, jede schaut auch auf die anderen und übernimmt Mitverantwortung, damit alle mit einbezogen werden können. (Eltern Schule C)

Aneignen von Evaluationswissen

Durch die strukturierte, systematische Evaluation und Reflexion des Unterrichts eignen sich die Schulleitungen, Q-Beauftragten und Lehrpersonen funktionales Evaluationshandwerk an. Gerade die Struktur beziehungsweise der Ablauf der gegenseitigen Unterrichtsbesuche (interne Peer Reviews) kann auch bei der Planung, Durchführung und Auswertung von Schulqualitätsrecherchen und externen Evaluationen durch Peers verwendet werden.

Empfehlungen zur Tandem-Praxis

Verbindlichkeit, Struktur und situative Flexibilität sind unabdingbare Gelingensbedingungen

Verbindlichkeit	Abmachungen über Mitwirkung, Anzahl der Besuche, Pflicht zur Berichterstattung, Vertragsarbeit über Rollen, Vertraulichkeit
Struktur	Die Phasen der QuES-∞ sind genau einzuhalten. Auch eine klare Organisationsstruktur gemäss Kapitel 3.3 fördert wirksame Tandem-Praxis.
Situative Flexibilität	Sowohl auf individueller als auch auf institutioneller Ebene müssen auch Freiräume bestehen, z. B. Wahl des Beobachtungsthemas, Auswahl der Instrumente.

Niederschwellig und gestaffelt einsteigen

Es empfiehlt sich, allfällige Einstiegsängste von Lehrpersonen ernst zu nehmen und niederschwellig beziehungsweise gestaffelt einzusteigen (siehe Tool Entwicklungsstufen im Tandem).

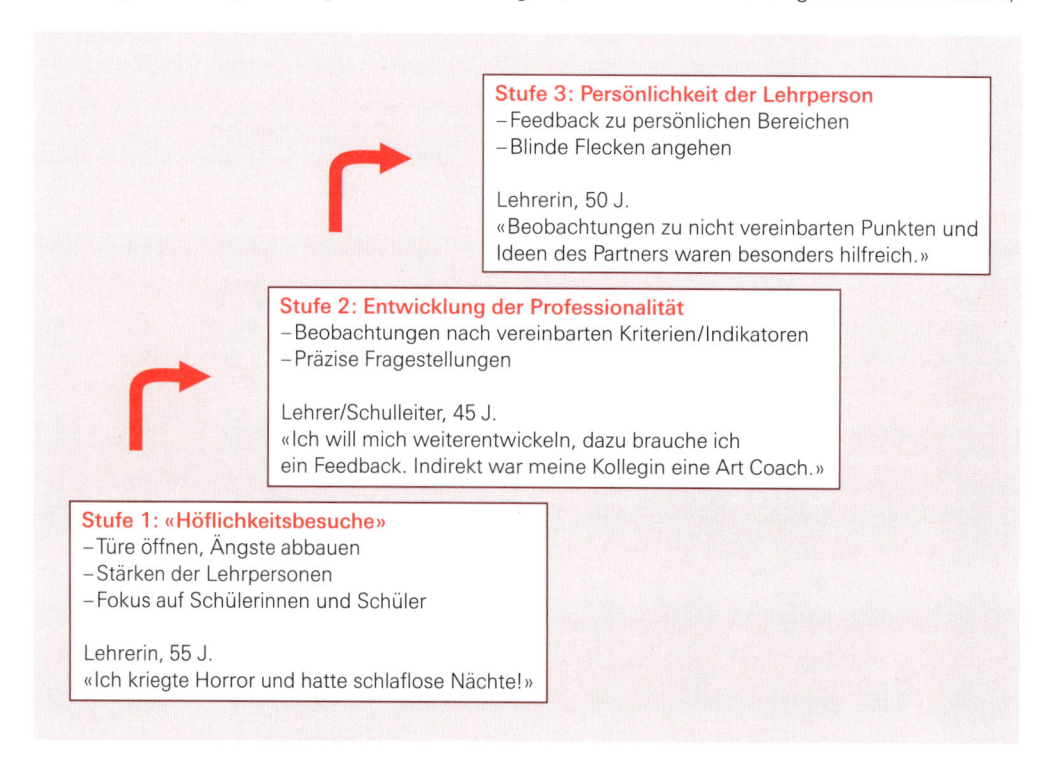

Stufe 3: Persönlichkeit der Lehrperson
- Feedback zu persönlichen Bereichen
- Blinde Flecken angehen

Lehrerin, 50 J.
«Beobachtungen zu nicht vereinbarten Punkten und Ideen des Partners waren besonders hilfreich.»

Stufe 2: Entwicklung der Professionalität
- Beobachtungen nach vereinbarten Kriterien/Indikatoren
- Präzise Fragestellungen

Lehrer/Schulleiter, 45 J.
«Ich will mich weiterentwickeln, dazu brauche ich ein Feedback. Indirekt war meine Kollegin eine Art Coach.»

Stufe 1: «Höflichkeitsbesuche»
- Türe öffnen, Ängste abbauen
- Stärken der Lehrpersonen
- Fokus auf Schülerinnen und Schüler

Lehrerin, 55 J.
«Ich kriegte Horror und hatte schlaflose Nächte!»

Deutliche, unterstützende Schulleitung

Das Gelingen des Projekts hängt von einer deutlichen, aber auch partizipativen und kooperativen Schulleitung ab, welche die förderorientierte Ausrichtung des Vorhabens unverkennbar unterstützt. Sie legt genaue Verbindlichkeiten fest, plant vorausschauend und akzeptiert vorbehaltlos die Vertraulichkeitsvereinbarungen.

Gezielter Einsatz von Q-dem zur Unterstützung von Schul-, Qualitäts- und Unterrichtsentwicklungsprozessen

Durch die verbindliche und intensive berufliche Zusammenarbeit im Kollegium werden gemeinsame Lern- und Entwicklungsprozesse auf individueller und systemischer Ebene unterstützt (siehe auch Kapitel 2.1, Q-Merkmale wirksamer Schulen).

Durchführung nach einem förderorientierten Ansatz
Es lohnt sich, auf den Gewinn an Sicherheit und auf die Stärkung der Selbstwirksamkeit zu fokussieren. Dabei wird ein ausgewogenes Verhältnis zwischen Stärken und Schwächen angestrebt. Die Qualität des Unterrichts wird beobachtet und beschrieben, nicht beurteilt. Die Tandem-Arbeit wird nie zu aufsichtsrechtlichen Zwecken eingesetzt!

Zeitgefässe reservieren und limitieren
Eine weitere Gelingensbedingung ist die Bereitstellung und Limitierung der Zeitgefässe. Besonders günstig sind Rahmenbedingungen, die von einer verbindlichen Zahl von schulinternen Fortbildungsstunden ausgehen und die im gesetzlichen Berufsauftrag die Mitwirkung verankert haben. Langfristige (Jahres-)Planungen fördern die Akzeptanz im Kollegium. Für Schülerinnen und Schüler sollte kein Stundenausfall entstehen.

Die Q-Gruppen sind unverzichtbares Strukturelement
Die Arbeit im Q-dem hat sich in allen Projektschulen bewährt. Rahmenbedingungen über Teilnahme am Q-dem, Umgang mit vertraulichen Daten, Art des Zusammenarbeitens, Berichterstattung usw. werden in schriftlichen Vertraulichkeits- beziehungsweise Zusammenarbeitsvereinbarungen klar geregelt. Es empfiehlt sich, die Q-Gruppen-Arbeit auf die sechs Bereiche gemäss Kapitel 4.8 auszuweiten. Die Q-Gruppen sollten nach zwei Jahren neu zusammengesetzt werden.

Konstruktive Konflikt- und Fehlerkultur
Wirksame Tandem-Arbeit wird durch eine konstruktive Fehlerkultur unterstützt: Aus Fehlern wird gelernt, Konflikte werden aktiv bearbeitet. Dazu wird auch ein Unterstützungs- beziehungsweise Beratungsangebot für Kollegien, Q-Gruppen oder Lehrpersonen bereitgestellt. Ein sinnvolles Instrumentarium für den Umgang mit Widerständen ist nützlich.

Nr. 7
Widerständen konstruktiv begegnen

Mitwirkungskonzept für Teilpensenlehrkräfte und Berufseinsteigende
Der Überforderung und Überlastung von Teilpensenlehrkräften oder Berufseinsteigenden ist Rechnung zu tragen. Es wird empfohlen, je nach Anstellungsgrad und/oder Belastungssituation gemeinsam Mindeststandards für die Mitwirkung auszuhandeln.

Handwerkszeug
Zur erfolgreichen Implementierung ist auch funktionales Handwerkszeug nötig. Dabei kann es sich beispielsweise um Traktandenvorschläge für Q-Gruppen, Beobachtungslisten, Auswertungsformulare, Feedbackregeln usw. handeln. Allerdings muss eine Papierflut vermieden werden. Der Grundsatz, dass vor allem selbst entwickelte Unterlagen wirksam sind, gilt weiterhin, weil der Ausarbeitungsprozess eine bedeutsame Phase der reflexiven Berufspraxis darstellt.

Ressourcenmanagement
Ein effizienter Umgang mit den Ressourcen ist eine wichtige Voraussetzung für das Gelingen. In der Einstiegsphase ins Projekt sollten vor allem die Mitglieder von Steuergruppen eine zeitliche Entlastung erhalten, die Schule muss mit der Einführung der gegenseitigen Unterrichtsbesuche einen Fortbildungsschwerpunkt setzen. Zu beachten ist, dass das Vorhaben nicht durch andere Projekte konkurrenziert wird. Um die Nachhaltigkeit zu gewährleisten, müssen Ressourcen für die dauernde Integration bereitgestellt werden.

Unterstützung/Coaching
Zur Implementierung brauchen die Schulen eine externe Beratung beziehungsweise Schulung. Dabei kann der Schwerpunkt entweder auf Einführungs- und Vertiefungsveranstaltungen des Gesamtkollegiums oder auf dem Coaching der Mitglieder der Projekt- und Steuergruppen beziehungsweise der schuleigenen Q-Fachpersonen liegen.

Einsatz von schuleigenen Q-Fachpersonen
Damit möglichst viel Know-how in der Schule bleibt, ist es sinnvoll, den Schwerpunkt auf die gezielte Aus- und Fortbildung von schuleigenen Q-Fachpersonen zu legen. Diese werden befähigt, als Mitglieder der Steuergruppe an der eigenen Schule Q-Prozesse zu planen, durchzuführen und auszuwerten, als Multiplikatoren dem Kollegium das nötige Q-Handwerk zu vermitteln und Gruppenprozesse professionell zu moderieren.

Integration aller Anspruchsgruppen
Je involvierter eine Anspruchsgruppe, desto grösser ist die geschilderte Wirksamkeit. Im Kapitel 6.3ff. wird geschildert, dass durch eine zweckmässige Beteiligung der verschiedenen Akteure grössere Wirkung erzielt werden kann. Als Konsequenz wird empfohlen, neben den Lehrpersonen situationsbezogen auch Schülerinnen und Schüler, Eltern und Schulbehörden zu beteiligen (z. B. durch umfassende Informationen und/oder Feedback auf Bestellung).

Informationskonzept
Die Schule erstellt ein Informations- und Kommunikationskonzept, das systematisch und adressatengerecht gegen innen und aussen informiert. Dabei kann durch einen zweckmässig organisierten Dialog mit den Informationsempfängern die Wirksamkeit verstärkt werden.

System erweitern: Austausch in Netzwerken
Nach der Implementierung der gegenseitigen Unterrichtsbesuche als wichtiger Baustein eines systematischen Q-Managements müssen die Qualitätsbemühungen konsolidiert und in den Schulalltag integriert werden. Dabei ist die Erweiterung des Systems durch Zusammenarbeit mit andern Schulen beziehungsweise Kollegien sehr unterstützend. Es empfiehlt sich, aktiv in einem entsprechenden Netzwerk mitzuarbeiten.[18]

---

18 Siehe zum Beispiel «Netzwerk Innovativer Schulen Schweiz», www.niss.ch

7.2 Schülerinnen- und Schülerfeedback in der Q-Gruppe

> «Der Einzelne kann sein Qualitätsmanagement nur steuern,
> wenn er kontinuierlich Feedback erhält.»
> R. Arnold, Santiago-Prinzip

Einleitende Gedanken

Systematisches Feedback im Schulzimmer trägt zur besseren Verständigung zwischen den Lernenden und der Lehrperson bei. Beim gemeinsamen Nachdenken über die Arbeit wird der Lehrperson bewusster, wie die Lernenden den Unterricht erfahren.

Überdies wird durch die Möglichkeit des Mitgestaltens des Unterrichts den Schülerinnen und Schülern vermehrt Verantwortung für das Lernen übergeben. Die Lehrperson ist nicht mehr allein für das Gelingen einer Lektion und für das Lernen allgemein verantwortlich. Durch das Sprechen über das Lernen und Lehren erfahren beide Seiten Wissenswertes über die Wirksamkeit ihres Verhaltens. Lernende werden Mitakteure, und der kontinuierliche Prozess der gegenseitigen Annäherung kann Wesentliches zur Verbesserung des Unterrichts beitragen.

Oft treten gerade ältere Lehrpersonen dem Schülerinnen- und Schülerfeedback mit Skepsis und Ablehnung gegenüber, weil die Befürchtung besteht, dies sei ein Instrument zur Beurteilung und Kontrolle des Unterrichts.

Feedback einholen bedeutet in einem förderorientierten QE-Prozess nicht Kontrolle. Es ist nicht zur Beurteilung von Lehrerleistungen geeignet, obwohl die Validität und Reliabilität der Evaluationsergebnisse hoch ist, wie mehrere Untersuchungen über die Einschätzung von Lehrerleistungen durch Schülerinnen und Schüler zeigen.

Feedback ist ein Entwicklungsinstrument. Es hilft den Unterricht laufend zu verbessern und individuelle Lernbetreuung besser zu verwirklichen, und es kann Schwierigkeiten aufspüren oder verhindern helfen. Es entsteht eine Kultur des gegenseitigen Vertrauens und Sichwohlfühlens.

Schülerinnen und Schüler ab der zweiten Volksschulklasse sind in der Lage, gültige Beurteilungen vorzunehmen. Voraussetzung sind allerdings auf die Schulstufe angepasste Beurteilungsinstrumente. Dies ermöglicht den Lernenden, ein differenziertes Urteil abzugeben, das heisst, genau zwischen Beurteilung der Unterrichtsführung, Einstellungen und Interesse der Lehrkraft, Freundlichkeit und Wohlwollen usw. zu unterscheiden. Die Reliabilität der Urteile von Jahr zu Jahr ist hoch und die Stabilität des Urteils gross.[19]

---

19 Siehe Dubs (2003), Seite 101ff.

Aufbau einer internen Feedbackkultur

EVA-Kreis «Schülerinnen-, Schülerfeedback»

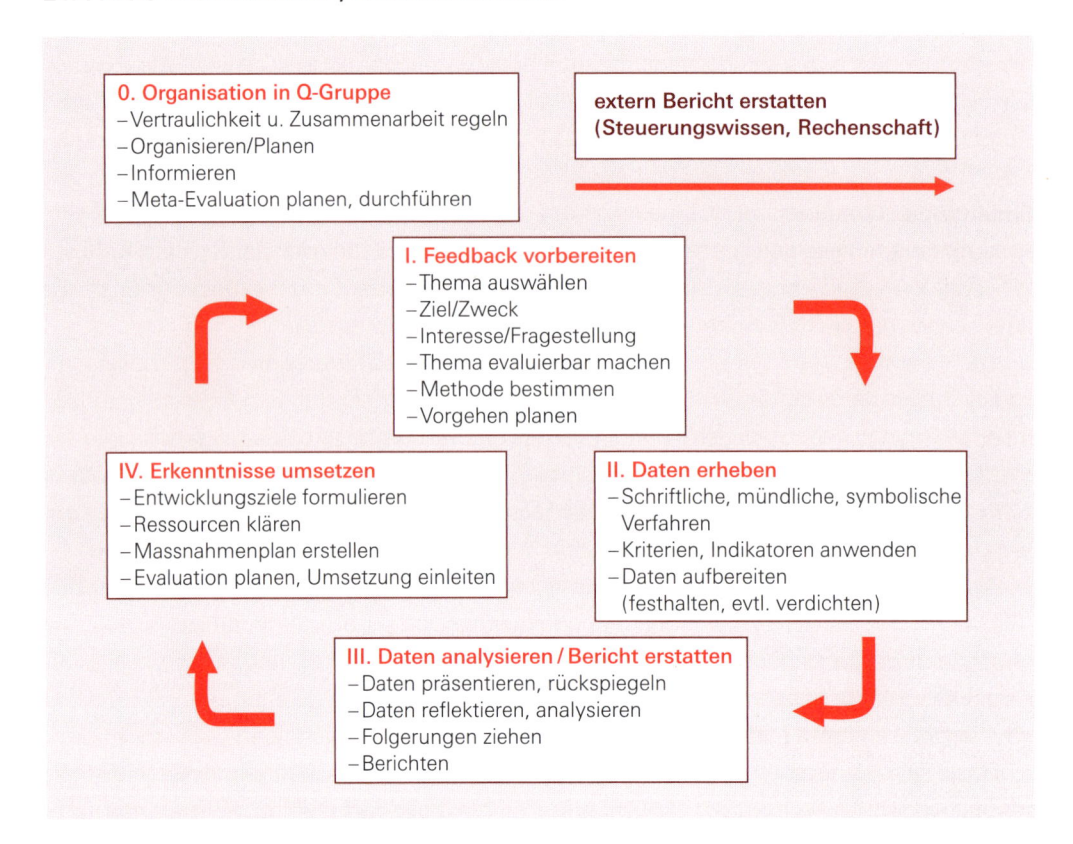

0. Organisation in Q-Gruppe
– Vertraulichkeit u. Zusammenarbeit regeln
– Organisieren/Planen
– Informieren
– Meta-Evaluation planen, durchführen

extern Bericht erstatten (Steuerungswissen, Rechenschaft)

I. Feedback vorbereiten
– Thema auswählen
– Ziel/Zweck
– Interesse/Fragestellung
– Thema evaluierbar machen
– Methode bestimmen
– Vorgehen planen

II. Daten erheben
– Schriftliche, mündliche, symbolische Verfahren
– Kriterien, Indikatoren anwenden
– Daten aufbereiten (festhalten, evtl. verdichten)

III. Daten analysieren / Bericht erstatten
– Daten präsentieren, rückspiegeln
– Daten reflektieren, analysieren
– Folgerungen ziehen
– Berichten

IV. Erkenntnisse umsetzen
– Entwicklungsziele formulieren
– Ressourcen klären
– Massnahmenplan erstellen
– Evaluation planen, Umsetzung einleiten

Beschreibung der Phasen im Schülerinnen- und Schülerfeedback

Phase 0: Organisieren in Q-Gruppe
Diese Phase entspricht sinngemäss der Vor- und Planungsphase des EVA-Kreises «Gegenseitige Unterrichtsbesuche», Seite 65.

Phase I: Feedback vorbereiten (Tandem oder Q-Gruppe)
Feedback einholen kann individuell gestaltet werden Es empfiehlt sich jedoch, die Planung und Ausarbeitung zu zweit oder in einer Gruppe vorzunehmen. Das gemeinsame Erproben von Instrumenten, das Reflektieren der Resultate und des gesamten Prozesses schaffen eine Verbindlichkeit, die für die weiterführende Feedbackarbeit sehr wirksam ist.

Zuerst wird das **Thema** festgelegt. Beim Schülerinnen- und Schülerfeedback soll die Themenauswahl einen Bezug zum Unterricht haben und den Lernprozess unterstützen. Neben Schul- oder Q-Gruppen-Themen sollen auch persönliche Anliegen der Lehrpersonen berücksichtigt werden. Anschliessend werden **Ziel und Zweck** des Feedbacks diskutiert und formuliert. Es kann auch hilfreich sein, **Fragestellungen** zu formulieren. Dies kann mit einer offenen Fragestellung geschehen, z. B.: «Wie können wir es schaffen, dass alle die Hausaufgaben erledigen?» Das Thema soll bedeutsam sein, damit Nutzen und Erfolg spürbar werden. Lehrpersonen und Lernende sollen möglichst schnell die Wirksamkeit des Feedbacks erfahren. Als Nächstes macht die Q-Gruppe durch das gemeinsame Erarbeiten von Kriterien und Indikatoren die (Teil-)**Qualität beschreib- beziehungsweise evaluierbar**, bestimmt nachher die geeignete **Evaluationsmethode** und wählt dazu die passenden **Feedbackinstrumente** aus. In einem **Datensammelplan** legt sie das weitere Vorgehen fest.

Nr. 21/22 Instrumentenkoffer
Nr. 23 Kartenabfrage

Phase II: Daten erheben

Hier wird das ausgewählte geschlossene oder offene, schriftliche oder mündliche **Verfahren** angewendet. Wird das Feedback regelmässig und jeweils zu einer fest eingeplanten Zeit durchgeführt, z. B. jeweils am Ende der Schulwoche, und wird ihm genügend Zeit eingeräumt, erhält es auch entsprechend grosse Bedeutung und Wirksamkeit. Zu bedenken ist, dass ein schlecht gewählter Zeitpunkt sowie Störfaktoren in der Klasse auf die Resultate der Umfrage bedeutenden Einfluss haben können. Es ist ausserdem wichtig, die Lernenden darüber zu informieren, wozu das Feedback eingeholt wird, was mit den Daten geschieht und wann eine Rückmeldung erfolgen wird. Nach dem Sammeln der **Daten** werden diese **festgehalten und evtl. verdichtet**.

Phase III: Daten analysieren, Bericht erstatten

Die aufbereiteten Daten werden so zusammengefasst, dass Meinungsrichtungen ersichtlich werden. Nach der **Präsentation** in der Q-Gruppe ist es hilfreich, die Resultate mit den Gruppenmitgliedern zu **reflektieren und zu analysieren**. Aus dieser Diskussion werden **Folgerungen gezogen,** die wichtigsten **Erkenntnisse** festgehalten und an die Steuergruppe weitergeleitet. Möglichst unmittelbar, d. h. innerhalb von zwei Tagen, spätestens aber nach einer Woche, werden die Resultate der Klasse **zurückgespiegelt**.

Nr. 24
Feedback dokumentieren

Phase IV: Erkenntnisse umsetzen

In dieser Phase werden die konkreten Schritte für das **Erreichen der Entwicklungsziele** und die **Umsetzung auf die Handlungsebene geplant**. Je nach Thema, Zweck und Ziel kann die Umsetzung gemeinsam mit der Klasse geplant werden. Es werden mögliche **Massnahmen** erarbeitet, und ein Plan über die Reihenfolge der einzelnen Schritte, die Verantwortlichkeiten und den Zeithorizont wird erstellt.

Auch hier wird bereits die **Evaluation** der Zielerreichung eingeplant. In jedem Arbeitsschritt findet eine Verfahrensreflexion auf der Meta-Ebene statt.

Aufbau einer internen Feedbackkultur

Leit- und Planungsfragen zum Schülerinnen- und Schülerfeedback

Phase I: Feedback vorbereiten

Themenauswahl
- Soll eher eine «Breitband-Erhebung» oder eine «fokussierte Erhebung» durchgeführt werden?
  Breitband: Es werden viele Aspekte oberflächlich abgefragt, um beispielsweise den Handlungsbedarf für eine fokussierte Erhebung festzustellen.
  Fokussiert: Ein Aspekt wird so vertieft untersucht, dass hilfreiche Erklärungen und Schlussfolgerungen gezogen werden können.
  Sollen neben persönlichen auch Q-Gruppen- oder Schulthemen evaluiert werden?
  Bitte bedenken: Relevante Themen und Fragen auswählen.
  Balance zwischen Lehren, Lernen und Beziehungen anstreben.

Ziel/Zweck/Fragestellung
- Wozu wird dieses Feedback eingeholt?
- Welchen Bezug hat die Evaluation zum Leitbild, zum Schulprogramm, zu Entwicklungszielen oder zu rätselhaften Erfahrungen im Schulbetrieb?
- Was ist bei der Themenauswahl in persönlicher Hinsicht wichtig?
  – Persönliches Entwicklungsziel aus Visionen oder empfundenen Problemen
  – Aufklären merkwürdiger Erfahrungen im Unterricht
- Wie lautet genau die Fragestellung, das Problem?

Thema evaluierbar machen
- Welche Zielsetzung/Norm/Qualität wird überprüft?
- Welche Kriterien machen diese Qualität aus (4–5 Gesichtspunkte)?
- Welche Indikatoren sind für die Kriterien bedeutsam? (Woran erkennen wir …?)

Eher explorative Studien:
– Wie genau lautet das Rätsel (Forschungsfrage)?
– Welche Teilfragen beziehungsweise Prüfhypothesen könnten helfen, es aufzuklären?

Kontingenzuntersuchung:
– Wie lauten die Soll-Werte (Standards)?
– Welche Indikatoren ergeben die Abweichung vom Soll-Wert?

Methode bestimmen
- Welche Erhebungsinstrumente und Methoden verwenden wir?
- Wie können wir den Untersuchungsgegenstand von verschiedenen Seiten her beleuchten? (Triangulation)

Vorgehen planen
- Wie wird die Datensammlung organisiert?
- Welcher Zeitplan ist angemessen?
- Ist die Anlage einfach und ökonomisch?

Phase II: Daten erheben
Mögliche Formen aus dem Instrumentenkoffer
- offene und geschlossene schriftliche Verfahren
- mündliche und symbolische Verfahren

Bitte wichtige Grundsätze bedenken:
- Haltung/Atmosphäre muss stimmen
- Grosse Äusserungsfreiheit gewährleisten (offen, anonym, Ventilfragen usw.)
- Keine Last-Minute-Übung
- Themen- und Methodenauswahl begründen
- Vorstellungen über Auswertung offenlegen
- Wie werden die Daten aufbereitet? Wer tut es?
- Welche Form der Darstellung bietet sich an?

Phase III: Daten analysieren/Bericht erstatten (vgl. Auswertungsraster Seite 68)

Daten rückspiegeln
- Wie erfolgt eine Rückmeldung an die Datenlieferer? Wer tut es? Bis wann?

Daten analysieren
- Wie werden die Daten analysiert?
- Wer ist an der Analyse beteiligt?
    - allein, im stillen Kämmerlein
    - mit Klasse und/oder Eltern gemeinsam
    - in der Q-Gruppe

Folgerungen ziehen
- Welche Konsequenzen werden gezogen?
- An welchen pädagogisch-didaktischen Themen würde es sich lohnen, in der Q-Gruppe zu arbeiten?

Phase IV: Erkenntnisse umsetzen

Entwicklungsziele formulieren
- Welche Stärken wollen wir weiter bewahren und pflegen?
- Welche Konsequenzen werden gezogen?
- Welche Entwicklungsziele auf individueller oder systemischer Ebene können gesetzt werden?

Ressourcen klären
- Wer kann Entwicklungen wie unterstützen?
- Welche Ressourcen brauche ich dazu? (Zeit, Coaching, Weiterbildung usw.)

Massnahmenplan erstellen

Massnahmen, nächste Schritte	Priorität	Zeithorizont	Verantwortliche	Ressourcen
Was ist zu tun?	Was ist dringend?	(Bis) Wann?	Wer?	Es braucht dazu …

Evaluation planen, Umsetzung einleiten
- Welche Erfolgskriterien können wir formulieren?
- Woran erkenne ich die Zielerreichung?
- Gegenüber wem lege ich Rechenschaft ab?
- Wie sieht die Berichterstattung aus?
- Wie können Schüler/innen und Eltern, Schulleitung und Behörden einbezogen werden?

Empfehlungen Schülerinnen-, Schülerfeedback

Phase 0: Vorbereitung/Voraussetzungen

Haltung
Feedback kann nur gelingen, wenn die Lehrperson mit einer **positiven Haltung** dahintersteht. Das Wissenwollen und die Bereitschaft, allenfalls Veränderungen anzubringen, haben eine zentrale Bedeutung.

Vorbereitungsphase
In der Vorbereitungsphase ist es notwendig, mit den Lernenden über den Sinn und Zweck von Feedback nachzudenken. Im Gespräch soll auch angesprochen werden, dass von Schülerinnen und Schülern ein gewisses Mass an **Mitverantwortung** für guten Unterricht und Übernahme von **Verantwortung für das Lernen** erwartet wird. Solche gemeinsamen Überlegungen helfen mit, eine gute Lernatmosphäre und **gegenseitiges Vertrauen** aufzubauen.

Vertrauen
Gegenseitiges Vertrauen basiert auf dem Recht, respektvoll behandelt zu werden, aber auch auf der Verpflichtung, die andern ernst zu nehmen und mit **Respekt** anzuhören. Dies gilt **für Lernende wie für Lehrpersonen**. Diese konstruktive Atmosphäre muss durch die Lehrperson, welche hier sehr grossen Einfluss nehmen kann, erarbeitet werden. In einer solchen Atmosphäre sind auch Feedbacks, die das Verhalten der Menschen thematisieren, möglich und ertragbar.

Phase I: Feedback vorbereiten

Fragestellungen finden
Denken Sie an die Situation mit Ihrer Klasse im letzten Schulhalbjahr. Sind Sie verblüfft über etwas, haben Sie sich immer wieder geärgert oder gefreut, möchten Sie gerne etwas verändern? Führen Sie ein Feedback nur durch, wenn Sie sich einen Nutzen davon versprechen!

Daten erheben
Daten können schriftlich oder mündlich eingeholt werden. Besonders in mündlichen Verfahren sollen Meinungen und Standpunkte immer wertschätzend behandelt werden. Es geht hier vorerst nur um das Sammeln von Sichtweisen. Dabei sollten Methoden zur Anwendung kommen, die gewährleisten, dass sich alle Beteiligten einbringen können.

Auswahl des Feedbackinstruments
Bei der Auswahl eines Feedbackinstruments finden sich in der Literatur unzählige Beispiele, die situationsbezogen abgeändert und angepasst werden müssen.

    Fragebogen sind für Schüler- und Schülerinnenfeedback eher ungeeignet. Wir erhalten zwar leicht erfassbare Datenmengen, die Aussagen bleiben aber eher oberflächlich und sind vielseitig interpretierbar. Auch ist das Ausarbeiten eines Fragebogens eine sehr zeitaufwendige Angelegenheit.

Zeitaufwand
Sinnvolles und effektives Feedback muss mit **angemessenem Aufwand** durchgeführt werden können.

    Um den Energieaufwand in Grenzen zu halten, sollte man sich bereits beim Erstellen des Instruments Gedanken über die Art des Datenzusammenfassens machen.

Nr. 21/22 Instrumentenkoffer
Nr. 28 Fragebogen

Phase II: Daten sammeln

Wohin mit den Daten?
Die Lernenden müssen im Voraus über die Art der Verwendung ihrer Daten informiert werden. Es ist auch zu überdenken, ob Aussagen eventuell anonym abgegeben werden könnten.

Zweck des Feedbacks bekannt geben
Lernende sollen über Ziel und Zweck des Feedbacks informiert werden. Weiter sollte die Bereitschaft der Beteiligten erkundet werden, das ausgewählte Thema überhaupt bearbeiten zu wollen.

Zeitpunkt
Die Wahl des Zeitpunkts ist mitentscheidend über den Ausgang der Befragung. Für das Sammeln der Daten soll **genügend Zeit** eingeräumt werden. Wird das Feedback zu einer fest eingeplanten Zeit durchgeführt, wird es auch entsprechend wichtig. Eine Last-Minute-Übung in einer Lektion oder die letzte Stunde vor den Ferien sind ungeeignet. Störfaktoren wie Streit in der Klasse, verschobene Schulreise, aber auch Aussicht auf eine Belohnung haben bedeutenden Einfluss auf die Umfrage.

Regelmässigkeit
Feedback soll regelmässig praktiziert werden. Eine oder zwei grosse Aktionen pro Jahr haben nicht die gewünschten Auswirkungen auf die Qualitätsentwicklung des Unterrichts. Wichtiger als gross angelegte Untersuchungen sind mehrere «schlanke» Verfahren, welche mit Beharrlichkeit und Ausdauer immer wieder angewendet werden. Dabei ist zu beachten, dass Feedbacks spürbare Veränderungen bewirken, sonst geht das Interesse daran verloren.

Differenzierte Sprache
Lernende, aber auch Lehrpersonen verwenden beim Feedbackgeben oft den Ausdruck: «Das hast du **gut** gemacht!» Was heisst das genau? Hier könnte es heissen: Du hast laut und deutlich gesprochen. Du hast die Zeit eingehalten. Wir haben viel Neues erfahren. Wir versuchen genauer beschreibende Kriterien zu verwenden, um zu verhindern, dass die Aussage zu allgemein und nichtssagend wird.

Lob äussern
Feedbackarbeit wird nicht nur praktiziert, um Mängel aufzudecken. Feedback kann auch Lob und Anerkennung bringen und die Lehrperson in ihrer Tätigkeit bestärken. Es bereitet jedoch vielen Beteiligten grosse Mühe, vorbehaltlos Gelungenes, erfolgreiche Tätigkeiten und Stärken mit lobenden Worten anzuerkennen. Dies sollten wir regelmässig praktizieren!

Kritik äussern
Bei der Auswahl des Feedbackinstruments und der dazugehörenden Fragen achten wir darauf, dass wir **weniger kritisieren**, sondern stattdessen **Möglichkeiten für Veränderungen**, neue Ideen und Vorschläge formulieren lassen.

Triangulation
Selbstevaluation birgt die Gefahr in sich, dass man betriebsblind wird. Um diesem Phänomen vorzubeugen, wird empfohlen, weitere Gruppen zur Befragung einzuladen. So könnte beispielsweise nach der Befragung der Lernenden die Sichtweise der Eltern einbezogen werden oder eine Umfrage im Kollegium gemacht werden. Dies kann sich auf die Ergebnisse sehr belebend auswirken.

Phase III: Analysieren/Berichten

Rückmeldung

Die Aktualität von Daten kann sehr schnell überholt sein. Deshalb sollen Rückmeldungen innerhalb von zwei bis drei Tagen, spätestens aber nach einer Woche erfolgen. In einer Diskussion mit den Lernenden werden die Ergebnisse diskutiert und bearbeitet und Vereinbarungen für die nähere Zukunft getroffen.
Merke: Feedback ohne Konsequenzen hat keinen Sinn.

Austausch im Kollegium

Ein Austausch mit mindestens einem Kollegen oder einer Kollegin über die Planung, Durchführung und Auswertung des Feedbacks sollte ermöglicht werden. Die Verpflichtung zum Weiterführen der Feedbackarbeit wird grösser, und Diskussionen mit einer andern Fachperson sind gewinnbringend.

Dokumentation der Daten

Ergebnisse aus Fragebögen sind einfach und rasch darzustellen. Schwieriger wird die Präsentation von mündlichen Aussagen, Mitteilungen in Lernjournalen oder anderen schriftlichen Äusserungen.
Folgende Dokumentationsformen sind möglich:

- **Originale zeigen:** SOFT-Plakate, Lernjournal-Einträge usw. werden mitgenommen und der Q-Gruppe oder den Kollegen/Kolleginnen gezeigt.
    + Originale sagen viel über das Engagement der Lernenden und ihr Interesse am Feedbackgeben aus
    − Das Studium der einzelnen Arbeiten braucht viel Zeit, ein Überblick fehlt.
- **Protokolle anfertigen und vorlegen:**
    + Schneller Überblick; hilft der Lehrperson, bereits beim Zusammenfassen über mögliche Konsequenzen nachzudenken.
    − Kann viel Arbeitsaufwand bedeuten, muss bei der Planung eingerechnet werden!
- **Tonband/Video:** Einzelne Sequenzen werden abgespielt und begutachtet.
    + Die Lehrsequenz kann eins zu eins nacherlebt werden.
    − Zeitaufwendig, punktuell.
- **Lernende dokumentieren:** Eine Gruppe Lernender trägt die Ergebnisse vor.
    + Durch das Miteinbeziehen einzelner Klassenmitglieder erhält das Feedback mehr Gewicht.
    − Aufwendig, eher für grösser angelegte Feedbacks geeignet.

Phase IV: Umsetzen

Lernverträge/Vereinbarungen

Verträge werden schriftlich abgefasst und von der Klasse unterschrieben. Das Festsetzen eines späteren Zeitpunkts zur Überprüfung, ob Vereinbarungen eingehalten worden sind, ist empfehlenswert.

7.3 Eltern- beziehungsweise Abnehmerfeedback in der Q-Gruppe

> «Das Überleben der Menschheit hängt nicht davon ab,
> was wir wissen, sondern wie wir miteinander umgehen.»
> H. Sona

Einleitende Gedanken

Das Einholen von Feedbacks bei den Eltern macht es möglich, eine Aussensicht zu nutzen und zu verhindern, dass wir uns im eigenen Kreis drehen. Wir sprechen dann von Triangulation, das heisst, es werden zum selben Fragenbereich von verschiedenen Gruppen Meinungen eingeholt, was zur Verlässlichkeit der Daten beiträgt und für die Weiterentwicklung der Schule von grosser Bedeutung ist.

Erziehende fühlen sich ernst genommen und gefordert, besonders dann, wenn sie angemessen an wichtigen Entscheidungen teilhaben können. Ein Einbezug derselben fördert die Zusammenarbeit zwischen Schule und Elternhaus und trägt erheblich zum Wohlbefinden des Kindes bei.
Ein erster Schritt zur Kontaktaufnahme sollte an einem Elternabend zu Beginn des Schuljahres erfolgen. Neben dem Vermitteln von Organisatorischem kann die Lehrperson zusammen mit den Eltern ein gemeinsames Verständnis zu Erziehungsfragen, zum Unterricht und zum Lernen allgemein erreichen. Gewinnt die Lehrperson das Vertrauen der Eltern, wird der Grundstein zu einer Erfolg versprechenden Zusammenarbeit gelegt.

Grundsätzlich ist es wichtig, sich Gedanken darüber zu machen, wie der Kontakt zu den Eltern das Schuljahr hindurch aufrechterhalten werden kann. Eine Möglichkeit sind regelmässige Schüler-/Schülerinnen-Einträge in ein Kontaktheft, in welches auch Eltern Einblick haben und ihre Beiträge leisten können. Somit besteht jederzeit Gelegenheit, auftauchende Probleme und Unzufriedenheiten anzumelden.

Rückmeldungen über Elternzufriedenheit während des Schuljahres können hilfreiche Hinweise über die Qualität der Arbeit geben. Wenig sinnvoll ist es, Feedback erst am Ende eines Schuljahres einzuholen, wenn keine Möglichkeit mehr zum Handeln besteht. Methoden zum Einholen von Elternmeinungen finden sich im Instrumentenkoffer für Schülerinnen- und Schülerfeedback.

Aufbau einer internen Feedbackkultur

EVA-Kreis «Eltern- beziehungsweise Abnehmerfeedback»

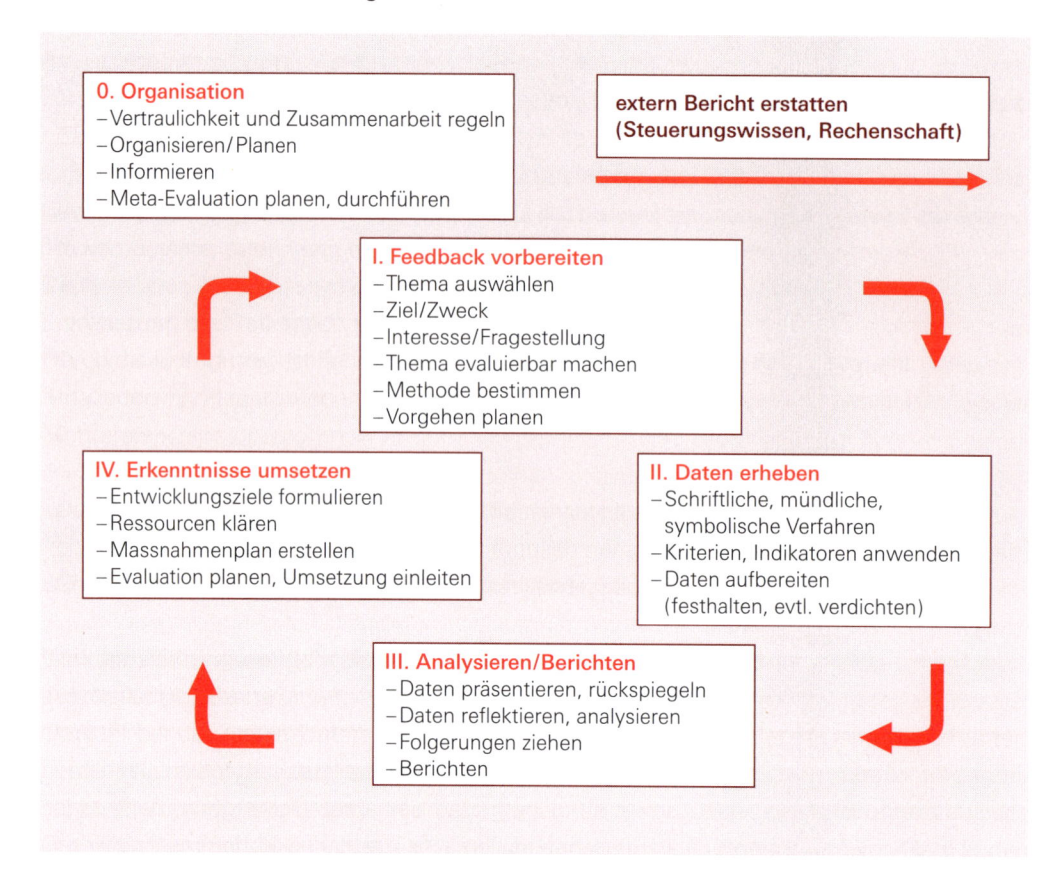

```
0. Organisation
– Vertraulichkeit und Zusammenarbeit regeln
– Organisieren/Planen
– Informieren
– Meta-Evaluation planen, durchführen

extern Bericht erstatten
(Steuerungswissen, Rechenschaft)

I. Feedback vorbereiten
– Thema auswählen
– Ziel/Zweck
– Interesse/Fragestellung
– Thema evaluierbar machen
– Methode bestimmen
– Vorgehen planen

IV. Erkenntnisse umsetzen
– Entwicklungsziele formulieren
– Ressourcen klären
– Massnahmenplan erstellen
– Evaluation planen, Umsetzung einleiten

II. Daten erheben
– Schriftliche, mündliche, symbolische Verfahren
– Kriterien, Indikatoren anwenden
– Daten aufbereiten
  (festhalten, evtl. verdichten)

III. Analysieren/Berichten
– Daten präsentieren, rückspiegeln
– Daten reflektieren, analysieren
– Folgerungen ziehen
– Berichten
```

Beschreibung der Phasen Elternfeedback

Phase 0: Organisieren
Diese Phase entspricht sinngemäss der Vor- und Planungsphase des EVA-Kreises, Seite 65

Phase I: Vorbereiten (Tandem oder Q-Gruppe)
Feedback kann individuell durch jede Klassenlehrkraft, stufenbezogen gemeinsam oder als ganze Schule durchgeführt werden.
Zuerst wird das **Thema** festgelegt. Die Themenauswahl hat Bezug zum Unterricht und zum Lernprozess der betreffenden Klasse(n). Neben Schul- oder Q-Gruppen-Themen sollen auch persönliche Fragen der Lehrpersonen berücksichtigt werden. Wird ein schriftliches Verfahren gewählt, werden **Ziel und Zweck** des Feedbacks auf dem Feedbackbogen schriftlich kommuniziert. Es sollte auch für die Bereitschaft zur Mitarbeit gedankt werden. Die Lehrperson oder die Q-Gruppe macht durch das Erarbeiten von Kriterien und Indikatoren die (Teil-)**Qualität beschreib- beziehungsweise evaluierbar** und bestimmt nachher die geeignete **Evaluationsmethode** durch das Auswählen des dazu passenden **Feedbackinstruments**. In einem **Datensammelplan** wird das weitere Vorgehen festgelegt.

Phase II: Daten sammeln
Je nach Situation werden geschlossene oder offene, schriftliche oder mündliche **Verfahren** angewendet. Auch bei mündlichen Verfahren, beispielsweise am Elternabend, werden Ziel und Zweck des Feedbacks bekannt gegeben. Ausserdem ist es wichtig, bekannt zu geben, wann und in welcher Art und Weise eine Rückmeldung erfolgen wird. Vor- und Nachteile von anonymen oder mit Namen versehenen Rückmeldungen müssen im Voraus überlegt und festgelegt werden. Das Ausfüllen eines Feedbackbogens sollte nicht mehr als zwanzig

Nr. 21/22 Instrumentenkoffer

Minuten in Anspruch nehmen. Die gesammelten **Daten** werden anschliessend **festgehalten**, evtl. **verdichtet** und zur Präsentation aufbereitet.

Phase III: Analysieren/Berichten
Die Daten sind so zusammengefasst, dass Meinungsrichtungen ersichtlich werden. Im Anschluss an die Präsentation der Ergebnisse ist es hilfreich, die Resultate in der Q-Gruppe zu **reflektieren und zu analysieren**. Aus dieser Diskussion werden **Folgerungen gezogen** und die wichtigsten **Erkenntnisse** festgehalten. Daten und Folgerungen werden möglichst rasch **zurückgespiegelt**.

Phase IV: Erkenntnisse umsetzen
In dieser Phase werden die konkreten Schritte für das **Erreichen der Entwicklungsziele** und die **Umsetzung auf die Handlungsebene geplant**. Je nachdem kann die Umsetzung mit Einbezug der Eltern geschehen. Es werden mögliche **Massnahmen** erarbeitet, und ein Plan über die Reihenfolge der einzelnen Schritte, die Verantwortlichkeiten und den Zeithorizont wird erstellt.

Auch hier wird bereits die **Evaluation** der Zielerreichung eingeplant. In jedem Arbeitsschritt findet eine Verfahrensreflexion auf der Meta-Ebene statt.

Leit- und Planungsfragen zum Eltern- beziehungsweise Abnehmerfeedback

Phase I: Vorbereiten

Themenauswahl
- Soll eher eine Breitband-Erhebung oder eine fokussierte Erhebung durchgeführt werden?
Breitband: Es werden viele Aspekte oberflächlich abgefragt, um beispielsweise den Handlungsbedarf für eine fokussierte Erhebung festzustellen.
Fokussiert: Ein Aspekt wird so vertieft untersucht, dass hilfreiche Erklärungen und Schlussfolgerungen gezogen werden können.
- An welchen Themen sind Eltern beziehungsweise Abnehmer interessiert?
- Zu welchem Thema können sie relevante Aussagen machen?

Ziel/Zweck/Interesse/Fragestellung
- Wozu holen wir dieses Feedback ein?
- Welchen Bezug hat die Evaluation zum Leitbild, zum Schulprogramm, zu Entwicklungszielen oder zu rätselhaften Erfahrungen im Schulbetrieb?
- Was ist mir persönlich bei der Themenauswahl wichtig?
  - Persönliches Entwicklungsziel aus Visionen oder empfundenen Problemen
  - Aufklären merkwürdiger Erfahrungen im Unterricht
- Wie lautet genau die Fragestellung, das Problem?

Thema evaluierbar machen
- Welche Zielsetzung/Norm/Qualität wollen wir überprüfen?
- Welche Kriterien machen diese Qualität aus (4–5 Gesichtspunkte)?
- Welche Indikatoren sind für die Kriterien bedeutsam?

Eher explorative Studien
  - Wie genau lautet das Rätsel (Forschungsfrage)?
  - Welche Teilfragen beziehungsweise Prüfhypothesen könnten helfen, es aufzuklären?

Kontingenzuntersuchung
  - Wie lauten die Soll-Werte (Standards)?
  - Welche Indikatoren ergeben die Abweichung vom Soll-Wert?

Methode bestimmen
- Welche Methoden beziehungsweise Erhebungsinstrumente verwenden wir?
- Wie können wir den Untersuchungsgegenstand von verschiedenen Seiten her beleuchten? (Triangulation)

Vorgehen planen
- Wie wird die Datensammlung organisiert?
- Welcher Zeitplan ist angemessen?
- Ist die Anlage einfach und ökonomisch?

Phase II: Daten erheben, aufbereiten

- Mögliche Evaluationsinstrumente aus dem Instrumentenkoffer auswählen
  - Geschlossene schriftliche Verfahren
  - Offene schriftliche Verfahren
  - Mündliche und symbolische Verfahren
- Wie sieht der Datensammelplan aus?
- Wer hilft beim Aufbereiten der Daten?
- Wie werden die Daten aufbereitet?
- Welche Form der Darstellung bietet sich an?

Phase III: Daten analysieren, Bericht erstatten (vgl. Auswertungsraster Seite 68)

Daten aufbereiten und evtl. rückspiegeln
- Wie erfolgt ein Datenfeedback an die Datenlieferer?

Daten analysieren
- Wie werden die Daten analysiert?
- Wer ist an der Analyse beteiligt?
  - allein, im stillen Kämmerlein
  - mit Klasse und/oder Eltern gemeinsam
  - in der Q-Gruppe

Folgerungen ziehen
- Welche Konsequenzen werden gezogen?
- An welchen pädagogisch-didaktischen Themen würde es sich lohnen, in der Q-Gruppe zu arbeiten?

Bericht erstatten (vgl. Auswertungsraster Seite 68)

Phase IV: Erkenntnisse umsetzen

Entwicklungsziele formulieren
- Welche Stärken wollen wir weiter bewahren und pflegen?
- Welche Konsequenzen werden gezogen?
- Welche Entwicklungsziele auf individueller oder systemischer Ebene können gesetzt werden?

Ressourcen klären
- Wer kann Entwicklungen wie unterstützen?
- Welche Ressourcen brauche ich dazu? (Zeit, Coaching, Weiterbildung usw.)

Massnahmenplan erstellen

Massnahmen, nächste Schritte	Priorität	Zeithorizont	Verantwortliche	Ressourcen
Was ist zu tun?	Was ist dringend?	(Bis) Wann?	Wer?	Es braucht dazu…

Evaluation planen, Umsetzung einleiten
- Welche Erfolgskriterien können wir formulieren?
- Woran erkenne ich die Zielerreichung?
- Gegenüber wem lege ich Rechenschaft ab?
- Wie sieht die Berichterstattung aus?
- Wie können Lernende und Eltern, Schulleitung und Behörden einbezogen werden?

Empfehlungen Eltern- beziehungsweise Abnehmerfeedback

Phase 0: Vorbereitungen/Voraussetzungen

Haltung

Feedback kann nur gelingen, wenn die Lehrperson mit einer **positiven Haltung** dahintersteht. Das Wissenwollen und die Bereitschaft, allenfalls Veränderungen einzuleiten, haben eine zentrale Bedeutung.

Phase I: Feedback vorbereiten

Wahl des Instruments

Bei grösser angelegten Feedbacks können **Fragebogen** mit geschlossenen Fragen hilfreich sein. Das Erarbeiten der Fragen ist jedoch sehr zeitaufwendig. Die geschlossenen Fragen sind in jedem Fall mit einer Ventilfrage zu ergänzen, welche Äusserungen zu Themen ermöglicht, die auf dem Fragebogen nicht enthalten sind. **Offene Fragen** und somit die Aufforderung zu schriftlich formulierten Stellungnahmen können bei eher Schreibungewohnten eine Hemmschwelle sein, und das Resultat kann verfälscht werden. Dies ist besonders bei Fremdsprachigen zu beachten. Die Zeitdauer zum Ausfüllen eines Fragebogens sollte zwanzig Minuten nicht überschreiten.

Phase II Daten sammeln

Zweck des Feedbacks

Eltern sollen über Ziel und Zweck des Feedbacks informiert werden. Auch die Art der Auswertung soll angesprochen werden. Eine Reaktion auf die Umfrage sollte möglichst schnell erfolgen.

Wohin mit den Daten?

Die Eltern müssen im Voraus über die Art der Verwendung ihrer Daten informiert werden. Es ist zu überdenken, ob Aussagen eventuell anonym abgegeben werden könnten. Einerseits wird so verhindert, dass mit den Feedbackgebenden Kontakt aufgenommen werden kann, andererseits wagen Eltern vielleicht auch kritische Äusserungen abzugeben, die sonst hinter vorgehaltener Hand kursieren würden.

Kritik äussern

Bei der Auswahl des Feedbackinstruments und der dazugehörenden Fragen achten wir darauf, dass **anstatt Kritik** zu üben, die Möglichkeit besteht, Ideen und **Vorschläge für Veränderungen** einzubringen. Hiebe unter die Gürtellinie werden so vermieden. Gleichzeitig muss sich der/die Kritisierende engagiert darüber Gedanken machen, wie die Situation verbessert werden könnte. Diese positive Haltung trägt sehr viel zu einer **konstruktiven Feedbackkultur** bei.

Triangulation

Selbstevaluation birgt die Gefahr in sich, dass man «betriebsblind» wird. Um diesem Phänomen vorzubeugen, wird empfohlen, bei gewissen Themen nach der Befragung der Lernenden die Sichtweise der Eltern einzubeziehen. Dies beleuchtet die zu klärende Frage von einer weiteren Seite her, was bei der Lösungssuche hilfreich ist.
Empfehlungen zu **Phase III** Analysieren/Berichten und **Phase IV** Erkenntnisse umsetzen: siehe Kapitel Schülerinnen- und Schülerfeedback

7.4 Schulleitungsfeedback[20]

> «Die Stärke einer Führungskraft liegt nicht in der Durchsetzung einsamer Entscheidungen...
> Führungskräfte müssen systematisch die Sichtweisen der andern Systemmitglieder eruieren.»
> R. Arnold, Santiago-Prinzip

Einleitende Gedanken

Jeder Mensch möchte von Zeit zu Zeit wissen, wo er steht, was er gut macht und wo sein eventuelles Entwicklungspotenzial liegen könnte. Erhalten Lehrpersonen nie Feedback über ihre Arbeit an der Schule, entsteht längerfristig Unzufriedenheit. Aus diesem Grund sollten die Schulleitungen das Personalentwicklungsinstrument der Mitarbeitergespräche (MAG) geplant und systematisch einsetzen. Das setzt einerseits gezielte Beobachtung und manchmal auch den Mut voraus, auch Fragwürdiges und Problematisches anzusprechen. Andererseits müssen die Schulleitungen auch selber bereit sein, von ihren Mitarbeitenden ein Feedback zu erhalten, dieses zu reflektieren und die nötigen Folgerungen daraus zu ziehen.

Die Situation im Lehrberuf ist heute durch eine Vielzahl von Herausforderungen und Belastungsfaktoren geprägt:
- Hohe Komplexität des Berufsauftrags
- Rascher Wechsel des Umfelds mit stets neuen Erwartungen beziehungsweise Anforderungen an die Schule und ihre Lehrpersonen
- Infragestellung der Autorität, Verlust des Ansehens
- Strukturell bedingte Einsamkeit, Einzelkämpfertum
- Verknappung der Ressourcen

Die regelmässig stattfindenden Standortbestimmungen können dazu dienen,
  ... anstehende Probleme offen zu diskutieren und gemeinsame Lösungswege zu finden,
  ... unterschwellige Konflikte aufzudecken, bevor sie zu unlösbaren Problemen werden,
  ... Stärken positiv zu würdigen und Schwächen zusammen mit möglichen Verbesserungsmassnahmen zu diskutieren,
  ... kurz- und mittelfristige Ziele zu vereinbaren und im Rahmen der später angesetzten Gespräche die Zielerreichung zu überprüfen.

Sie sind **nicht** dazu da,
  ... die Lehrpersonen aus Sicht der Schulleitung nach einem festen Schema zu qualifizieren.
  ... aufgrund einiger Schulbesuche eine fachliche Beurteilung vorzunehmen.

Dabei könnten folgende Bereiche angesprochen werden
- Arbeitssituation/Arbeitsumfeld
- Zusammenarbeit mit Kolleginnen/Kollegen
- Elternarbeit
- Zusammenarbeit mit Schulleitung und Schulbehörden
- Mitarbeit in der Qualitätsentwicklung (Feedbacks in der 360°-Verantwortung, Q-Gruppen-Arbeit)
- Feedback an Schulleitung und Lehrperson
- Persönliche Entwicklung und fachliche Weiterbildung
- Konkrete Entwicklungsziele, evtl. gemeinsame Zielvereinbarungen

---

20 siehe dazu Ender, Strittmatter (2001)

Aufbau einer internen Feedbackkultur

Das Schulleitungsfeedback ist im Zusammenhang mit Schul- und Qualitätsentwicklung ausschliesslich förderorientiert und geht von einem partnerschaftlichen, partizipativen Ansatz aus. Beide Seiten stehen in einer Wechselwirkung zueinander, die Beziehung zwischen Leitung und Lehrpersonen ist ein entscheidender Faktor für die Weiterentwicklung einer wirksamen Schule (siehe dazu Kapitel 2.1ff.).

In ihrer Rolle als Leitungsperson führen Schulleiterinnen und Schulleiter aber nicht nur Gespräche mit ausschliesslich formativem Charakter. Je nach Zweck und Zielsetzung ändern sich Setting und Ablauf der Gespräche. Endner/Strittmatter unterscheiden neben dem Schulleitungsfeedback noch folgende Gesprächsanlässe[21]:

- Das Standort- und Perspektivengespräch
- Das Beratungs- und Problemlösungsgespräch
- Das Konfrontations- und Konfliktlösungsgespräch
- Das formelle Qualifikationsgespräch

Es wird empfohlen, die besonderen Zwecke und Regeln dieser Gespräche auseinanderzuhalten und sie wenn möglich zeitlich voneinander zu trennen. Es ist wichtig, dass in diesem Bereich die Schulleitungen ein hohes Rollenbewusstsein entwickeln.

Ablauf Schulleitungsfeedback

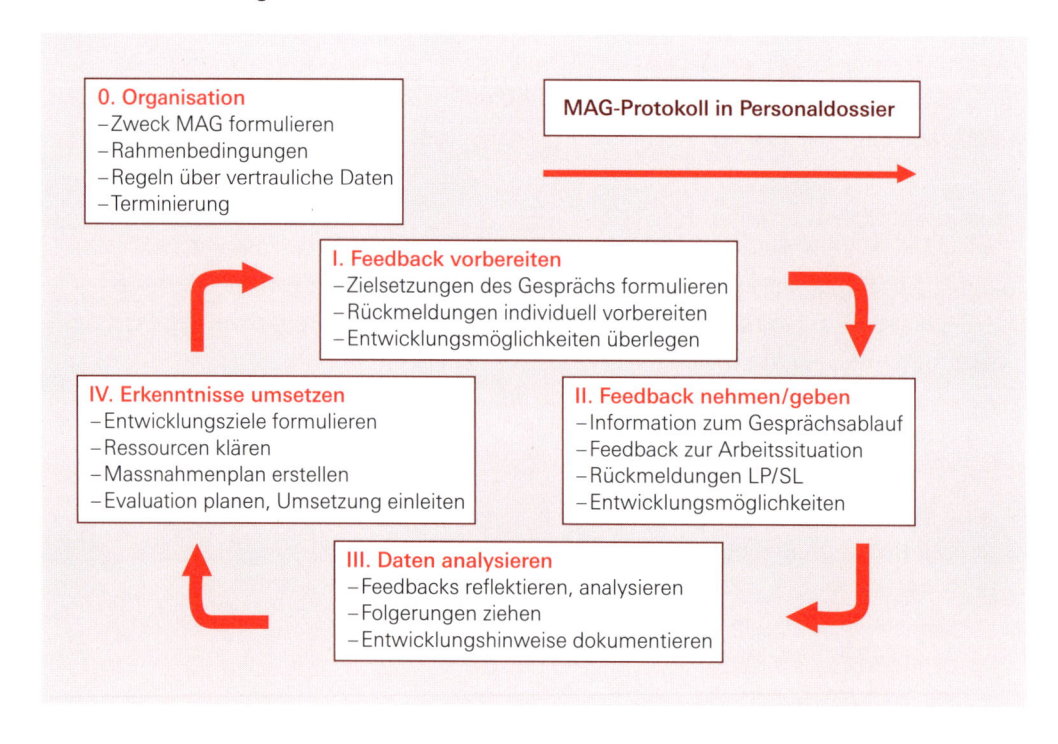

0. Organisation
- Zweck MAG formulieren
- Rahmenbedingungen
- Regeln über vertrauliche Daten
- Terminierung

MAG-Protokoll in Personaldossier

I. Feedback vorbereiten
- Zielsetzungen des Gesprächs formulieren
- Rückmeldungen individuell vorbereiten
- Entwicklungsmöglichkeiten überlegen

II. Feedback nehmen/geben
- Information zum Gesprächsablauf
- Feedback zur Arbeitssituation
- Rückmeldungen LP/SL
- Entwicklungsmöglichkeiten

III. Daten analysieren
- Feedbacks reflektieren, analysieren
- Folgerungen ziehen
- Entwicklungshinweise dokumentieren

IV. Erkenntnisse umsetzen
- Entwicklungsziele formulieren
- Ressourcen klären
- Massnahmenplan erstellen
- Evaluation planen, Umsetzung einleiten

---

21 Ender, Strittmatter (2001), Seite 36ff.

Beschreibung der Phasen Schulleitungsfeedback

Phase 0: Organisation
In dieser Vorphase wird das Kollegium über Sinn, **Zweck** und Zielsetzungen der periodischen Standortbestimmungen informiert. Dabei werden **Rahmenbedingungen** wie Ablauf, Dauer des Gesprächs, Setting, Regelmässigkeit usw. geklärt. Wichtig sind klare Regelungen über den **Umgang mit vertraulichen Daten**. Dabei sind die Datenschutzbestimmungen unbedingt zu respektieren. In der Organisationsphase werden auch die **Termine** festgelegt.

Nr. 26
Umgang mit vertraulichen Daten

Nr. 27
Standortbestimmung Schulleitung – Lehrperson

Phase I: Feedback vorbereiten
Schulleitung und Lehrperson überlegen unabhängig voneinander, welche **konkreten Zielsetzungen** mit dem Schulleitungsfeedback erreicht werden sollen. In dieser Phase werden die Gesprächsinhalte **individuell vorbereitet** und aufgeschrieben. Zu **Entwicklungshinweisen** werden auch konkrete Lösungsmöglichkeiten und Unterstützungsmassnahmen reflektiert.

Phase II: Feedback nehmen/geben
Das Gespräch muss in einem geschützten, ungestörten Rahmen stattfinden. Erfahrungsgemäss sind mindestens 45 Minuten dafür zu reservieren. Zu Beginn **informiert die Schulleitung** noch einmal kurz über Zweck, Ziel und Ablauf des Gesprächs. Anschliessend werden die vorgesehenen **Gesprächspunkte** angesprochen. In der Regel erfolgt eine Beurteilung jeweils aus Sicht der Lehrperson und der Schulleitung. Beim Feedback der Lehrperson wird vor allem angesprochen, wie sie die Schulleitung als unterstützenden oder hemmenden Teil des Arbeitsumfeldes wahrnimmt. Die Schulleitung ihrerseits formuliert, wie sie die Lehrperson als unterstützende oder hemmende Akteurin in der Schulgemeinschaft wahrnimmt.

Phase III: Daten analysieren
In einem gemeinsamen Reflexionsprozess werden die **Rückmeldungen analysiert** und daraus die nötigen **Folgerungen** gezogen. Daraus müssen für die einzelnen Bereiche konkrete **Entwicklungshinweise** formuliert werden. Hier zeigt die Erfahrung, dass dies nur partnerschaftlich stattfinden kann, weil nur akzeptierte Entwicklungshinweise auch umgesetzt werden.

Phase IV: Erkenntnisse umsetzen
In dieser Phase werden die konkreten Schritte beziehungsweise Massnahmen für das **Erreichen der Entwicklungsziele** und die **Umsetzung auf die Handlungsebene** geplant. Dabei kann ein **Massnahmenplan** mit der Reihenfolge der einzelnen Schritte, dem Zeithorizont, den Verantwortlichkeiten und den zur Verfügung stehenden Ressourcen erstellt werden.

Auch hier wird bereits die **Evaluation** der Zielerreichung eingeplant. Sicher wird die dokumentierte Zielsetzung spätestens beim nächsten MAG evaluiert.

Am Ende jedes Gesprächs findet eine Reflexion beziehungsweise Meta-Evaluation des Schulleitungsfeedbacks statt.

Leit- und Planungsfragen zum Schulleitungsfeedback
Die formulierten Fragen beziehen sich jeweils sinngemäss auf Schulleitung und Lehrperson

Phase I: Feedback vorbereiten
- Welche persönlichen Zielsetzungen verfolge ich beim Gespräch?
- Welches ist die minimale Ergebniserwartung, welches die maximale?
- Welche Rückmeldungen möchte ich unbedingt mitteilen?
- Wie kann ich ein ausgewogenes Verhältnis zwischen positiven und eventuell problematischen Rückmeldungen herstellen?
- Welche Entwicklungsmöglichkeiten beziehungsweise Entwicklungsziele stehen im Vordergrund?
- Wie könnte deren Umsetzung konkretisiert werden? (Prioritäten, Termine, Ressourcen)

Phase II: Feedback nehmen/geben
- Wie sieht der Gesprächseinstieg durch die Schulleitung aus?
  Z. B. Wie kann ich die Bedeutung des Gesprächs erläutern? Wie kommuniziere ich Zweck/Ziel des Gesprächs? Welche zusätzlichen Rahmenbedingungen müssen noch mitgeteilt werden?
  Z. B. zeitlicher Rahmen, Ablauf, Form des Protokolls, Umgang mit vertraulichen Daten
- Wie kann ich ein offenes Gesprächsklima schaffen, das dem Gegenüber ermöglicht, eigene Wahrnehmungen und Befindlichkeiten, aber auch Problematisches und Schwieriges mitzuteilen?

Phase III: Daten analysieren
- Welches sind die gegenseitigen Erwartungen?
- Welche Folgerungen können aus den Feedbacks gezogen werden?
- Welche Konsequenzen werden gezogen?
- Welche Entwicklungsziele werden ins Gesprächsprotokoll aufgenommen und weiterverfolgt?

Phase IV: Erkenntnisse umsetzen
- Welche Entwicklungsziele auf individueller oder systemischer Ebene können gesetzt werden?
- Wer kann Entwicklungen wie unterstützen?
- Wer soll davon erfahren?
- Wie können Lernende und Eltern, Schulleitung und Behörden einbezogen werden?

Mögliche Konsequenzen

Lehrkraft	Zielvereinbarung, Verhaltensvorsätze, -training, Fortbildung, Coaching, Praxisberatung
Klasse	Lernverträge, Schülerinnen-, Schülerfeedback
Q-Gruppe	gemeinsame Fortbildung, Praxisberatung, Intervision
Schule	Schilf-Kurse, Schulentwicklungsprojekte

Empfehlungen für Schulleitungsfeedback

Haltung/Atmosphäre muss stimmen
Die Grundvoraussetzung für ein wirksames Schulleitungsfeedback ist eine wertschätzende, Anteil nehmende und förderorientierte Haltung. Die Lehrperson muss das Gefühl haben, dass die Schulleitung an der persönlichen Entwicklung der Lehrperson interessiert ist.

Schulleitungsfeedbacks finden regelmässig statt
Neben spontanen Feedbacks und Gesprächen zwischen Tür und Angel finden jährlich institutionalisierte Schulleitungsfeedbacks in einem verbindlichen Rahmen statt. Diese sind ein wichtiges Instrument der Schulleitung zur Personalförderung.

Günstiges Setting gewährleisten
Das Gespräch findet an einem ruhigen Ort statt und wird keinesfalls unterbrochen oder gestört. Es wird genügend Zeit eingeräumt, das Gespräch ist organisatorisch und inhaltlich gut vorbereitet, alle Unterlagen liegen bereit.

Balance zwischen Feedback geben und Feedback nehmen
Das Gespräch besteht aus gegenseitigen Rückmeldemöglichkeiten. Schulleitung und Lehrperson sind beide bereit, ein Feedback zu ihrer Arbeit zu erhalten.

Kritische Feedbacks sind beschreibend, nicht urteilend
Neben der Anerkennung der guten Arbeit werden auch problematische Bereiche offen angesprochen. Aufbauende Kritik ist nicht be- oder verurteilend, sondern geht von klaren Fakten aus. Kritik findet nicht in der Öffentlichkeit, sondern unter vier Augen statt.

Neues Kapitel aufschlagen
Die Lehrperson kann sich darauf verlassen, dass an einem Gespräch ausschliesslich auf den Zeitabschnitt seit dem letzten Gespräch fokussiert wird. Es werden keine alten Geschichten ausgegraben oder aufgewärmt.

Hilfestellungen zur Verbesserung anbieten
Falls sich aus den Gesprächen ein Handlungsbedarf für die Lehrperson ergibt, müssen auch konkrete Hilfestellungen und Unterstützung angeboten werden. Nach Bedarf wird auch professionelle externe Beratung, ein Coaching oder eine Therapie vermittelt.

Umgang mit sensiblen Daten
Die Schulleitung pflegt einen verantwortungsvollen Umgang mit vertraulichen beziehungsweise sensiblen Daten. Als Leitungsperson kommen ihr verschiedene Daten zu Ohren. Sie geht mit diesen korrekt und hilfreich um. Unter Umständen kann aber auch das Vorenthalten von Informationen Schaden anrichten.

Dokumentationsbedarf abklären
Ergebnisse, Abmachungen und Entwicklungsziele des Gesprächs werden protokolliert, gegenseitig unterzeichnet und abgelegt. Bei einem nächsten Gespräch werden die formulierten Zielsetzungen evaluiert.

7.5 Instrumentenkoffer Feedback (ohne Fragebogen)

Feedbacks mit wenig Aufwand
Feedbacks mit wenig Aufwand sind geeignet, im ohnehin reich befrachteten Schulalltag ein Stimmungsbild zu erhalten. Solch unmittelbare Formen des Feedbacks müssen nicht unbedingt genauer analysiert und reflektiert werden. Sie können aber auf Begebenheiten oder Zustände hinweisen, bei denen es sich aufdrängt und lohnt, fokussiertes Feedback einzuholen.

Bei kurzer Zeitdauer können nicht alle Feedbackgebenden zu Wort kommen. Es kann eine Auswahl getroffen werden, so zum Beispiel:
Heute dürfen sich alle äussern,
… deren Vornamen nicht mehr als fünf Buchstaben enthält;
… die im ersten Quartal des Jahres Geburtstag haben;
… deren Los ich jetzt ziehe.

Feedbacks mit grösserem Aufwand
Komplexere Themen benötigen mehr Zeit. Die Vorbereitungen sind meist schnell erledigt. Eine Ausnahme bildet der Fragebogen, wo das Ausarbeiten der Fragen sehr zeitaufwendig ist. Deshalb eignet sich dieser auch eher für grösser angelegte Umfragen.

Nach der Befragung muss die Auswertungsphase unmittelbar oder spätestens in der nächsten Lektion angeschlossen werden. Das Suchen nach Lösungen in Klassendiskussionen beansprucht Zeit. Mögliche Massnahmen für Veränderungen werden getroffen und von beiden Seiten akzeptierbare Regeln aufgestellt. Zu einem späteren Zeitpunkt muss überprüft werden, ob die Veränderungen den Erwartungen entsprochen haben.

Feedbackinhalte
Feedbacks beinhalten oft folgende drei Aspekte:
- ++ Zustände/Aktivitäten/Methoden, welche als unterstützend erlebt werden und beibehalten werden sollen.
- + Zustände/Aktivitäten/Methoden, welche vermehrt eingesetzt werden sollen, weil sie Nutzen versprechen.
- – – Zustände/Aktivitäten/Methoden, welche eher als hinderlich erlebt worden sind und deshalb vermieden werden sollen.

Lernende werden in die Verantwortung für einen guten Unterricht mit einbezogen. Es entsteht ein Arbeitsbündnis, was sich positiv auf den Unterricht auswirkt und Lehrpersonen schlussendlich spürbar entlastet.

Nr. 21/22
Instrumentenkoffer

8. Aufbau einer Feedbackkultur auf systemischer Ebene

> «Wer mehr über die Wirkungen des eigenen Handelns,
> über die Realisierung von Zielen und die Voraussetzungen seines Arbeitbereichs weiss,
> kann Situationen und Probleme besser verstehen und somit gezielter und wirkungsvoller handeln.»
> C. Burkard/G. Eikenbusch[22]

8.1 Kontext, Funktion einer Schulqualitätsrecherche SQR

Wirksame Schulen unterhalten kontinuierliche und systematische Lern- beziehungsweise Entwicklungsprozesse. Dazu werden auf individueller und institutioneller Ebene planmässig Informationen über die schulische Arbeit gesammelt und ausgewertet. Die gewonnenen Erkenntnisse werden als Steuerungswissen zur Weiterentwicklung, Qualitätssicherung oder Rechenschaftslegung eingesetzt.

Eine Schulqualitätsrecherche ist nun eine Form der Evaluation, die nicht die Gütekriterien einer empirischen Forschung[23] erfüllen will, sondern vor allem auch vom Nutzen für den Schulalltag, für die Praxis ausgeht. Wie der Name Recherche schon sagt, wird von einem eher explorativen, journalistischen Ansatz ausgegangen, das heisst, ein Untersuchungsgegenstand wird von mehreren Perspektiven her beleuchtet und erforscht. Wichtig sind die Diskussion und Reflexion der Untersuchungsergebnisse und die Umsetzung der Folgerungen in die Praxis.

Anhand der Evaluationslandkarte von Nisbet können die vier Hauptfunktionen einer Schulqualitätsrecherche erklärt werden.

```
Mandat, Macht                                    Dialog, Kommunikation
                    [für externe Rechenschaft]

[Kontrolle]                                      [Wachstum, Entwicklung]

                    [aus professionellem
                     Eigenantrieb]
Verantwortungsbewusstsein                        Vertrauen
```

Jede dieser Funktionen kann isoliert gesehen werden, oft sind sie miteinander verbunden. Bei der Planung einer Schulqualitätsrecherche ist es wichtig, Zweck und Zielsetzung je nach Situation genau zu definieren.

Perspektive Wachstum/Entwicklung
Mit dem Fokus auf Wachstum/Entwicklung holt die Schule Daten und Informationen bei Beteiligten/Betroffenen ein, um Steuerungswissen für die Weiterentwicklung der schulischen und individuellen Lernprozesse zu gewinnen. Mithilfe der eingesetzten Verfahren oder Konzepten soll gesichertes Wissen über Wirksamkeit, Nachhaltigkeit und Effizienz gewonnen werden. Evaluation ist immer mit Arbeits- und Umsetzungsplanung verbunden (siehe Kapitel 6.3).

---

22 Für die Praxis sehr empfohlen: Ch. Burkard, G. Eikenbusch; Evaluation in der Schule, Cornelsen
23 Validität (Gültigkeit), Reliabilität (Zuverlässigkeit), Objektivität

Perspektive Professioneller Eigenantrieb

Mit der Evaluation soll das Wissen über die eigene Situation und das eigene Handeln vertieft werden. Eine intrinsische Motivation ist die Voraussetzung für die Erforschung der eigenen Wirksamkeit. Die gewonnenen Erkenntnisse führen zu einer grösseren Handlungssicherheit und besseren Orientierung. Die systematische Evaluation beziehungsweise Reflexion der Entwicklungsprozesse führt zu einer Selbstvergewisserung und einer Bestätigung der Selbstwirksamkeit, die Voraussetzung für gezieltes und wirkungsvolles Berufshandeln sind.

Perspektive Rechenschaftslegung

Evaluation untersucht und bewertet die Qualität von erreichten Ergebnissen/Lernzielen und von Arbeitsprozessen. Mit den Ergebnissen kann nun intern und extern, das heisst gegenüber sich selbst, Schülerinnen und Schülern, Eltern, Schulbehörden und gegenüber der Öffentlichkeit, Rechenschaft abgelegt werden. Gerade in Ländern, in denen die Wahlfreiheit bei den Schulen besteht, ist Rechenschaftslegung über die eigenen Leistungen und über die Erreichung von eigenen oder fremden Standards längst zur Selbstverständlichkeit geworden.

Perspektive Kontrolle

Dieser Fokus ist die problematischste Funktion einer Evaluation. Wenn aus einer **förderorientierten** Haltung heraus die Einhaltung von Vorgaben und externen Leistungsstandards überprüft werden und bei einem erkannten Handlungsbedarf auch die nötigen Unterstützungsmassnahmen eingeleitet werden, wird das von den Schulen akzeptiert. Müssen Schulen aber aufgrund von Evaluationsergebnissen nachteilige Folgen tragen, führt dies zu einem intransparenten Versteckspiel und zu einer Fassadenevaluation (siehe Kapitel 8.6).

Diese unterschiedlichen Funktionen einer Evaluation können auf verschiedenen Ebenen eine Rolle spielen:

Makro-Ebene
Erkenntnisse für bildungspolitische Entscheidungen, Gestaltung und Steuerung des Schulsystems auf kantonaler Ebene

Meso-Ebene
Gemeinschaftlich verantwortete Arbeit der Schule beziehungsweise Aufgabenbereiche einzelner Abteilungen, Stufen, Schulhäuser

Mikro-Ebene
Gestaltung von Lehr- und Lernprozessen durch einzelne Lehrpersonen in den Klassen

8.2 Verschiedene Arten von Untersuchungen

Explorativer Ansatz versus Kontingenzuntersuchung
Je nach Interessen, Zweck/Zielsetzung und Untersuchungsgegenstand gehen wir von einem erforschenden, explorativen oder einem eher überprüfenden Ansatz aus. Die beiden Evaluationsansätze können auch miteinander verbunden werden.

Eher explorative Studien
- Wie genau lautet das Rätsel, die Forschungsfrage?
- Welche Teilfragen beziehungsweise Prüfhypothesen könnten helfen, es aufzuklären?

Der Vorteil einer explorativen Schulqualitätsrecherche liegt vor allem in der interessierten, forschenden Grundhaltung der Untersuchenden. Dabei können auch ganz unkonventionelle Forschungsfragen gestellt werden.
Beispiele aus Projektschulen, bei denen die Initiative vom Kollegium ausgegangen ist:
- Welches sind wirksame Disziplinierungsmittel in schwierigen Unterrichtssituationen?
Z.B. Inventar der Schule mit Best-Practice-Erfahrungen erstellen
- Welche Überlebensstrategien wende ich als Lehrkraft in den stressigen Schulschlusswochen an?
- Welche Belastungen trage ich als Lehrperson in meine Familiensituation?
Z.B. Interviews bei den Lebenspartnern der Lehrpersonen

Eher Kontingenzuntersuchungen
(contigere = lateinisch: sich berühren)
- Wie lauten die Soll-Werte beziehungsweise Standards?
- Welche Indikatoren ergeben die Abweichung vom Soll-Wert?

Der Vorteil dieser Untersuchung liegt eher in den datengestützten und nachvollziehbaren Ergebnissen. Die Erkenntnisse werden vor allem als Steuerungswissen und zur Rechenschaftslegung verwendet.

Daneben ist bei beiden Evaluationsansätzen zwischen einer Breitband-Erhebung und einer fokussierten Erhebung zu unterscheiden.

Breitband-Erhebung
Es werden möglichst viele Aspekte und Teilqualitäten oberflächlich abgefragt. Die Ergebnisse zeigen uns ein Gesamtbild. Besteht zum Beispiel eine grosse Abweichung zwischen Ist- und Soll-Werten, zeigt dies einen allfälligen Handlungsbedarf für eine fokussierte Erhebung auf.

Fokussierte Erhebung
Einzelne Aspekt können differenzierter und in die Tiefe gehend untersucht werden. Mit den Ergebnissen können hilfreiche Erklärungen gefunden und Schlussfolgerungen in spezifischen Teilfragen gezogen werden.

8.3 EVA-Kreis «Schulqualitätsrecherche SQR»

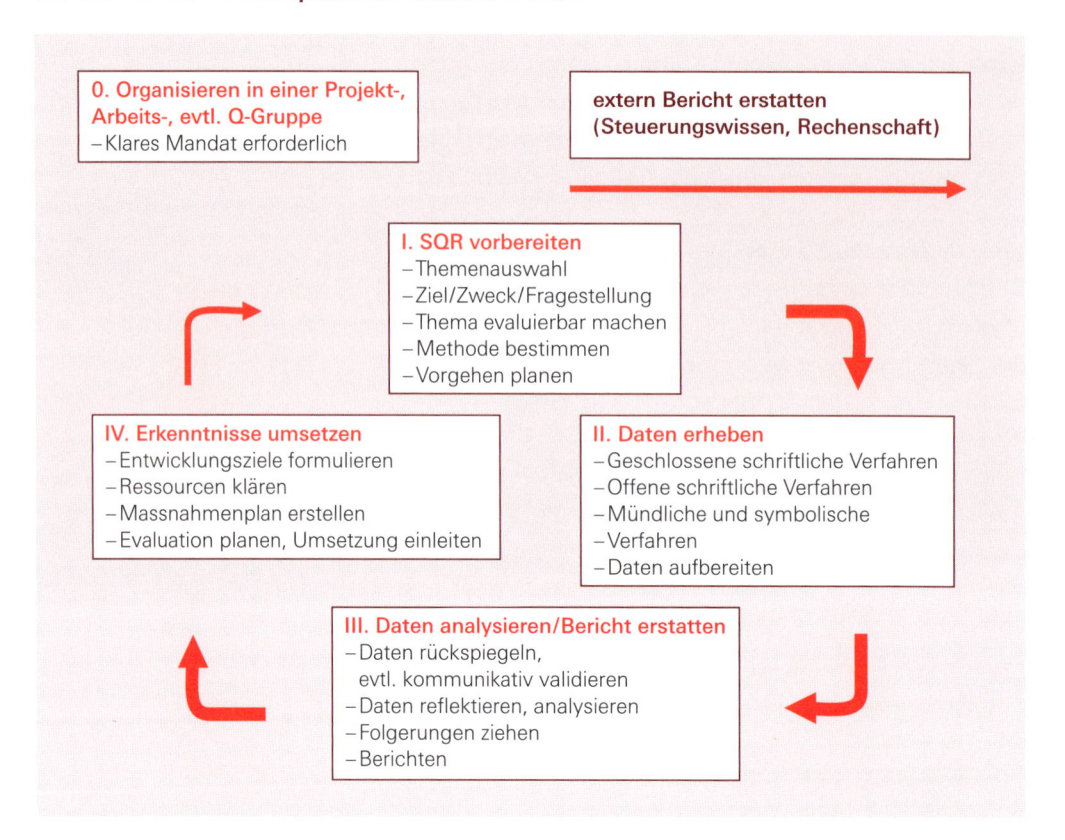

0. Organisieren in einer Projekt-, Arbeits-, evtl. Q-Gruppe
– Klares Mandat erforderlich

extern Bericht erstatten (Steuerungswissen, Rechenschaft)

I. SQR vorbereiten
– Themenauswahl
– Ziel/Zweck/Fragestellung
– Thema evaluierbar machen
– Methode bestimmen
– Vorgehen planen

IV. Erkenntnisse umsetzen
– Entwicklungsziele formulieren
– Ressourcen klären
– Massnahmenplan erstellen
– Evaluation planen, Umsetzung einleiten

II. Daten erheben
– Geschlossene schriftliche Verfahren
– Offene schriftliche Verfahren
– Mündliche und symbolische
– Verfahren
– Daten aufbereiten

III. Daten analysieren/Bericht erstatten
– Daten rückspiegeln, evtl. kommunikativ validieren
– Daten reflektieren, analysieren
– Folgerungen ziehen
– Berichten

8.4 Beschreibung der Phasen der Schulqualitätsrecherche

Phase 0: Organisieren

Die Planung, Durchführung und Auswertung einer Schulqualitätsrecherche wird im Allgemeinen an eine Arbeits- beziehungsweise Projektgruppe delegiert. Diese besteht aus Mitgliedern des Kollegiums, der Schulleitung und eventuell aus Vertretungen der Lernenden oder Eltern. Die Gruppe erarbeitet ein Konzept für die Durchführung der Evaluation und koordiniert den Evaluationsprozess. Es ist wichtig, dass die verschiedenen Akteure und Anspruchsgruppen der Schule am Prozess angemessen beteiligt werden.

Phase I: Schulqualitätsrecherche vorbereiten

Es ist wichtig, dass im Kollegium ein gemeinsames Verständnis darüber entwickelt wird, was Evaluation ist und was sie bewirken soll. Durch einen partizipativen Prozess im Kollegium können die Wirksamkeit und Nachhaltigkeit der Recherche erhöht werden.

In einem kooperativen Prozess wird das Thema festgelegt. Die Evaluationsthemen sollen für die Schularbeit notwendig und wichtig sein. Neben Schulthemen können hier auch Anliegen der Q-Gruppen und persönliche Fragen der Lehrpersonen mitberücksichtigt werden.

Um Ertrag und Nutzen der Schulqualitätsrecherche sichtbar zu machen, ist es wichtig, dass Ziel und Zweck der Evaluation geklärt sind. Dabei werden auch die Spielregeln für den Ablauf kommuniziert. In einem nächsten Schritt wird das Thema auseinandergenommen, indem zu den einzelnen Teilqualitäten Kriterien und Indikatoren bestimmt werden. Nachdem die zweckmässige(n) Evaluationsmethode(n) bestimmt ist/sind, werden die passenden Instrumente bereitgestellt und das weitere Vorgehen systematisch geplant. Dabei wird bestimmt, wer wann und wie die Daten sammelt.

Nr. 21/22 Instrumentenkoffer

Möglicher einfacher Planungsraster[24]

	Beschreibung	Leitfrage
Was?	Evaluationsthema, zu evaluierender Arbeitsbereich, Untersuchungsgegenstand	Welcher Arbeitsbereich soll evaluiert werden?
Wozu?	Zweck und Zielsetzungen der Evaluation	Wozu wird diese Evaluation durchgeführt? Welches Ziel wird angestrebt?
Wie?	Qualität beschreibbar, messbar machen/ Methode bestimmen	Welche Kriterien, Indikatoren machen die Qualität aus? Mit welcher Methode werden Daten erhoben?
Wer?	Evaluationsbeauftragte, beteiligte Anspruchsgruppen	Wer führt die Evaluation durch? Wer wird befragt, liefert Informationen? Wer muss zusätzlich informiert werden?
(Bis) Wann?	Datensammelplan, Terminplanung	Bis wann muss die Evaluationsplanung vorliegen? Wann werden Daten erhoben? Bis wann ist die Evaluation durchgeführt und ausgewertet? Bis wann liegt der Schlussbericht vor?

Phase II Daten erheben

Die Daten werden mit unterschiedlichen Instrumenten erhoben (nach R. Dubs mit multiplen Evaluationsinstrumenten). Auch hier gelten die Grundsätze der Verwendung von **mehrperspektivischen Untersuchungsmethoden** beziehungsweise der **Triangulation**. Neben den meist verwendeten Fragebogen gibt es eine Vielzahl verschiedener Möglichkeiten, Daten zu erheben.

Beispielsweise schriftliche Befragungen mit offenen Fragestellungen, strukturierte Gespräche/Interviews, Dokumentenanalyse/Auswertung vorhandener Daten, Vergleichsarbeiten und andere Verfahren zur Lernzielüberprüfung, Beobachtungen, kreative und expressive Methoden.

Die gesammelten **Daten** werden **aufbereitet** und so zusammengefasst, dass die Ergebnisse der Untersuchung klar ersichtlich werden.

Nr. 28 Fragebogen

Phase III: Daten analysieren/Bericht erstatten

In einem nächsten Schritt werden die **Daten zurückgespiegelt**. Weil die Rückmeldungen immer kontextuell abhängig sind, ist eine **kommunikative Validierung** im Kollegium durchzuführen. Im Anschluss daran ist es hilfreich, die Resultate im Kollegium zu **reflektieren** und zu **analysieren**. Aus dieser Diskussion werden **Folgerungen gezogen** und die wichtigsten **Erkenntnisse** festgehalten. Über die Ergebnisse und Folgerungen beziehungsweise vereinbarten Konsequenzen wird bei allen an der Evaluation Beteiligten möglichst rasch und adressatengerecht **Bericht erstattet**. Hier gilt der klare Grundsatz: Wer Daten liefert, hat Anspruch auf eine angemessene Rückmeldung.

Phase IV: Erkenntnisse umsetzen

Aus der Erkenntnis, dass sich Evaluation durch ihre Auswirkungen auf die Praxis legitimiert, wird der Umsetzungsprozess schrittweise systematisch geplant.[25] Nach dem Festlegen der **Entwicklungsziele** und der Klärung der zur Verfügung stehenden **Ressourcen** werden in einem schriftlich formulierten **Massnahmenplan** die Reihenfolge der einzelnen Entwicklungsschritte, der Zeithorizont, die Verantwortlichkeiten und Hilfsmittel dokumentiert.

24 Burkard, Eikenbusch (2000), Seite 104
25 siehe Schritte QuES-∞, Kapitel 6.3

Auch hier wird bereits die **Evaluation** der Zielerreichung eingeplant und die **Umsetzung in die Praxis eingeleitet**.

Um einen nächsten Evaluationsprozess zweckmässig und effizient zu gestalten, werden auch bei der Schulqualitätsrecherche die einzelnen Arbeitsschritte und der Gesamtprozess auf der Meta-Ebene reflektiert (siehe Meta-Evaluation 8.9).

8.5 Leit- und Planungsfragen zu Schulqualitätsrecherchen[26]

Phase I: SQR vorbereiten

Evaluationsbereich/Thema auswählen
- Welche Arbeitsbereiche werden evaluiert? Wer ist beteiligt? Wer muss informiert werden?
- Soll eher eine Breitband-Erhebung oder eine fokussierte Erhebung durchgeführt werden?
  Breitband: Es werden viele Aspekte oberflächlich abgefragt, um beispielsweise den Handlungsbedarf für eine fokussierte Erhebung festzustellen.
  Fokussiert: Ein Aspekt wird so vertieft untersucht, dass hilfreiche Erklärungen und Schlussfolgerungen gezogen werden können.
- Welchen Bezug hat die Evaluation zum Schulprogramm, z. B. Entwicklungsplan, Leitbild?
- In welchen Bereichen sind Vorgaben der Schulbehörden zu erfüllen?
- Welche Evaluationsbereiche sind für die Schule besonders relevant?
- Wo lassen sich in überschaubarer Zeit auch sichtbare Veränderungen erreichen?

Zweck/Zielsetzung klären
- Welche wichtigen Entwicklungsziele beziehungsweise Leitideen können mit der SQR evaluiert werden?
- Welchen Zielsetzungen dient die Evaluation?
- Wie können bei der Evaluation die wichtigen Anspruchsgruppen der Schule einbezogen werden?

Thema «auseinandernehmen», Kriterien und Indikatoren bestimmen
- Wie können wir die Qualität sichtbar, messbar, beobachtbar machen?
- Welche Qualitätsmerkmale gehören dazu? Kriterien bestimmen
- Woran erkennen wir die Qualität? Indikatoren suchen
- Welche Daten müssen wir erheben, um die Zielsetzungen der SQR zu erfüllen?

Methoden zur Datensammlung bestimmen
- Welche Daten liefern zur Beantwortung dieser Fragen wichtige Hinweise?
- Welche Daten liegen bereits vor?
- Welche Daten müssen zusätzlich gesammelt werden?
- Welche Methode der Datensammlung ist effizient und zum Ziel führend?

Vorgehen planen
- Welche Spielregeln und Normen gelten für den Ablauf? (Vertraulichkeit, kommunikative Validierung, Gegenlesen)
- Wie wird die Datensammlung organisiert?
- Welcher Zeitplan ist angemessen und wer kontrolliert seine Einhaltung?
- Wie werden die Evaluationsbeauftragten entlastet?

26 nach Burkard, Eikenbusch (2000)

Phase II: Daten erheben
- Wer koordiniert die Datensammlung?
- Wer stellt die Daten für die Auswertung zusammen?
- Welche Form der Darstellung der Ergebnisse bietet sich an?

Phase III: Daten analysieren, Bericht erstatten

Daten rückspiegeln
- Wie werden die Daten zurückgespiegelt?
- Wie kann allfällige kommunikative Validierung durchgeführt werden? Welche Anspruchsgruppen werden hier beteiligt?
- Wer ist am Datenfeedback beteiligt?
- Wer übernimmt dafür die Verantwortung?
- Wer erhält die volle Einsicht in die Daten?

Daten reflektieren, analysieren
- Wie wird eine Diskussion über die Daten gestaltet?
- Welche Hilfen zur Interpretation der Daten sind notwendig?

Folgerungen ziehen
- Welche Folgerungen werden gezogen?
- Welche Konsequenzen beziehungsweise Massnahmen drängen sich auf?

Bericht erstatten
- Wie wird Bericht erstattet?
- Wer sind die Adressaten des Berichts?
- Welchem Zweck dient er? (Steuerungswissen, Legitimation)
- Wer erstellt bis wann in welcher Form den Bericht?

Phase IV: Erkenntnisse umsetzen

Entwicklungsziele formulieren
- Welche Stärken wollen wir weiter bewahren und pflegen?
- Welche Konsequenzen werden gezogen?
- Welche Entwicklungsziele auf individueller oder systemischer Ebene können gesetzt werden?

Ressourcen klären
- Wer kann Entwicklungen wie unterstützen?
- Welche Ressourcen brauche ich dazu? (Zeit, Coaching, Weiterbildung usw.)

Massnahmen, nächste Schritte	Priorität	Zeithorizont	Verantwortliche	Ressourcen
Was ist zu tun?	Was ist dringend?	(Bis) Wann?	Wer?	Es braucht dazu …

Evaluation planen, Umsetzung einleiten
- Welche Erfolgskriterien können wir formulieren?
- Woran erkenne ich die Zielerreichung?
- Gegenüber wem lege ich Rechenschaft ab?
- Wie sieht die Berichterstattung aus?
- Wie können Schüler/innen und Eltern, Schulleitung und Behörden einbezogen werden?
- Wer trägt die Verantwortung für die Überprüfung der Umsetzung?

8.6 Fallen/Tipps für wirksame Schulqualitätsrecherchen

12 Tipps für den Erfolg[27]

Fallen	Tipps
Reine Pflichterfüllung Man führt eine SQR durch, weil es vorgeschrieben ist oder zum guten Ton gehört.	**Sinngebung: Nutzen sichtbar machen** Zweck und Zielsetzungen sind geklärt: Ein klarer Gewinn für die Schule ist zu erwarten. Es steckt eine Haltung des Wissenwollens hinter der Untersuchung.
Evaluationsspielwiese Gönnerhafte Grundhaltung des Kollegiums gegenüber den Evaluationsbeauftragten: Wenn ihr wollt, könnt ihr. Es leistet zu meinem Kerngeschäft eh keinen Beitrag.	**Verbindliches Mandat erteilen** Eine Arbeitsgruppe erhält einen klaren Auftrag, der auch von der Lehrerinnen- und Lehrerkonferenz mitgetragen wird.
Unverbindlichkeit Je nach Situation und bei unklarem Auftrag an ein Evaluationsteam besteht Beliebigkeit über die Mitwirkung an der Evaluation und an der Umsetzung der Evaluationsergebnisse.	**Spielregeln klären** Aufgaben, Kompetenzen und Verantwortlichkeiten werden vorgängig festgelegt. Die Spielregeln, insbesondere der Umgang mit vertraulichen Daten und die konsequente Umsetzung der Konsequenzen der Evaluation, sind geklärt.
Stellvertreter-Evaluation Beteiligen, Überzeugen, Informieren und gemeinsam Erarbeiten kosten Zeit. Deshalb führt die Schulleitung die SQR gleich selber durch oder delegiert das Geschäft an eine kleine Gruppe.	**Betroffene zu Beteiligten machen** Planung, Durchführung und Auswertung einer SQR ist ein partizipativer, sozialer Prozess, der nicht über die Köpfe des Kollegiums hinweg gestaltet werden kann. Es ist hilfreich, wenn das Kollegium auch Erwartungen und Befürchtungen äussern kann.
Fassaden-Evaluation Die Schule muss evtl. nachteilige Folgen auf sich nehmen und zeigt deshalb nur das Sonntagsgesicht. Es besteht keine Bereitschaft, auf Mängel oder Entwicklungsbereiche zu schauen.	**Kritik- und Änderungsbereitschaft** Die Schule ist bereit, neben Stärken auch Schwächen zu evaluieren und daraus die nötigen Konsequenzen zu ziehen.
Mängelfixierung Mit der SQR wird ausschliesslich nach negativen Punkten beziehungsweise Mängeln gesucht. Weil nur Schwächen aufgedeckt werden, kommt es zu Demotivation und Abwehrverhalten.	**Balance zwischen Stärken und Schwächen** Die Schule findet ein ausgewogenes Verhältnis zwischen Stärken und Schwächen. Ein festgestellter Handlungsbedarf wird auch als Entwicklungschance gesehen.
Mobbingfalle Eigentlich möchte man die unbeliebte Person schon lange loswerden. Endlich kann die Schulleitung das Problem datengestützt bereinigen und kommt um eine klare Konfrontation herum.	**Konflikte aktiv bearbeiten** Probleme beziehungsweise Konflikte werden direkt angesprochen und konstruktiv bearbeitet. Es bestehen klare Spielregeln im Umgang mit sensiblen Daten.
Komplexitätsfalle Schulen sind komplexe, vielfältige Systeme, an die von den verschiedenen Anspruchsgruppen die unterschiedlichsten Erwartungen gestellt werden. Mit einer umfassenden SQR wird versucht, die vielfältigen Teilqualitäten zu evaluieren.	**Fokusorientierte Evaluation** Die Anlage der SQR muss einfach und überschaubar sein. Die Ökonomie der Durchführung ist sehr wichtig, Aufwand und Ertrag müssen immer in einem ausgewogenen Verhältnis zueinander stehen.

27 nach Vorlage Burkard, Eikenbusch (2000), Seite 189ff.

Tempofalle Die Schule ist einer richtigen Datensammelwut verfallen. Dabei bleibt keine Zeit, die Daten vertieft auszuwerten, geschweige denn, aus der SQR Konsequenzen zu ziehen, weil schon die nächste Evaluationsrunde vor der Tür steht.	**Schritt für Schritt** Die SQR wird als sozialer Prozess gestaltet, in dem für die verschiedenen Phasen genügend Zeit eingeräumt wird. Insbesondere für die Umsetzungsphase müssen ausreichend Zeitgefässe zur Verfügung stehen. Nach aufwendigen und intensiven Phasen sind auch Ruhephasen einzuplanen.
Methodenperfektionismus Die Schule will eine perfekte SQR nach wissenschaftlichen Kriterien konzipieren. Es finden unzählige Sitzungen über die Methodenauswahl, die Notwendigkeit von Kontrollgruppen oder die Skala der Fragebögen statt.	**Nützlich für die Berufspraxis** Im Vordergrund steht die datengestützte Beschreibung der Berufspraxis und Schulrealität. Die Instrumente müssen nicht wissenschaftlichen Qualitätskriterien genügen, sondern orientieren sich an der Aktionsforschung.
Zahlenfetischismus Die Schule verwendet ausschliesslich Fragebögen, die eine grosse Datenmenge versprechen. Mit vergleichsweise wenig Aufwand lassen sich in einem Excel-Programm eindrucksvolle Grafiken darstellen.	**Angepasste Untersuchungsmethoden** Neben Fragebögen gibt es zahlreiche andere Untersuchungsmethoden. Diese müssen sich dem Zweck der SQR unterordnen. Es gilt auch wenig aufwendige, einfache Methoden zu verwenden.
08/15-Fragebogen Die Schule lädt vom Internet einen normierten Fragebogen herunter, der in der Folge einmal jährlich, immer in der letzten Schulwoche, eingesetzt wird.	**Massgeschneiderte Instrumente verwenden** Die Schule passt die Evaluationsinstrumente den eigenen Bedürfnissen und Voraussetzungen an. Sie muss dabei das Rad nicht neu erfinden und kann auf bewährte, verfügbare Best-Practice-Beispiele zurückgreifen. Diese werden an die eigene Situation adaptiert.

8.7 Einsatz von Fragebögen

In der Schule wird der Fragebogen wohl als häufigstes Evaluationsinstrument eingesetzt. Auf den ersten Blick verspricht diese Evaluationsmethode viele Vorteile, wie beispielsweise die grosse Verfügbarkeit von vorfabrizierten Fragenbögen, relativ leichte Auswertbarkeit, grafisch eindrückliche Darstellungsmöglichkeit der Daten oder hohe Glaubwürdigkeit wegen einer grossen Datenmenge. Dies soll aber nicht darüber hinwegtäuschen, dass es oft schwierig ist, mit einem Fragebogen objektive Erkenntnisse zu erhalten, da die Fragen häufig vielseitig interpretierbar sind, Fragen in einem bestimmten Kontext beantwortet werden oder nur eine limitierte Anzahl von Antworten möglich ist. Es wird daher empfohlen, Ergebnisse und deren Interpretation wenn möglich mit den Datenlieferanten kommunikativ zu validieren oder zum Mindesten mit einer kollegialen Expertengruppe zu diskutieren.

Fragebögen bieten vor allem die Möglichkeit, Sichtweisen, Einstellungen und Meinungen zu bestimmten Themen von möglichst vielen Beteiligten zu erfassen. Dabei ist zu beachten, dass nach dem Grundsatz der Triangulation die Befragung unterschiedlicher Anspruchsgruppen bessere Resultate verspricht als eine Befragung möglichst vieler Personen einer Gruppe.

Erstellen wir einen Fragebogen mit offenen Fragen, werden diese erfahrungsgemäss quantitativ in sehr unterschiedlichem Umfang beantwortet. Bei der Auswertung entstehen Probleme, weil es schwierig ist, eine Gewichtung der gemachten Aussagen vorzunehmen.

Es gibt eine ganze Reihe von Methoden, die den Fragebogen ersetzen können. Diese sind eher in kleinerem Rahmen wie Konferenzen, Elternabenden oder anderen Zusammenkünften einsetzbar.

Weil in der Fachliteratur bereits verschiedene erprobte Methoden zur Fragebogenentwicklung publiziert worden sind und auch viele fertige Fragebögen auf dem Markt sind, beschränke ich mich hier auf exemplarische Beispiele und einige Hinweise und Regeln zur Entwicklung von Fragebögen.

Regeln beziehungsweise Checkliste[28] zum Aufbau des Fragebogens

Basics
- Eine Einleitung orientiert über
  - Zweck und Zielsetzung der Befragung
  - Mitteilung über Auswertung und Information der Ergebnisse
  - Am Schluss folgt ein Dank
- Formulierung: Adressatengerecht, einfach, konkret, eindeutig und neutral
- Pro Frage nur eine Aussage
- Negative Aussagen vermeiden, positiv formulieren
- Bereits existierende Fragebögen zum gleichen Thema geben Anregungen, situative Anpassung ist wichtig
- Zu Beginn möglichst einfache und interessante Fragen, sog. Eisbrecherfragen, stellen
- Allgemeine Fragen vor die spezifischen Fragen stellen
- Heikle Fragen erst gegen Schluss stellen, um Abbrüche zu vermeiden
- KISS-Prinzip: Keep It Small and Simple: In der Regel nicht mehr als 15–20 Fragen, ideale Zeitdauer zum Ausfüllen: 10–20 Minuten
- Evtl. Testlauf mit einer Person, die der Zielgruppe entspricht

Nr. 28 Fragebogen

---

28 PP Fragebogen, D. Schönenberger, BeFaSEB 2007 (nach Schratz, Burkhard, Eikenbusch), siehe www.niss.ch

Checkliste beziehungsweise Leitfragen

… zum Untersuchungsgegenstand
- Über welches Thema brauchen wir Informationen? Was wollen wir wirklich wissen?
- Was wissen wir bereits? Was wollen wir noch wissen?
- Ist die Evaluation mit einem Fragebogen zweckmässig oder gibt es noch andere Methoden?
- Wen müssen wir befragen, um die notwendigen Informationen zu erhalten?
- Welchem Zweck dienen einzelne Fragen: Bewertung, Informationsgewinnung, Erhebung von Einstellungen, Entscheidungen?
- Zu welchen Entscheidungen/Folgen können wir die eingeholten Daten nutzen?

… zur Prozessgestaltung
- Wer soll an der Fragebogenausarbeitung beteiligt sein?
- Welche Rolle spielen die Befragten bei der Erstellung des Fragebogens?
- Wer führt die Befragung durch?
- Wann und wo soll der Fragebogen ausgefüllt werden?
- Wie wird der Rücklauf organisiert?
- Wer erhält Einsicht in die Daten?
- Wie und wann werden die Befragten über die Ergebnisse informiert?
- Wie wird der Daten- beziehungsweise Personenschutz gewährleistet?

… zur Formulierung der Fragen, ein paar Tipps
- Fragen müssen verständlich und in einer den Befragten vertrauten Sprache formuliert sein.
- Wörter mit doppelter oder unklarer Bedeutung müssen vermieden werden.
- Fremdwörter, Abkürzungen möglichst vermeiden.
- Kurze, eindeutige Fragen stellen.
- Nur einen Sachverhalt pro Frage abfragen.
- Mit den Fragen an die Erfahrung des Befragten anknüpfen.
- Doppelte Verneinungen vermeiden.
- Wertfreie Formulierungen, keine Suggestivfragen.
- Geschlossene Fragen sollen durch offene Fragestellungen ergänzt werden.
- Denkbare Antwortalternativen sollten erfasst werden, z. B.: Weiss nicht.
- Differenzierte Niveauunterschiede, z. B. durch eine Fünfer-Skala (sehr wichtig – wichtig – weder wichtig noch unwichtig – unwichtig – absolut unwichtig).
- Konkrete, deutliche Entscheidungen durch eine gerade Anzahl von Möglichkeiten, z. B. Zweier- oder Vierer-Skala (stimme voll zu – stimme zu – stimme nicht zu – stimme überhaupt nicht zu).

… Auswertung und weiterer Umgang mit den Informationen
- Wie viel Zeit rechnen wir für die Aufarbeitung der Ergebnisse ein?
- Wer übernimmt die technische Aufbereitung der Ergebnisse?
- Kann die Informationsmenge realistisch bearbeitet werden?
- In welcher Form sollen die Daten präsentiert werden?
- Wer soll wann über die Ergebnisse informiert werden?
- Wer entscheidet über die Verwendung der Daten?

Verwendung von offenen und geschlossenen Fragen in einem Fragebogen[29]

Offene Fragen	Geschlossene Fragen
Eher bei geringer Anzahl von Befragten	Eher bei sehr vielen Befragten
Wenn noch wenig Informationen über den Themenbereich vorliegen	Bei bereits grossem Vorwissen über den Themenbereich
Identifizieren von Problemen	Wenn quantifizierbare Rückmeldungen erwünscht sind
Ergebnisse liegen in sprachlichen Formulierungen vor; geeignet zur Verfassung von Berichten	Statistisch erfasste Werte müssen in sprachliche Formulierungen übersetzt werden
Darstellung der Daten eher problematisch	Leichte Darstellbarkeit der Daten
Keine Einschränkungen durch Antwortvorgaben	Skala kann zu Antwortverweigerungen führen
Zeitaufwendige Auswertung und Beantwortung	Relativ einfache und schnelle Auswertung
Verständliche Formulierungen erlauben richtiges Verstehen der Meinung	Interpretationsprobleme
Schreibungewohnte haben Schwierigkeiten beim Formulieren von Antworten	Einschränkung der Antwortmöglichkeiten durch vorgegebene Kategorien

---

29 Nach QES-Werkzeuge zu FQS

8.8 Führen von Interviews[30]

In Interviews können zu einzelnen Fragen differenzierte und detaillierte Informationen gesammelt werden. Dabei werden auch Zusammenhänge, Ursachen und Auswirkungen untersucht. Überdies kann zusätzlich, in einem Interaktionsprozess beziehungsweise einem moderierten Erfahrungs- und Meinungsaustausch der interviewten Personen, eine bereits validierte Einschätzung entstehen.

Obwohl der Informationsgehalt von Interviews sehr gross ist, haben Interviews auch gewisse Nachteile. So kann die Äusserungsfreiheit beziehungsweise Anonymität der interviewten Personen nicht gewährleistet werden. Überdies sind das Vorbereiten, Durchführen und Auswerten von Interviews mit einem recht hohen Zeit- und Arbeitsaufwand verbunden. Dadurch wird meistens die Zahl der Interviewten recht gering ausfallen.

Nr. 34
Interviews
Peer Review

---

30 Vgl. auch Seite 133ff.

8.9 Meta-Evaluation

Begriffsklärung/Zweck der Meta-Evaluation

Unter Meta-Evaluation verstehen wir die Überprüfung der Evaluation. Systematisch werden die Erfahrungen der einzelnen Phasen sowie des gesamten Evaluationsprozesses kritisch reflektiert und ausgewertet.

Die Meta-Evaluation im Kontext von Qualitätsentwicklungsprojekten verfolgt vier Zielsetzungen:

- Mit der Meta-Evaluation wird die praktizierte Evaluationsarbeit optimiert. Das bedeutet, dass die Erfahrungen der Meta-Evaluation systematisch ausgewertet und in neuen Evaluationsprozessen berücksichtigt werden.
- Durch die regelmässige Reflexion der Zusammenarbeit und des gegenseitigen Erfahrungsaustauschs wird der Teamentwicklungsprozess im Kollegium unterstützt. Es entsteht eine neue Qualität der kollegialen Zusammenarbeit.
- Mit der Meta-Evaluation werden die schulinternen Vereinbarungen, Mindestansprüche und Forderungen kontrolliert und durchgesetzt.
- Mit einer externen Meta-Evaluation durch Fachstellen oder Schulbehörden kann ein Vollzugsnachweis über die geleistete Qualitätsentwicklung beziehungsweise -sicherung erbracht werden. Ein systematisches Meta-Evaluationsverfahren wird auch zu Zertifizierungszwecken angewendet.

Ebenen der Meta-Evaluation

Es findet auf allen Ebenen eine Prozessreflexion statt:

Systemebene (Makro-Ebene)
Die Schulbehörde wertet die regelmässigen Berichte der Schule systematisch aus und überprüft dabei den Vollzug und die ordnungsgemässe Durchführung der Qualitätsevaluation. Den Berichten entnimmt sie relevantes Steuerungswissen zur Optimierung der gesetzlichen Vorgaben.

Ebene Schulleitung/Schule (Meso-Ebene)
Die Schulleitung veranlasst die periodische interne Meta-Evaluation anhand der vereinbarten Vorgaben. Bei offenkundiger Missachtung der Abmachungen greift sie korrigierend ein. Für die externe Meta-Evaluation stellt sie die nötigen Dokumente bereit und wirkt nach Bedarf beim Verfahren mit.

Individuelle Ebene; Q-Gruppe (Mikro-Ebene)
Lehrkräfte reflektieren ihre Evaluationspraxis selbst. Im Austausch in einer Q-Gruppe wird dabei das gewonnene Erfahrungswissen validiert. Die Q-Gruppe dokumentiert die gewonnenen Erkenntnisse und Folgerungen. Hier helfen standardisierte Auswertungsformulare oder gemeinsam erarbeitete Checklisten.

Verschiedene Formen der Prozessevaluation

Die Form der Meta-Evaluation hängt von deren Zweck ab. Für die Optimierung der Evaluationspraxis können beispielsweise Evaluationsstandards wie das Prinzip der Triangulation oder die SEVAL-Standards eingesetzt werden. Auch die Überprüfung mit explorativen Fragen über Effizienz und Zweckmässigkeit der ausgewählten Methoden kann Lernprozesse in der Evaluationsarbeit unterstützen, indem z. B. darüber nachgedacht wird, in welchen Situationen eher anonyme oder namentliche Feedbacks angebracht sind. Für die Unterstützung der kollegialen Zusammenarbeit sind eher Leitfragen zur Teamentwicklung geeignet. Für die Meta-Evaluation zum Vollzugsnachweis können neben Interviews und Dokumentenanalysen auch Checklisten eingesetzt werden.

Leitfragen

Dabei können folgende Fragen im Vordergrund stehen:

- Wie weit sind die Zielsetzungen der Evaluation erreicht worden? (Frage nach der Zielerreichung)
- Wie bewerten wir das Verhältnis zwischen Aufwand und Ertrag?
- Was hat sich beim Evaluationsablauf bewährt?
- Wo sind in der Planung, Durchführung und Auswertung noch Schwierigkeiten aufgetreten?
- Wie haben sich die eingesetzten Methoden bewährt?
- Was hat sonst noch zum Erfolg beziehungsweise Misserfolg beigetragen?
- Was werden wir ein nächstes Mal beibehalten, was verändern?

Evaluationsprozess als Flussfahrt darstellen, ein Beispiel[31]

Die Beteiligten werden aufgefordert, in Tandems oder Q-Gruppen den Verlauf eines Evaluationsprozesses in einem Bild aufzuzeichnen. Dabei eignet sich zum Beispiel die Metapher Schifffahrt auf einem Fluss.

Wie sieht der Hafen aus?
Welche Ziele haben wir erreicht?

Welche Ausstattung hat das Schiff? (Mannschaft, Einrichtung, Ladung usw.)
Was hat sich bewährt?

Wo ging die Fahrt reibungslos voran?
Was hat unsere Arbeit erleichtert?

Wo wurde unsere Arbeit durch Schleifen, Stromschnellen, Wasserfälle behindert?
Welche Probleme sind aufgetaucht?

Wie sieht der weitere Flusslauf aus?
Was ist noch zu tun?

Wie hat der Kapitän seine Steuerungsaufgabe erfüllt? Wie hat die Mannschaft zusammengearbeitet?
Wie hat die gemeinsame Arbeit funktioniert?

Wie sieht unsere nächste Schifffahrt aus?
Welche Folgerungen ziehen wir aus der Prozessreflexion?

Anschliessend werden die Bilder im Plenum analysiert und kommentiert. Es können folgende Fragen diskutiert werden:
- Wo gibt es Übereinstimmungen?
- Welche Erfahrungen mit Evaluation werden deutlich?
- Welche Konsequenzen sind daraus zu ziehen?

Die kommunikativ validierten Erkenntnisse werden dokumentiert, daraus die nötigen Konsequenzen gezogen und ein Massnahmenplan aufgestellt (siehe Umsetzungsplan).

Nr. 30
Raster für Meta-Evaluation
QuES

[31] nach Vorschlag von Burkard, Eikenbusch (2000)

8.10 Dokumentation der Selbstevaluation/Berichterstattung

Grundsätze der Berichterstattung

Bereits aus den Evaluationslandkarten nach Nisbet (vgl. Seite 15) ist die hohe Bedeutung einer systematischen Berichterstattung, je nach Kontext auch Rechenschaftslegung, erkennbar. Informationen und Berichte antworten auf einen ausgewiesenen Bedarf und haben einen nachvollziehbaren Nutzen: Sie geben Rechenschaft über die eigene Leistung oder die Einhaltung eigener oder fremder Vorgaben beziehungsweise Standards und dienen auch der Selbstevaluation, -reflexion der eigenen Arbeit.

Berichte müssen mindestens eine Empfangsquittung auslösen, besser ist aber ein wertschätzendes Feedback seitens der Empfänger. Hier können zum Beispiel folgende Fragen beantwortet werden:

- Welche relevanten Schlüsse ziehe ich aus dem Bericht?
- Was kann ich als Erfahrungs- und Steuerungswissen weiter verwenden?
- Wozu ist/war welche Information nützlich?
- Was möchte ich noch zusätzlich wissen?
- Was mache ich mit dem Bericht?

Es ist äusserst wichtig, dass sich Berichte nicht nachteilig auf die berichtende Person oder Institution auswirken. Nur dann werden auch offen Mängel oder Probleme angesprochen. Mit einer unterstützenden Haltung oder Ressourcen zur Behebung von allfälligen Mängeln wird eine offene, transparente Berichterstattung gefördert. Anton Strittmatter postuliert deutlich, dass Selbstbezichtigungserwartungen im Rahmen dienstlicher, aktenpflichtiger Qualifikationsmassnahmen oder von Qualitätsanerkennungsverfahren ethisch nicht vertretbar sind.

Selbstbewusste, nicht bedrohte Lehrpersonen beziehungsweise Schulen informieren aktiv und berichten auch über erkannte Probleme und deren Bearbeitung.

Die Regeln über die Berichterstattung werden unter den Partnern ausgehandelt. Hier sind u. a. abgemachte Grundsätze über Bring- und Hol-Pflichten sowie Regeln der Informationsbehandlung, wie Vertraulichkeit, Weitergabe, Archivierung, beschrieben.

Berichte erfüllen verschiedene Zweckbestimmungen

Zweck	Inhalt	Adressaten
Vollzug/Rechenschaftslegung	Vollzug der verpflichtenden Vorgaben	Steuergruppe, Schulleitung, Schulbehörden
Prozesserfahrungen zu Optimierungszwecken	Erfahrungen mit Prozessregeln und -instrumenten	Q-Gruppen, Steuergruppe, Schulleitung, Projektleitung
Steuerungswissen für Schul- u. Q-Entwicklung	Befunde, Schlussfolgerungen; Vorschläge für Entwicklungen	Q-Gruppen, Steuergruppe, Schulleitung, Steuerungsinstanz
Profilbildung gegen aussen, Legitimation	Befunde, Schlussfolgerungen, Vorschläge für Entwicklungen	Eltern, Schulbehörden, interessierte Öffentlichkeit
Kriseninterventionen auslösen	Meldung über Problemsituation Antrag auf Intervention	Schulleitung, Schulbehörden, zuständige Interventionsstellen

Verschiedene Erwartungen, Interessen und Verpflichtungen beeinflussen die Art des Berichts

Um die geeignete Form der Berichterstattung zu finden, müssen folgende Schlüsselfragen beantwortet werden:
- Welche Erwartungen, Verpflichtungen, Interessen beeinflussen die Art des Evaluationsberichts?
- Welchen Zwecken soll die Berichterstattung dienen?
- Wer sind die Adressaten des Berichts?

Schulebene
Hier werden vor allem Prozesserfahrungen und relevantes Steuerungswissen für die Schulentwicklung schriftlich festhalten. Es genügt aber nicht, wenn nur Schulleitung und Steuergruppe in den Berichtsprozess eingebunden sind. Durch eine systematische Beteiligung des Kollegiums in gestalteten Auswertungsprozessen werden die Ergebnisse der Qualitätsentwicklung auch wirksam und nachhaltig.

Ebene Schulbehörden, Begleitgruppen, Öffentlichkeit
Hier geht es unter anderem um Vertrauensbildung Dritten gegenüber. Durch das Aufzeigen von Stärken und Problemen und den Schlussfolgerungen, die aus den Evaluationen gezogen werden, kann sich die Schule nach aussen ein professionelles Profil geben.

Wird die Qualitätsentwicklung im **Rahmen eines Projekts** durchgeführt (z. B. als QuES-Projekt gemäss Beschreibung Kapitel 4), besteht eine Verpflichtung der Schule gegenüber der Projektleitung, periodisch Bericht zu erstatten. Es hat sich bewährt, dass die Projektleitung verbindliche inhaltliche und terminliche Vorgaben macht.

Neben der Weitergabe von Steuerungswissen kann sich die Projektleitung vergewissern, dass die verpflichtenden Vorgaben des Projekts und dessen Prozessregeln eingehalten werden. Das Bedürfnis nach Rechenschaftslegung ist hier zu berücksichtigen.

Berichterstattung erfolgt auf individueller und institutioneller Ebene

Berichterstattung auf individueller Ebene: Empfangenes 360°-Feedback dokumentieren
Zum förderorientierten Q-System QuES gehört die Verpflichtung zur Berichterstattung beziehungsweise Rechenschaftslegung über das Einholen, Auswerten und Umsetzen des Individualfeedbacks.

Wichtig ist, dass Sinn und Zweck der Berichterstattung transparent sind und die Vereinbarungen über die Einhaltung der Vertraulichkeit von allen Teilnehmenden bedingungslos akzeptiert und eingehalten werden.

Im Rahmen der Halböffentlichkeit der Q-Gruppen-Arbeit wird jedes Feedback von Lernenden und Eltern vorgelegt und einem Kommentar unter kritischen Freunden ausgesetzt. Dabei werden folgende Zwecke verfolgt:

Triangulation durch kollegiale Interpretation
Ein kollegialer Kommentar im Reflexionsprozess bietet eine zusätzliche Auswertungshilfe. Die Feedbacks können durch externe Perspektiven interpretiert werden und zu erweiterten Erkenntnissen führen.

Meta-Evaluation durch Reflexion in der Q-Gruppe
In der gemeinsamen Auswertung der Ergebnisse wird auch eine Diskussion über die Tauglichkeit der verwendeten Instrumente/Methoden geführt (siehe Traktanden Q-Gruppen-Arbeit). Auf der Meta-Ebene werden folgende Fragen beantwortet:
Welchen Nutzen hat die Befragung gebracht?
Welche Vor- und Nachteile hat diese Methode gebracht?
In welchem Verhältnis sind sich Aufwand und Ertrag gegenübergestanden?
Worauf werden wir bei der nächsten Feedbackrunde achten?

Vertrauen herstellen durch kollegiale Halböffentlichkeit
Die Diskussion in den Q-Gruppen unterstützt gegen aussen das Vertrauen in die Seriosität der Selbstevaluation. Die Verbindlichkeit wird so verstärkt und den Zweifeln über die Ernsthaftigkeit begegnet.

Bei den Erhebungen mit Fragebögen können die Ergebnisse einfach dargestellt werden. Es lassen sich rasch Mittelwerte, Häufigkeiten und Prozente berechnen und mit Diagrammen aufzeichnen. Schwieriger wird es, die Befunde von anderen Feedbackformen darzustellen, wie mündlichen Rückmeldungen, Formen von Feedbacks mit wenig Aufwand, Lernjournalen usw. gemäss Instrumentenkoffer (z. B. Instrument 6.5).
Hier bieten sich vor allem drei Dokumentationsformen an:

- **Originale oder Fotoprotokolle zeigen**: Der Q-Gruppe werden die erstellten Plakate oder Fotoprotokolle vorgelegt. Es wird darüber diskutiert und es findet eine Auswertung statt.
- **Protokolle erstellen**: Nach einem strukturierten Raster wird das empfangene Feedback dokumentiert. Eventuell kann dazu schon vorgängig eine zweite Meinung nach dem 4-Augen-Prinzip eingeholt oder ein Protokoll durch eine anwesende Drittperson (z. B. Eltern oder Schüler) erstellt werden.
- **Tonband/Video zeigen**: Die Feedbackgebenden werden gefragt, ob die Feedbackrunde auf Tonband oder Video aufgenommen werden und der Q-Gruppe vorgespielt werden darf.

Die Erfahrungen aus Qualitätsprojekten haben gezeigt, dass die Einführung von einfachen, standardisierten Auswertungsrastern für einen Gesamtbericht der Schule der Effizienz und Zweckmässigkeit der Berichterstattung auf institutioneller Ebene sehr förderlich ist.

Berichterstattung auf institutioneller Ebene
Evaluationserfahrungen der Gesamtschule werden in einem **Schulportfolio** dargestellt.
Das Portfolio ist eine schriftliche Dokumentation, in der die Schule ihre Voraussetzungen, Massnahmen und Erfahrungen dokumentiert. Die Analyse dieser Unterlagen dient der externen Rechenschaftslegung, der Berichterstattung über das Gesamtprojekt und zur Vorbereitung der externen Evaluation mit dem Peer-Review-Verfahren. Es wird empfohlen, die Struktur des Berichts zu standardisieren und aus Effizienzgründen den Umfang der einzelnen Kapitel zu beschränken. Einzelne Abschnitte, z. B. das Kurzporträt, Summary oder die Chronik lassen sich dann für die verschiedenen Berichtsanlässe wieder verwenden.

Die folgende Struktur hat sich sehr bewährt und ist ein Baustein des nachfolgend beschriebenen Peer-Review-Verfahrens.

Portfolio der Schule A

1. Kurzporträt der Schule (1–2 Seiten)
- Porträt der Schule: Grösse, Klassen, Umfeld
- Organe der Schule
- Leitbild, konkrete Umsetzung, Entwicklungsstand
- Schulinternes Qualitätsmanagement
- Adressen der Ansprechpersonen (Schulleitung, Projektleitung)

2. Summary (max. 2 Seiten)
Zusammenzug der wichtigsten projektrelevanten
- Ereignisse
- Ergebnisse/Erkenntnisse/Erfahrungen
- … und deren Umsetzung/Konsequenzen/Massnahmen

3. Bericht 1.8.200… – 31.1.200… (max. 10 Seiten)

3.1 Chronik
- Projektorganisation (Organigramm)
- Projektplanung, Projektprozess (Übersicht Ereignisse, Fortbildungen, Teamprozesse)
- Schulinterne Fortbildung durch Coaches in der Umsetzungsphase: Thema, Anzahl Stunden, Beratungsperson (nur für 2. Peer Review erforderlich)?

3.2 Durchgeführte Evaluationen, Ergebnisse, Erkenntnisse
- Individualfeedback: Themen, Erkenntnisse
- Selbstevaluation der gesamten Schule (Schulqualitätsrecherchen): Themen, Erkenntnisse

3.3 Umsetzung der Erkenntnisse: Konsequenzen, Massnahmen
- Welche Konsequenzen ziehen wir?
- Welche Massnahmen sind wie umgesetzt worden?

3.4 Prozesserfahrungen
- Erkenntnisse/Erfahrungen in Bezug auf den Evaluations- beziehungsweise Umsetzungsprozess, Zeitaufwand für Projektleitung, Steuergruppen und Kollegium; ausgewogenes Verhältnis Aufwand – Ertrag (Effizienz)

3.5 Steuerungswissen
- Welches wichtige Steuerungswissen gebe ich weiter? Was muss geändert, diskutiert, reflektiert oder unbedingt beibehalten werden?
- Ebene Bildungsbehörden, evtl. Projektleitung
- Ebene Schule

4. Ein bis zwei bedeutsame Bereiche, die die Schule evaluieren will
Das Kollegium wählt 1 bis 2 Evaluationsthemen aus. Es können dazu auch Leitfragen formuliert werden. Die Verantwortung der gestellten Interviewfragen liegt beim Peer-Team. Es werden Interviews mit Eltern, Lernenden, Lehrpersonen, Schulbehörden, evtl. abnehmenden Instanzen und Ehemaligen geführt.

Nr. 32
Portfolios verschiedener Schulen

Verknüpfung von interner und externer Evaluation mit dem Peer-Review-Verfahren

9. Das Peer-Review-Verfahren, ein partnerschaftliches
   Schulentwicklungsmodell 122
9.1 Hintergründe und Besonderheiten 122
9.2 Zweck und Zielsetzungen der Peer Reviews in der QuES 125
9.3 Akteure im Peer-Review-Verfahren 126
9.4 Verschiedene Organisationsformen 127
9.5 EVA-Kreis «Peer Review» 129
9.6 Beschreibung der Peer-Review-Phasen 129
9.7 Empfehlungen für erfolgreiche Peer Reviews 140

Glossar 142

Literatur 144

9. Das Peer-Review-Verfahren, ein partnerschaftliches Schulentwicklungsmodell

9.1 Hintergründe und Besonderheiten

Im föderalistischen schweizerischen Bildungswesen und in benachbarten EU-Ländern laufen zahlreiche Projekte mit interner und externer Evaluation. Das hier beschriebene Peer-Review-Verfahren QuES[32] baut auf einem selbst verantworteten, förderorientierten Ansatz auf, der von einer systematischen 360°-Feedbackkultur ausgeht. Neben den Bedürfnissen nach Qualitätsentwicklung und -sicherung wird auch die Verpflichtung zur Berichterstattung und Rechenschaftslegung gegenüber Behörden und Öffentlichkeit berücksichtigt.

Die externe Evaluation wird im QuES nicht als Visitation beziehungsweise Inspektion, sondern als externe Begutachtung mit kollegialen Peers durchgeführt. In jedem Fall wird eine externe Fachperson beigezogen.

Im Rahmen des Intensivprojekts Schule IPS[33] sind im Schuljahr 1998/99 gesamtschweizerisch erstmals Peer Reviews zur externen Begutachtung und Beurteilung von Selbstevaluationsergebnissen eingesetzt worden. Margrit Stamm und Xaver Büeler haben zu diesem Zweck das erste Peer-Review-Manual und das entsprechende Schulungskonzept für Peers entwickelt. Als Projektleiter mehrerer Qualitätsentwicklungsprojekte habe ich dieses Evaluationsverfahren weiterentwickelt, wobei Margrit Stamm als externe wissenschaftliche Expertin die fortlaufende Optimierung des Evaluationskonzepts begleitet hat. Aufgrund meiner Erfahrungen konnte ich von 2004 bis 2006 als Experte bei der Verfassung eines europäischen Peer-Review-Manuals mitarbeiten.[34] In der Zwischenzeit wird das Peer-Review-Verfahren mit Erfolg in vielen europäischen Ländern auf verschiedenen Schulstufen eingesetzt. Die Hauptgründe für die Verbreitung sind die grosse Akzeptanz bei evaluierten Schulen, die hohe Effizienz des Verfahrens sowie der Lernzuwachs der Peers bei der Durchführung der Peer Reviews.

Peer Reviews wollen vor allem Folgendes ermöglichen:
- Kontrolle der vorgenommenen Selbstevaluation, des selbst erstellten Schulprofils
- Externe Spiegelung von bedeutsamen Fragestellungen der Schule
- Unterstützung des gesamten Selbstevaluations- und Schulentwicklungsprozesses
- Aneignung von fachlicher Kompetenz der Peers bei der Durchführung der Interviews und deren Auswertung

Je nach Kontext sind Peer Reviews bis heute vor allem in drei Formen eingesetzt worden:

Peer Review Formative = Entwicklungsorientierte Peer Review
Entwicklungsorientierung steht im Vordergrund
Die meisten Peer Reviews sind entwicklungsorientiert durchgeführt worden. Sie verstehen sich vor allem als Dienstleistung für die beteiligte Schule. Durch die Art und Weise der Mitwirkung und der Befragung aller wichtigen am Unternehmen Schule beteiligten Personengruppen und der kommunikativen Validierung der Rückmeldungen durch die Lehrpersonen erhalten die Schulen relevante Erkenntnisse: Stärken werden gewürdigt und dienen dem Erhalt der Qualität, Mängel können behoben werden.

---

32 Siehe Beschreibung QuES im Kapitel 4
33 Siehe Kurzbeschreibung im Glossar, Seite 142
34 Leonardo-Bildungsprojekt der EU: «Peer Review als Instrument für Schulqualitätssicherung und -verbesserung in Europa»; Informationen unter www.peer-review-education.net

Zudem dienen der Einblick der Peers in andere Schulen und die praktische Durchführung der Evaluation der Weiterentwicklung der eigenen Schule. Die Erfahrungen der Peers setzen einen Reflexionsprozess in Gang. Aus diesem Grund ist es wichtig, eine grosse Anzahl von Beteiligten zu mobilisieren.

Peer Review Sustained = Nachhaltige Peer Review
Die Nachhaltigkeit der Qualitätsentwicklung steht im Vordergrund
Das Peer-Review-Verfahren wird hier in klar definierten Entwicklungsschritten durch eine systematische Feedbackkultur in der 360°-Verantwortung auf individueller und institutioneller Ebene aufgebaut. Die Selbstevaluationsergebnisse werden mit einer externen Peer-Evaluation verknüpft und die Ergebnisse beziehungsweise Entwicklungsziele konsequent in konkrete Entwicklungsschritte umgesetzt. Nach zwei bis drei Jahren wird die nachhaltige Umsetzung wiederum mit einer Selbstevaluation und einer neuen Peer Review überprüft. Diese Schritte sind in Kapitel 4.4ff. ausführlich beschrieben.

Peer Review Extended = Erweiterte Peer Review
Projektevaluation und Rechenschaftslegung nach aussen stehen im Vordergrund
Auf Grundlage der ersten Peer Reviews im IPS 1998/99 haben Xaver Büeler und Joe Brunner das Verfahren für die Evaluation von Schulprojekten im Kanton Bern im Jahr 2000[35] zu den Peer Reviews Extended weiterentwickelt. Dabei besteht das Evaluationsteam zur einen Hälfte aus Peers der beteiligten Projektschulen, zur andern Hälfte aus einer externen Fachperson und Vertretungen aus Schulaufsicht und/oder Bildungsverwaltung. Neben dem formativen Aspekt kann hier stärker auf summative Bereiche, z. B. auf das Bedürfnis nach Steuerungswissen und Rückschlüsse für das Projekt und/oder die Rechenschaftslegung, fokussiert werden.

Die unterschiedliche Zweckbestimmung des Peer-Review-Verfahrens findet ihren Niederschlag in der Zusammensetzung des Evaluations- beziehungsweise Peer-Teams:

Begriff	Zweck	Zusammensetzung Peer-Team
Peer Review Formative	– Erweiterte Selbstevaluation: Überprüfung, Validierung der Selbstevaluationsergebnisse	– 1 externe Fachperson – 5 Peers, evtl. mit Vertretung der Eltern, Behörden, Begleitgruppe usw.
Peer Review Sustained Nachhaltige Peer Review = PR QuES	– Externe Begutachtung von Selbstevaluationsergebnissen – Systematische Umsetzung der Ergebnisse – Überprüfung der Nachhaltigkeit	– 1 externe Fachperson – 5 Peers aus andern Schulen
Peer Review Extended	– Externe Evaluation von Schulen oder Bildungsprojekten – Rechenschaftslegung gegenüber Schulaufsicht, Öffentlichkeit usw.	– 2–3 externe Experten: 1 Fachperson für EVA, evtl. Vertretung aus Schulaufsicht, Bildungsverwaltung usw. – 3–4 Peers aus andern Schulen

---

35 Evaluation Pilotprojekte «Globalsteuerung» und «Neugestaltung 9.Schuljahr», Amt für Bildungsforschung, ERZ Bern

Verknüpfung von interner und externer Evaluation

Die verschiedenen Ansprüche führen auch zu unterschiedlichen Gütekriterien. Für die eher summativ orientierten Peer Reviews Extended gelten Gütekriterien aus der empirischen Forschung, in den beiden andern entwicklungsorientierteren Peer-Review-Formen gelangen Gütekriterien aus der Sozialforschung zur Anwendung. Auch hier sind die Ergebnisse sehr zuverlässig und valide, vor allem bedingt durch die systematische Dokumentation der Selbstevaluationsergebnisse, das strukturierte mehrperspektivische Verfahren, durch die gezielte Auswahl und Schulung des Peer-Teams und die kommunikative Validierung der Ergebnisse im Gesamtkollegium.

Gütekriterien aus empirischer Forschung siehe Peer Review Extended	Gütekriterien aus Sozialforschung siehe Peer Review Formative und Sustained
Validität = Gültigkeit Das Instrument ist dann valide, wenn es das misst, was es zu messen beabsichtigt. Leitfrage: Messe ich tatsächlich das, was gemessen werden sollte? **Reliabiliät = Zuverlässigkeit** Das Instrument ist dann reliabel, wenn es bei mehrmaligem Einsatz und gleichem Untersuchungsgegenstand zu gleichen Resultaten führt. Leitfrage: Würden sich bei einer Wiederholung der Befragung die gleichen Ergebnisse zeigen? **Intersubjektivität** Durch den fachlich-inhaltlichen Austausch innerhalb des Peer-Teams macht die ursprünglich individuelle subjektive Wahrnehmung einer Art «objektiver» Sichtweise Platz. Leitfrage: Sind die erhobenen Daten sachlich und vorurteilslos?	**Relevanz** Es werden bedeutsame Evaluationsbereiche untersucht und Daten zu relevanten Fragestellungen erhoben. Diese orientieren sich z. B. am Leitbild der Schule, am Schulprogramm, an Vorgaben der Schulbehörden oder an wichtigen Resultaten aus der Schulforschung. Leitfrage: Untersuche ich bedeutsame Evaluationsbereiche? **Transparenz** Sämtliche Vorgehensweisen sind für alle Beteiligten offengelegt und nachvollziehbar. Insbesondere wird der Datenschutz sichergestellt, indem die erhobenen Daten keine Rückschlüsse auf Personen erlauben. Leitfrage: Sind sämtliche Vorgehensweisen im Evaluationsverfahren für alle Beteiligten transparent? **Kommunikation** Eine konstruktive Feedbackkultur in einer Atmosphäre des Vertrauens ist notwendig. Die erhobenen Daten werden dem Kollegium zurückgespiegelt und kommunikativ validiert. Leitfrage: Sind die erhobenen Daten vom Gesamtkollegium kommunikativ validiert worden? **Intervention** Die Evaluationsergebnisse haben konkrete Konsequenzen; Erkenntnisse der Peer Reviews werden in die Praxis umgesetzt. Leitfrage: Werden die Evaluationsergebnisse in die Praxis umgesetzt?

Daneben gelten auch die Evaluationsstandards der SEVAL[36]. Hier wird besonders auf die Berücksichtigung der Nützlichkeitsstandards geachtet.

---

36 siehe Evaluationsstandards der SEVAL unter www.seval.ch; N = Nützlichkeit, D = Durchführbarkeit

9.2 Zweck und Zielsetzungen der Peer Reviews in der QuES

Die Schule als lernende Organisation beobachtet laufend Lehr- und Lernprozesse, evaluiert sie und leitet die nötigen Verbesserungen ein. Vorausgesetzt wird der Anspruch auf Evaluation der Qualität der Schule und des Unterrichts aus Verantwortung gegenüber allen Anspruchsgruppen und gegenüber dem eigenen Berufsstand[37].

Peer Reviews – als mögliche Verbindung von Selbst- und Fremdevaluation – legitimieren sich vor allem durch folgende Hauptaussagen:

- Selbstevaluationen von Schulen bewirken sichtbare Verbesserungen, wenn sie mit externer Evaluation verbunden werden.
- Die vergleichenden Auswertungen von interner und externer Beurteilung sind zwingend an nötige Fortbildungen und konkrete Schulentwicklungsmassnahmen geknüpft.

Die Peer Reviews im QuES sind vor allem entwicklungsorientiert. Sie verstehen sich als Dienstleistung für die beteiligte Schule.

Hauptzielsetzungen der Peer Reviews sind die externe Begutachtung und Beurteilung von bedeutsamen Selbstevaluationsergebnissen und -erkenntnissen, um Entwicklungsschritte auf individueller und institutioneller Ebene einzuleiten. Zudem dienen die Peer Reviews auch der Legitimation und Rechenschaftslegung gegen aussen und ermöglichen der Schule eine externe Profilbildung.

Dank den Rückmeldungen aus den Gruppeninterviews, dem Mitwirken aller wichtigen am Unternehmen Schule beteiligten Personengruppen und der kommunikativen Validierung der Rückmeldungen durch die Lehrpersonen erhalten die Schulen relevante Erkenntnisse. Dabei werden Stärken gewürdigt und dienen dem Erhalt der Qualität. Kommen Schwächen zum Vorschein, können diese aktiv bearbeitet werden.

Im Weiteren ermöglicht die Einsichtnahme der Peers in andere Schulen einen Vergleich mit der eigenen Institution. Der dadurch in Gang gesetzte Reflexionsprozess dient ebenfalls der Weiterentwicklung der Schulen.

Zusätzlich müssen folgende Grundsätze beachtet werden:
- Es werden bedeutsame, wesentliche Qualitäten der Schule evaluiert, die auf das Leitbild beziehungsweise das Schulprogramm abgestimmt sind.
- Die Evaluation nimmt Rücksicht auf die örtliche Situation und den Kontext der Schule.
- Es werden mehrperspektivische, multiple Evaluationsverfahren angewendet (360°-Beurteilung, interne/externe Feedbacks). Auf routinemässige Beurteilungsinstrumente wird verzichtet.
- Die zeitliche Staffelung nimmt Rücksicht auf Weiterbildungsphasen und Phasen der Umsetzung der gewonnenen Erkenntnisse. Es sind auch Ruhephasen einzuschalten.
- Die Durchführung der Peer Reviews ist konzentriert und findet in kurzer Zeit statt. Die Berichte werden den Schulen innert zwei Wochen zugestellt.
- Alle Beteiligten werden gezielt vorbereitet.
- Das ganze Kollegium ist in die Peer Reviews eingebunden und nimmt wenn möglich an der kommunikativen Validierung teil.
- Mit Widerständen und auftauchenden Schwierigkeiten wird konstruktiv umgegangen.

---

37 siehe Homepage www.lch.ch, Lehrerinnen und Lehrer Schweiz; Standesregeln LCH 99

9.3 Akteure im Peer-Review-Verfahren

Ein Interview-Tandem besteht aus jeweils zwei Personen. Ein Peer-Team setzt sich deshalb aus mindestens drei Peers und der externen Fachperson zusammen, die hier auch Interviews führt. Die Anzahl gleichzeitig durchgeführter Interviews richtet sich nach den zur Verfügung stehenden Interview-Tandems.

Externe Fachperson

Anforderungsprofil
- Externe Fachperson ausserhalb der Schule
- Erfahrungen im Schulbereich
- Evaluationskompetenzen
- Moderations- und Beratungskompetenzen
- Erfahrung mit der Durchführung von Peer Reviews

Aufgaben
Die externe Fachperson übernimmt die Hauptverantwortung für die Schulung, Planung, Durchführung und Auswertung des Verfahrens. Sie leitet die Schulung der Peers und begleitet das Team beim Erarbeiten der Fragerouten. Am Befragungstag liegt ihre Hauptaufgabe in der Leitung und Moderation der internen Auswertung und der Abschlussrunde. Zu ihren Pflichten gehört auch das Coaching der Peer-Leitung bei der Verfassung des Peer-Review-Berichts. Sie wirkt in Umsetzungsgesprächen und Meta-Evaluationen des Verfahrens mit.

Peer-Leitung

Um möglichst viele Arbeiten in die Schulen zu delegieren, können organisatorische Aufgaben und evtl. die Verfassung eines Entwurfs des Peer-Review-Berichts von einer kompetenten Person aus einer besuchenden Schule wahrgenommen werden.

Anforderungsprofil
- Fachperson aus aussenstehender Schule oder kompetente Person aus einer andern beteiligten Schule
- Organisationskompetenzen
- Mitwirkung bei der Schulung der Peers
- Verfasst Entwurf für den Peer-Review-Bericht

Aufgaben
Der Peer-Leitung sind die organisatorischen Aufgaben für die Durchführung der Peer Reviews übertragen (Terminabsprachen mit Schulen und Peers, Portfolio einfordern und versenden usw.).
Je nach Absprache und Fähigkeiten verfasst sie einen Entwurf des schriftlichen Peer-Review-Berichts. Entfällt eine Peer-Leitung, gehören diese Aufgaben zu den Pflichten der externen Fachperson.

Peer-Koordinator/-Koordinatorin der zu evaluierenden Schule

Anforderungsprofil
- Mandatierte Kontaktperson der zu evaluierenden Schule
- Organisationskompetenzen

Aufgaben
Der Peer-Koordinator/die Peer-Koordinatorin ist verantwortlich für die Planung und Organisation der Evaluation an der eigenen Schule. Er/Sie übergibt das Portfolio rechtzeitig an die Peerleitung. An der eigenen Schule ist er/sie verantwortlich für die Auswahl und Information der zu interviewenden Personen. Er/sie reserviert die Räume und ist zuständig für deren Einrichtung, damit ein reibungsloser Ablauf der Peer Review gewährleistet wird.

Peers

Anforderungsprofil
- Interessierte Mitglieder aus Steuergruppen, Projekt- und Schulleitungen
- Evaluationskompetenzen-, erfahrungen (Führen von Interviews, Daten verdichten, zurückspiegeln)

Aufgaben
Peers nehmen an der Peer-Schulung teil, machen sich mit dem Portfolio der zu besuchenden Schule vertraut und erarbeiten unter Anleitung der externen Fachperson die Fragerouten. Am Befragungstag führen sie die Interviews und sind an der anschliessenden Auswertung beteiligt. Dabei werden die gesammelten Interviewaussagen verdichtet und in der Abschlussrunde an das Gesamtkollegium zurückgespiegelt.

9.4 Verschiedene Organisationsformen[38]

Je nach Zielsetzung, Zweck und Situation können die Peer Reviews unterschiedlich organisiert werden.

Individueller Ansatz

Einzelschule mit Peers aus Pool
Die Schule holt aus einem Peer-Pool eine externe Fachperson und 3 bis 5 bereits ausgebildete Peers. Die Vorbereitungen im Peer-Team, inklusive das Erarbeiten von Interviewfragen, dauern einen halben Tag.

---

[38] Auf der Homepage «Netzwerk Peer Review Schweiz» www.npr finden sich weitere Informationen zum Peer-Review-Verfahren, insbesondere zur Koordinationsstelle «Peer Review Schweiz»

Tandem mit Peers der zwei beteiligten Schulen

Jede Schule wählt 3 bis 5 interessierte Peers aus. Diese werden durch die externe Fachperson gezielt auf ihre Aufgabe vorbereitet. Die Vorbereitungszeit dauert insgesamt 1,5 Tage, davon wird ein Halbtag zur Erarbeitung von Interviewfragen gebraucht.

Netzwerk Kreismodell

Drei oder mehr Schulen fragen eine externe Fachperson für die Planung, Durchführung und Auswertung der Peer Reviews an. Jede Netzwerkschule bestimmt Peers, die gezielt auf ihre Aufgabe vorbereitet werden.

Peers der Schule A besuchen die Schule B, Peers aus B besuchen C und Peers der Schule C besuchen A, oder Peers aus A/B besuchen C, B/C besuchen A, A/C besuchen B.

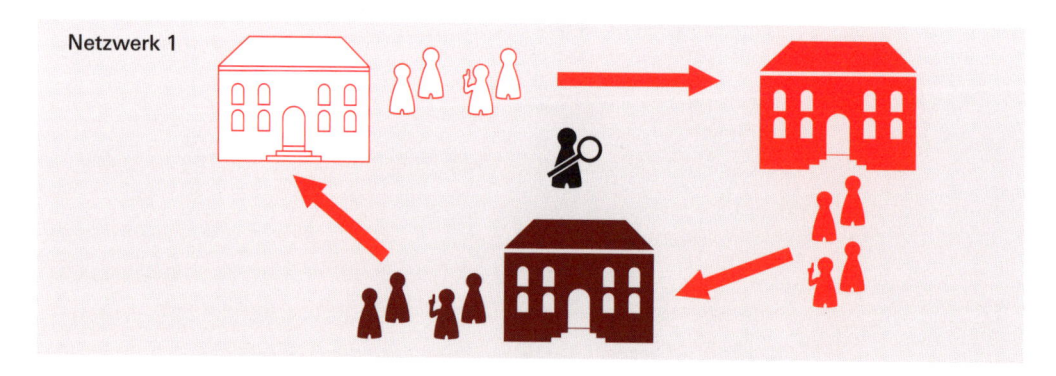

Netzwerk mit Koordinationsstelle: www.peer-review.ch

Die Koordinationsstelle Netzwerk Peer Review Schweiz geht auf ein Mandat des EU-Leonardo-Projekts Peer Review zurück.

Sie bietet Beratung, Koordination und Organisation bei der Planung, Durchführung und Auswertung von Peer Reviews an. Sie vermittelt aus dem schweizerischen Peer-Pool Expertinnen und Experten und erfahrene Peers, die sich in Theorie und Praxis für ihre Aufgaben qualifiziert haben. Sie ermöglicht auch einen Austausch von Erfahrungen aus der EU und der Schweiz und unterstützt die Verbreitung des Verfahrens.

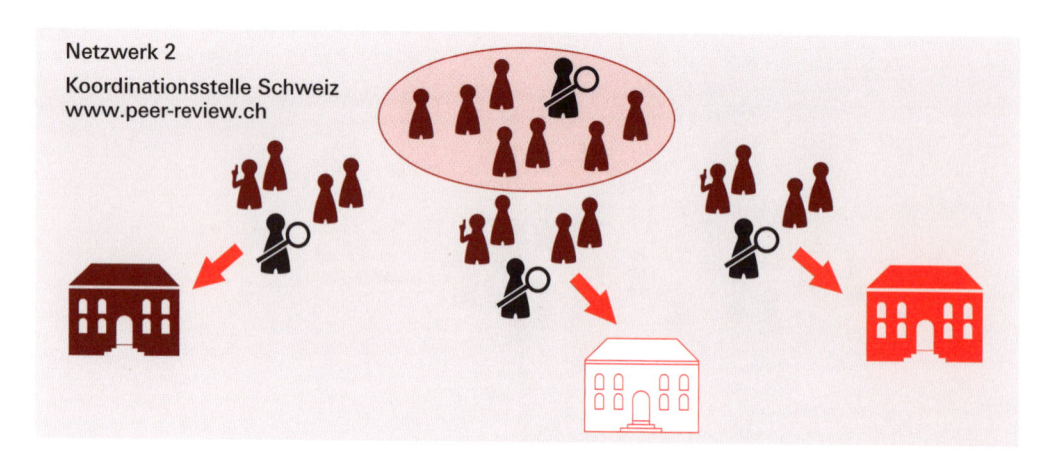

9.5 EVA-Kreis «Peer Review»

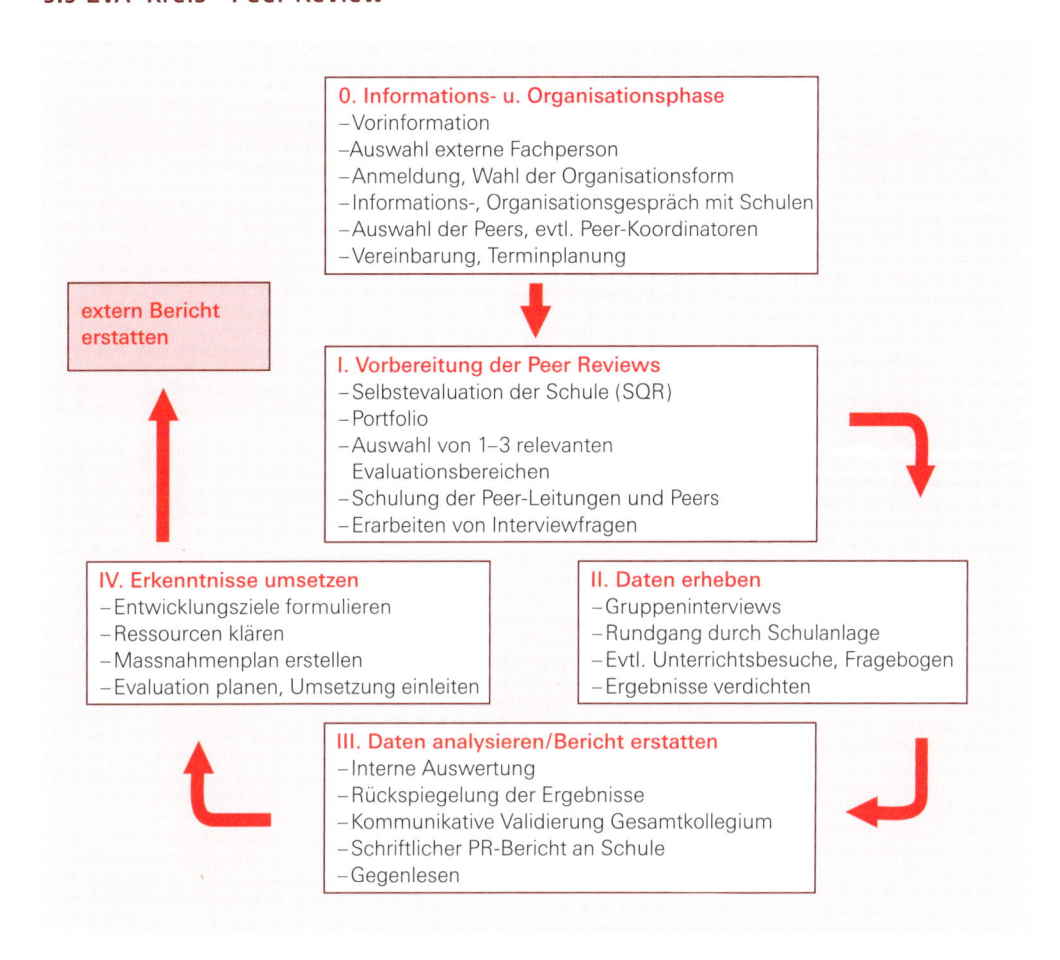

0. Informations- u. Organisationsphase
- Vorinformation
- Auswahl externe Fachperson
- Anmeldung, Wahl der Organisationsform
- Informations-, Organisationsgespräch mit Schulen
- Auswahl der Peers, evtl. Peer-Koordinatoren
- Vereinbarung, Terminplanung

extern Bericht erstatten

I. Vorbereitung der Peer Reviews
- Selbstevaluation der Schule (SQR)
- Portfolio
- Auswahl von 1–3 relevanten Evaluationsbereichen
- Schulung der Peer-Leitungen und Peers
- Erarbeiten von Interviewfragen

IV. Erkenntnisse umsetzen
- Entwicklungsziele formulieren
- Ressourcen klären
- Massnahmenplan erstellen
- Evaluation planen, Umsetzung einleiten

II. Daten erheben
- Gruppeninterviews
- Rundgang durch Schulanlage
- Evtl. Unterrichtsbesuche, Fragebogen
- Ergebnisse verdichten

III. Daten analysieren/Bericht erstatten
- Interne Auswertung
- Rückspiegelung der Ergebnisse
- Kommunikative Validierung Gesamtkollegium
- Schriftlicher PR-Bericht an Schule
- Gegenlesen

9.6 Beschreibung der Peer-Review-Phasen

Phase 0: Informations- und Organisationsphase

Vorinformation an die Schule

In einer schriftlichen Vorinformation wird der Schule eine Dokumentation mit der Beschreibung des Peer-Review-Verfahrens zur Verfügung gestellt.
Folgende Punkte sind hier schriftlich festgehalten:
- Ausgangslage, Beschreibung des Peer-Review-Verfahrens
- Zweck und Zielsetzungen der Peer Reviews
- Verschiedene Organisationsformen, z. B. Tandem oder Netzwerk
- Vorgehensweisen, Überblick über die Verfahrensschritte
- Leistungen/Aufgaben/Aufwand aller Beteiligten
- Kosten
- Zeitlicher Rahmen beziehungsweise Terminplanung

Nr. 31 Information

Anfrage an externe Fachperson

Um eine professionelle Planung, Durchführung und Auswertung des Peer-Review-Verfahrens sicherzustellen, ist das Mitwirken einer kompetenten externen Fachperson unabdingbar. Diese besitzt neben professionellen Evaluationskenntnissen und -erfahrungen auch Kommunikations-, Moderations- und Präsentationskompetenzen. Sie bringt auch Erfahrungen im Umgang mit schwierigen gruppendynamischen Prozessen im Schulbereich beziehungsweise in Supervision und Teamcoaching mit. Unter anderem bereitet sie Peer-Leitungen und Peers systematisch auf ihre Aufgaben vor. Dieser externen Fachperson kommt im ganzen Prozess eine Schlüsselrolle zu, ist sie doch verantwortlich für die fachliche, organisatorische und soziale Leitung des gesamten Prozesses.

Je nach Situation können organisatorische Aufgaben sowie die Verfassung des Peer-Review-Berichtsentwurfs an eine kompetente Peer-Leitung aus einer andern Schule delegiert werden. Die Peer-Leitung kann auch bei der Schulung der Peers mithelfen. Die Hauptverantwortung bleibt jedoch immer bei der externen Fachperson.

Informations- und Organisationsgespräch

In einem ersten Gespräch der verantwortlichen Leitungspersonen der Schule, je nach Situation auch einer Vertretung der Schulbehörde, mit der externen Fachperson werden Rahmenbedingungen und offene Fragen zum Peer-Review-Verfahren geklärt. Neben organisatorischen und inhaltlichen Fragen werden auch die Motivation der Schule und gegenseitige Erwartungen zur Sprache gebracht.

Entscheid zur Durchführung

Nach einer umfassenden Information des Kollegiums und der Schulbehörden entscheidet sich die Schule für die Durchführung des Peer Reviews. Je nach Zweck, Zielsetzung und Ressourcen wählt sie eine sinnvolle Organisationsform aus und bestimmt den Umfang des Verfahrens. Neben dem Kernelement der Gruppeninterviews können weitere Evaluationsmethoden eingesetzt werden, z. B. Ratingkonferenzen, Fragebögen usw.

Auswahl Peers (Peer-Leitungen) und Peer-Koordinatoren

Die externe Fachperson berät die Schule in der Auswahl der Peers und des schulinternen Peer-Koordinators beziehungsweise der Peer-Koordinatorin (Organisationsverantwortliche beziehungsweise Kontaktperson der zu evaluierenden Schule). Die Peers werden nach einem Kompetenzraster durch die Schule ausgewählt.

Vereinbarung mit Terminplanung

In einer gegenseitigen schriftlichen Vereinbarung werden die wichtigsten Punkte der Mitwirkung geklärt:
- Zweck der Vereinbarung
- Rechte/Pflichten, gegenseitige Erwartungen, Bedingungen
- Zielsetzungen des Peer-Review-Verfahrens
- Leistungen der Beteiligten
- Kosten
- Datenschutz
- Einbezug der Schulbehörden
- Verantwortung Umsetzung
- Ablauf der Verfahrensschritte, Terminplanung

Mögliche Terminplanung

Verfahrensschritte	2007 Mte 10–12	2008 Mte 1–3	2008 Mte 4–6	2008 Mte 7–9	2008 Mte 10–12	2009 Mte 1–3	2009 Mte 4–6	2009 Mte 7–9
0. Informations- u. Organisationsphase								
Vorinformation	•							
Anfrage an externe Fachperson	•							
Informations-/Organisationsgespräch mit Schule/n	•							
Entscheid zur Durchführung	•							
Auswahl Peers, Peer-Leitung, Koordinator/in	•							
Vereinbarung, Terminplanung	•							
I. Vorbereitung des Peer Reviews								
Selbstevaluation der Schule		•						
Portfolio, Auswahl Eva-Bereiche		•	•					
Schulung Peers, Peer-Leitung			•					
Erarbeiten Interviewfragen			•					
Organisatorische Vorkehrungen der Schule			•					
			•					
II. Daten erheben (Review-Tage)								
Gruppeninterviews, Rundgang			•					
Ergebnisse verdichten			•					
III. Auswerten/Bericht erstatten								
Interne Auswertung durch Peer-Team				•				
Zurückspiegeln der Ergebnisse				•				
Kommunikative Validierung				•				
Entwurf Peer-Review-Bericht an die Schule				•				
Gegenlesen durch die Schule				•				
Definitiver schriftlicher Peer-Review-Bericht				•				
				•				
IV. Umsetzen der Ergebnisse								
Entwicklungsziele formulieren					•			
Ressourcen klären					•			
Massnahmenplan erstellen					•			
Evaluation der Umsetzung planen					•			
Umsetzung einleiten, durchführen					•	•	•	•

Phase I: Vorbereitung der Peer Reviews

Selbstevaluation der Schule (SQR)

Eine Zielsetzung der Peer Review QuES ist die externe Begutachtung und Beurteilung von bedeutsamen Selbstevaluationsergebnissen der Schule, um Entwicklungsschritte auf individueller und institutioneller Ebene einzuleiten. Deshalb geht in der Regel dem Peer-Review-Verfahren eine systematische Selbstevaluation der Schule (SQR) voraus.

Diese ist aus folgenden Gründen wichtig:

- Eine systematische Selbstevaluation beziehungsweise die Dokumentation der Ergebnisse in einem Portfolio ist ein bedeutender Entwicklungsschritt für die Einleitung eines wirksamen Qualitätsentwicklungsprozesses.
- Lehrpersonen legen ihren Fokus oft ausschliesslich auf den eigenen Unterricht, weniger auf die organisatorischen, pädagogischen und kommunikativen Fähigkeiten beziehungsweise Qualitäten der Gesamtschule. Durch eine partizipativ und kooperativ angelegte Schulqualitätsrecherche kann die Perspektive des Kollegiums erweitert und ein Anstoss zur Selbstreflexion der Gesamtschule gegeben werden.

Verknüpfung von interner und externer Evaluation

- Das Interesse an der externen Evaluation wird dadurch gesteigert und folglich die wahrscheinliche Wirksamkeit durch das externe Peer-Review-Verfahren erhöht.
- Das Portfolio ist eine wichtige Datenquelle des Evaluationsverfahrens und wird zur optimalen Vorbereitung des Peer-Teams benötigt.

Anstelle der Durchführung einer aufwendigen SQR bewährt sich beispielsweise auch die Anwendung einer **SOFT-Analyse**. Der Zeitaufwand für das Kollegium zum Erheben der Daten und für die anschliessende Auswertung beträgt ungefähr je zwei Stunden.

Satisfactions (Stärken) – Das ist Spitze – Das läuft rund – Das befriedigt Dazu Sorge tragen, damit wuchern!	**O**pportunities (Chancen) – Gute Ansätze – Ressourcen nützen Davon etwas mehr ausbauen, entwickeln, Brachland nutzen
Faults beziehungsweise Weaknesses (Schwächen) Das läuft nicht rund – Das ist mangelhaft – Das stört Sollten wir/Sie ändern! Verbesserungen nötig	**T**hreats (Gefährdungen) Absehbare bedrohliche Entwicklungen – Drohende Probleme – Tritt ein, wenn nicht rasch etwas geschieht Prophylaktische Massnahmen, Lösungen überlegen

Nr. 32
Portfolios verschiedener Schulen

Portfolio

Die Schule dokumentiert ihre Selbstevaluation in einem Portfolio. Die Erfahrung hat gezeigt, dass es sinnvoll ist, den Umfang des Portfolios zu standardisieren. Im Sinne der Effizienz ist es zweckmässig, auch bereits vorhandene Dokumente zu verwenden und das Profil der Schule auf wenige aussagekräftige Berichte und Unterlagen zu beschränken.

> **Mögliches Raster für das Portfolio:**
> 1. Kontaktgruppe der Schule, Adresse, Mail Schulleitung
> 2. Kurzporträt der Schule (Facts)
> 3. Qualitätsmanagement; Aktivitäten zur Qualitätssicherung, -entwicklung
> 4. Ergebnisse von bereits durchgeführten Selbstevaluationen, Konsequenzen, Massnahmen
> 5. Selbsteinschätzung, Eigenprofil der Schule beziehungsweise Stärken/Schwächen
> 6. 1–3 Evaluationsschwerpunkte für die Peer Reviews, Begründung der Auswahl
> 7. Weitere Dokumente, die für das Profil der Schule wichtig sind

Auswahl der Evaluationsbereiche

Pro Interview können maximal in drei Gebieten Informationen gesammelt werden. Dabei sind auf jeden Fall Themen aus den Bereichen **Lehren und Lernen** und **Beziehungen/Klima** zu berücksichtigen.

Folgende **Leitfragen** helfen bei der Auswahl von relevanten Evaluationsbereichen:

Interesse, Zweck
- Wozu möchten wir diese Bereiche vertieft begutachten lassen?
- Welche übergeordneten Vorgaben beziehungsweise Standards der Schulbehörden müssen evaluiert werden?
- Welche hervorragenden Stärken beziehungsweise welche Bereiche mit Entwicklungsbedarf wollen wir untersuchen lassen?
- Welche Bereiche sind für spezifische Anspruchsgruppen besonders interessant und von grosser Bedeutung?
- Wollen wir Bereiche der ganzen Schule oder einzelner Abteilungen erforschen lassen?

Selbsteinschätzung
- Was haben wir dazu selber festgestellt?
- In welchen Bereichen haben wir eine grosse Abweichung zwischen Ist- und Soll-Zustand?
- Wie reliabel und valide scheinen uns unsere Selbstevaluationsergebnisse?

Datenquellen
- Welche Datenquellen stellen wir dem Peer-Team zur Verfügung, um eine fundierte Antwort auf die Fragen zu erhalten?
- Sollen neben den Interviews noch andere Evaluationsinstrumente eingesetzt werden?

Zusätzliche Informationen
- Welche weiteren Informationen zum vorgeschlagenen Thema könnten für das Peer-Team von Interesse sein?
- Sind an der Schule in letzter Zeit Ereignisse eingetreten, die Einfluss auf die Rückmeldungen der Interviewten haben könnten?[39]

Schulung der Peer-Leitungen und Peers

Das Portfolio wird spätestens einen Monat vor der Schulung an die Peers verschickt. Als Vorbereitung zum Schulungstag erfolgt das Studium des Portfolios und des Peer-Review-Manuals. Die von der Schule ausgewählten Peers, evtl. Peer-Leitungen, werden auf das **Führen von Interviews**, das **Verdichten der Daten** und das **Präsentieren von Evaluationsergebnissen** vorbereitet.

Nr. 34
Interviews Peer Review

Erarbeiten von Interviewfragen

Das Peer Team erarbeitet zu den vorgegebenen Evaluationsbereichen adressatengerecht für die verschiedenen Interviewgruppen konkrete **Interviewfragen beziehungsweise Fragerouten**.

Diese gemeinsame Arbeit ist sehr bedeutungsvoll, weil hier in einem gruppendynamischen Prozess ein Teil Teamentwicklung stattfindet. Peer Reviews können nur dann gewinnbringend durchgeführt werden, wenn sich die Mitglieder gegenseitig respektieren und unterstützen und somit wirklich Teamarbeit leisten.

---

[39] Diese Frage wird auch standardmässig am Befragungstag gestellt, weil ausserordentliche Ereignisse die Rückmeldungen der Interviewgruppen massgeblich beeinflussen können.

Nr. 31 Information nach aussen

Organisatorische Vorkehrungen der Schule

Für die lokale Organisation der Befragungstage ist die gastgebende Schule verantwortlich. Der Erfolg der Peer Reviews ist von einer sorgfältigen Vorbereitungsarbeit des Peer-Koordinators der besuchten Schule abhängig.

Diese umfasst folgende Punkte:

Information

Lehrpersonen, Schulbehörden, Schülerinnen und Schüler, Eltern und Hauswart werden über die geplanten Peer Reviews schriftlich informiert.

Auswahl der interviewten Personen

Die Verantwortung für die Auswahl der zu interviewenden Personen liegt bei der Schule. Bei der Zusammenstellung der Interviewgruppen von je 4–6 Personen wird auf eine angemessene Repräsentation der Schule und ein breites Meinungsspektrum geachtet (Prinzip der Triangulation).

Angemessen bezüglich

… Alter
… Geschlecht
… Herkunftsland
… kritisch- und wohlgesinnte Personen
… leistungsstarke und -schwächere Schülerinnen und Schüler
… Unterrichtsstufen
… Klassen- und Fachlehrkräfte
… Unterrichtspensum

Folgende Personengruppen werden auf jeden Fall befragt:
- Schülerinnen und Schüler
- Lehrpersonen
- Eltern beziehungsweise Lehrbetriebe
- Behörden

Weitere Gruppen können bedeutsame Rückmeldungen zu den gewählten Evaluationsbereichen geben:
- Schulmanagement/Schulleitung
- Projektleitungen/Steuergruppe
- Abnehmende Institutionen, Bildungspartner
- Ehemalige Schülerinnen und Schüler
- Hauswartschaft, Verwaltung

Die zu interviewenden Personen werden durch die Schule aufgeboten und finden sich direkt in den Interviewräumen ein.

Raumreservation

Für alle Aktivitäten des Peer-Teams müssen zweckmässige Räume reserviert werden. Es ist darauf zu achten, dass die Interviewräume vor Störungen geschützt sind (Türschild: Bitte nicht stören) und von den Interviewten leicht aufgefunden werden können.

Folgende Räume sind vorzusehen:
- Drei **Interviewräume** mit Tisch und Stühlen für eine Interviewgruppe von 6 Personen und das Peer-Tandem.
- Raum für die **Nachbereitung** und **interne Auswertung** für das Peer-Team, vorzugsweise mit Tischen und Stellwänden zur Befestigung von Flipchart-Blättern.
- Genügend grosser Raum für das **Auftaktgespräch** und die **Abschlussrunde** mit dem Kollegium, versehen mit Hellraumprojektor und Möglichkeiten zur Präsentation von Flipchart-Blättern.

Es ist sinnvoll, wenn das Peer-Team den Mittagslunch in der Schule einnimmt. Der Besuch eines Restaurants kann zu zeitlichen Verzögerungen führen und den Ablauf des Programms gefährden.

Phase II: Daten erheben

Datenquellen

Für das Peer-Team kommen folgende Datenquellen infrage:
- Das **Portfolio** bildet die Grundlage der externen Evaluation durch das Peer-Team. Der vertiefte Einblick in die Schule ermöglicht es, sinnvolle Interviewfragen zu erarbeiten, um die Interviews zielgerichtet durchführen zu können.
- Die **Interviews** sind das Kernstück der Peer Reviews. Es gilt, in kurzer Zeit von verschiedenen Anspruchsgruppen relevante Informationen zu sammeln.
- Auf einem begleiteten **Rundgang** werden Infrastruktur und Ausstattung begutachtet. Zusätzlich können auch informelle Informationen zum Schulgeschehen gesammelt werden.
- Falls die Zeit reicht und es von der Schule gewünscht wird, können Peers auch **Unterrichtsbesuche** durchführen. Damit wird die Wichtigkeit des Kerngeschäfts unterstrichen. Es wird empfohlen, die Unterrichtsbeobachtung systematisch vorzubereiten und vor allem auf Unterrichtsqualitäten der Gesamtschule zu fokussieren.
- Im Zusammenhang mit dem Peer-Review-Verfahren können auch Daten mittels **Kurzfragebogen** gesammelt werden. Allerdings ist es wichtig, dass durch diese quantitative Erhebung der Wert der qualitativen Aussagen aus den Interviews nicht gemindert wird.
- Nach Bedarf können weitere Evaluationsverfahren, wie **Ratingkonferenzen** oder ein **Shadowing**, eingesetzt werden.

Mit der Verwendung verschiedener Datenquellen wird eine Triangulation angestrebt, die durch die Interviews bei den unterschiedlichen Personengruppen und durch die intersubjektive Sichtweise des Peer-Teams unterstützt wird.

Zeitlicher Ablauf des Befragungstags

Je nach Zweck, Zielsetzung und zur Verfügung stehenden Ressourcen werden Befragungstage unterschiedlich organisiert.

Beispiel A: Befragung an einem Tag durch ein 6er-Peer-Team (Minimalprogramm!)
- 8 Gruppeninterviews (ca. 40 Interviewte)
- 1 Rundgang durch die Schule

Verknüpfung von interner und externer Evaluation

Nr. 33
Organisation Peer Review

Die Interviews werden beispielsweise nach folgendem Plan aufgeteilt:

Datum Schule:	Zeit	a) Interviewte Gruppe: 4–5 Personen b) Peer-Team (Interviewer/innen) c) Reservierter Raum		
xx.xx.20xx Schule xxx	09.00– 10.00	a) Lernende 1 b) c)	a) Ehemalige b) c)	a) Rundgang SL + b) c)
	11.00– 12.00	a) Lernende 2 b) c)	a) Lernende 3 b) c)	a) Schulbehörde b) c)
	13.30– 14.30	a) Lehrpersonen 1 b) c)	a) Lehrpersonen 2 b) c)	a) Lehrbetriebe b) c)

Zeit	Aktivität
08.15	Zusammentreffen Peer-Team, Information durch Peer-Leitung
08.30	Auftaktgespräch (Vertretung des Kollegiums, Schulleitung, Peer-Team)
09.00	Gesprächsrunde I (2 Interviews) plus Rundgang (1 Peer-Tandem)
10.00	Nachbereitung in den Peer-Tandems
10.30	Gemeinsame Kaffeepause
11.00	Gesprächsrunde II (3 Interviews)
12.00	Nachbereitung in den Peer-Tandems
12.30	Mittagspause; informeller Austausch erster Erfahrungen im Peer-Team
13.30	Gesprächsrunde III (3 Interviews)
14.30	Nachbereitung in den Peer-Tandems
15.00	Interne Auswertung: erstes Fazit des Peer-Teams
16.00	Gemeinsame Kaffeepause
16.15	Abschlussrunde Kollegium, Peer-Team:
	Daten rückspiegeln, kommunikative Validierung
17.15	Rückblick des Peer-Teams: Reflexion des Befragungstages
17.30	Schluss des Befragungstages

Beschreibung der Aktivitäten des Review-Tages

Zusammentreffen Peer-Team
Die Peer-Leitung begrüsst das Peer-Team und vergewissert sich, dass die organisatorischen Vorbereitungen getroffen sind und die Peers ihre Aufgabe kennen.

Auftaktgespräch
Im Auftaktgespräch stellt sich das Peer-Team dem Kollegium und der Schulleitung vor. Die Peer-Leitung informiert noch einmal kurz über Ziel und Zweck des Peer Reviews und den organisatorischen Ablauf. Es ist sinnvoll, wenn möglichst eine grosse Zahl der Lehrpersonen anwesend ist. Damit wird die Bedeutung des Peer Reviews unterstrichen.

Interviews

Die **Interviews sind das Kernstück des Peer Reviews**. Es gilt, von verschiedenen Personengruppen in kurzer Zeit relevante Informationen zu den vorgegebenen Evaluationsbereichen zu sammeln. Um möglichst viele Personen zu befragen, werden Gruppeninterviews mit je 4 bis 6 Personen durchgeführt. Die Peers wechseln sich nach jedem Interview in der Rolle als Interviewer/in und Protokollführer/in ab. Während der Interviewdauer von 60 Minuten werden die Aussagen gemäss Protokollblatt «Interviews» protokolliert und verdichtet.

Nr. 34
Interviews Peer Review

Für die Interviews gelten folgende Regeln:

- **Sprache:** Interviewer fassen sich kurz, erzählen sollen vor allem die befragten Personen; adressatengerechte Sprache verwenden.
- **Rapport:** Durch aktives Zuhören und entsprechende Körperhaltung Interesse zeigen.
- **Grundhaltung:** Offen sein, Inhalte annehmen, Neugier und Verständnis zeigen, möglichst keine Wertungen und Interpretationen äussern.
- **Gesprächsführung:** Kurze, klare Sätze und möglichst Einzelfragen formulieren, Pausen ertragen, Gedankengänge nicht unterbrechen.
- **Nachfragen:** Habe ich richtig verstanden, dass Sie …? Bei Verallgemeinerungen nach konkreten Situationen und Beispielen fragen.
- **Am Ball bleiben:** Hauptthema beachten, bei Abschweifungen zum Thema zurückführen.
- **Zeit:** Vorgaben einhalten, d. h. Gespräche rechtzeitig beginnen und abschliessen.
- **Vorbehalte:** Kritische Fragen zum Interview oder Projekt zulassen; Bemerkungen und eventuell missbilligende Kommentare ebenfalls notieren.

Nachbereitung im Peer-Tandem

In der Nachbereitung des Peer-Tandems werden die Gesprächsnotizen auf das Auswertungsblatt «Interviewprotokoll» übertragen. Die wichtigsten Punkte werden stichwortartig auf A5-Zettel notiert, wobei pro Blatt nur eine Aussage stehen soll. Es wird in grosser, gut lesbarer Schrift geschrieben, damit die Aussagen für die Präsentation in der Abschlussrunde auch aus Distanz lesbar sind. Die Blätter werden im Nachbereitungsraum nach den Befragungsthemen geordnet und auf Flipchart-Blätter geklebt (Tipp: ablösbaren Leim verwenden). Um die Aussagen den verschiedenen Personengruppen zuordnen zu können, erhält jede Anspruchsgruppe ihre eigene Farbe.

Reviewstandards für die Interviews

Nützlichkeit für die Schule oder das Projekt
Grundsatz: In jeder Phase steht das besuchende Peer-Team im Dienst der besuchten Schule und versucht, die vorgegebenen Informationsbedürfnisse zu erfüllen. Dabei treten die Peers weder als Inspektorinnen/Inspektoren noch als Verbündete der Schule auf.

Dokumentation des Wichtigen
Durch eine Diskussion innerhalb der Interviewgruppe werden Rückmeldungen kommunikativ validiert. Durch die Verdichtung der Daten wird auch eine gewisse Selektion vorgenommen. Das bedeutet, dass eine Auswahl von wichtigen Kernaussagen getroffen wird, die für die Fragestellungen der Schule relevant sind.

Zeitplan einhalten

Der Erfolg der Peer Reviews hängt wesentlich vom strikten Einhalten des Zeitplans ab. Interviews dürfen nicht länger als die vorgesehene Zeit dauern, damit genügend Zeit für die Auswertung bleibt. Dies muss den Interviewten zu Beginn kommuniziert werden.

Persönlichkeitsrechte beachten

Bei der Bekanntgabe der Rahmenbedingungen wird den befragten Personen die Anonymität zugesichert, d. h., dass keine Namen protokolliert werden. Falls es zu Verunglimpfungen kommt, werden diese klar zurückgewiesen.

Lösungsorientiertes Verhalten

Auch wenn die Peer Reviews minutiös vorbereitet sind, können immer wieder unerwartete Probleme oder Störungen auftauchen. Hier gilt es, kühlen Kopf zu bewahren und sich auf die Zielsetzung zu konzentrieren, nämlich auf das systematische Einholen von Feedbacks zu Evaluationsbereichen der Schule. Bestehen Vorwürfe an die Schule, werden die Interviewten gebeten, diese in Wünsche und Anliegen umzuformulieren.

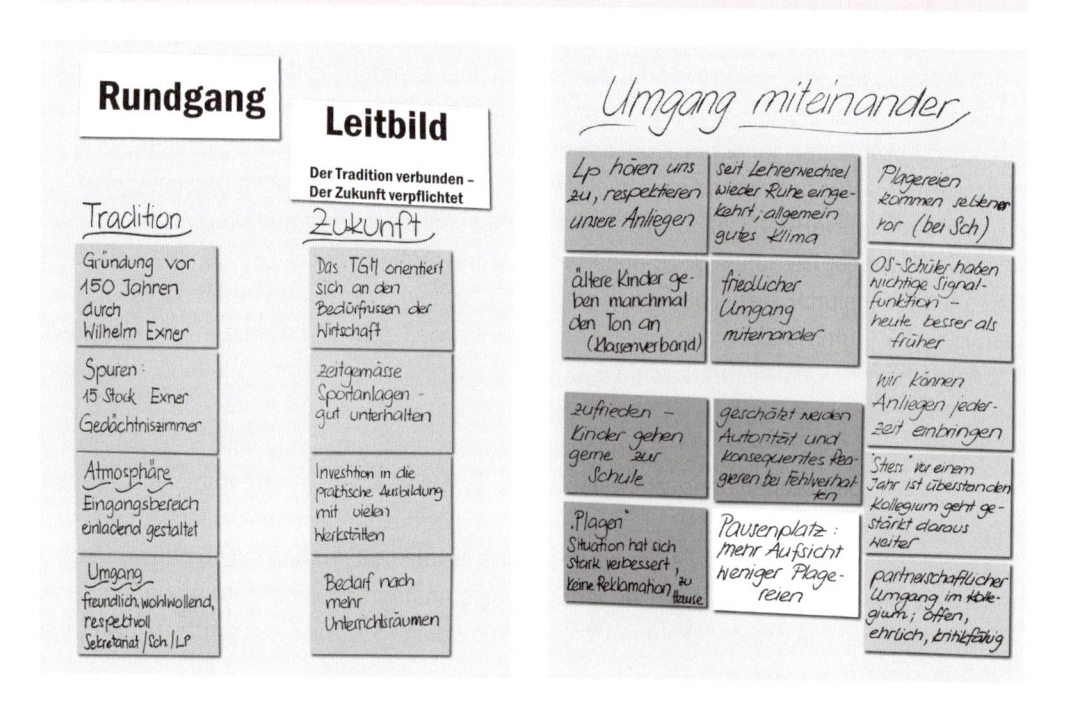

Rundgang durch die Schulanlage

Der Rundgang wird im Voraus geplant, sodass die zur Verfügung stehende Zeit möglichst optimal genutzt werden kann. Er umfasst Besuche in Klassenzimmern, Spezialräumen usw. Unterrichtende Lehrpersonen und ihre Klassen sind informiert. Die Begleitperson weiss über die Schule Wesentliches zu berichten. Es werden Infrastruktur und Ausstattung begutachtet, aber auch informelle Informationen zum Schulgeschehen können gesammelt werden. Es ist sinnvoll, wenn die Verfasser des Peer-Review-Berichts am Rundgang teilnehmen.

Phase III: Daten auswerten/Bericht erstatten

Interne Auswertung
Die interne Auswertung findet in einem geschlossenen Raum statt und wird durch die externe Fachperson geleitet. Das Peer-Team verschafft sich einen Überblick entlang der Hauptfragestellungen, mit dem Ziel, die Abschlussrunde mit dem Gesamtkollegium vorzubereiten. Es wird darauf geachtet, dass Zettel mit gleichen Aussagen zusammengefasst werden. Zu jeder Fragestellung müssen hochwertige, differenzierte Rückmeldungen an das Kollegium zurückgemeldet werden. Eventuell liegen zu einem bestimmten Problembereich auch widersprüchliche Rückmeldungen vor, die in der Abschlussrunde durch das Kollegium kommentiert werden können.

Abschlussrunde (Rückspiegeln, kommunikative Validierung)
Die Abschlussrunde ist das Kernstück des Review-Tages und dient in erster Linie der kommunikativen Validierung der Ergebnisse. Nach Möglichkeit nehmen das ganze Kollegium, die Schulleitung und eventuell eine Vertretung der Schulbehörde teil.

Die Abschlussrunde wird durch die externe Fachperson moderiert. Anhand der Flipcharts präsentieren die Peers jeweils die verdichteten Rückmeldungen zu den Evaluationsbereichen. Einzelaussagen werden als solche bezeichnet.

Es empfiehlt sich, zuerst die Ergebnisse als Ganzes zu präsentieren, anschliessend Verständnisfragen zu klären und dann das Kollegium um eine Stellungnahme zu bitten. Diese kann sehr unterschiedlich ausfallen. Die Anwesenden können durch Nachfragen Interesse bekunden, vielleicht Aussagen bestätigen, ihren Dank aussprechen oder auch zu gewissen Befunden ihre Bedenken äussern. Die Schule hat die Möglichkeit, Befunde, die sie als zu verletzend und negativ empfindet, zurückzuweisen.

Wichtig ist, dass die externe Fachperson in dieser Phase nicht emotional reagiert und immer wieder wertschätzend auf die Kommentare des Kollegiums eingeht. Die Schule wird ohnehin nur Entwicklungshinweise umsetzen, die sie auch akzeptiert hat.

Im Peer-Review-Bericht wird kein Punkt aufgeführt, der anlässlich der kommunikativen Validierung nicht angesprochen worden ist.

Rückblick des Peer-Teams
Hier wird der Befragungstag reflektiert. Stärken, Bewährtes werden gewürdigt und für ein nächstes Peer Review beibehalten, aus Schwächen und problematischen Vorkommnissen werden Folgerungen gezogen.

Es empfiehlt sich, diese Meta-Evaluation systematisch durchzuführen.

Der schriftliche Peer-Review-Bericht
Die Peer-Leitung verfasst den Peer-Review-Bericht innert einer Woche und stellt ihn der externen Fachperson zu: Das Verfassen des Berichts richtet sich nach folgenden Grundsätzen:
- Der Peer-Review-Bericht mit den Entwicklungshinweisen wird nach dem 4-Augen-Prinzip verfasst, d. h., mindestens eine zweite Person redigiert die Darlegung.
- Er wird in beschreibender, nicht urteilender Art verfasst.
- Er enthält ausschliesslich Ergebnisse, die in der Abschlussrunde kommunikativ validiert worden sind.
- Er ermöglicht keine Rückschlüsse auf Einzelpersonen.
- Er trifft innerhalb von zwei Wochen bei der Schule ein.

Nr. 35/36
Peer-Review-Bericht

Gegenlesen

Der redigierte Entwurf des Peer-Review-Berichts wird nach zwei Wochen der evaluierten Schule zum Gegenlesen übergeben. Nach einer erfolgten Diskussion des Kollegiums und der Schulleitung über die Ergebnisse können bei Bedarf Änderungsanträge gestellt werden. Falls hier die Schule und die externe Fachperson beziehungsweise Peer-Leitung nicht zu einer gemeinsamen Einschätzung kommen, wird der Vorschlag der Schule akzeptiert.

Von der Abschlussrunde zum definitiven Bericht

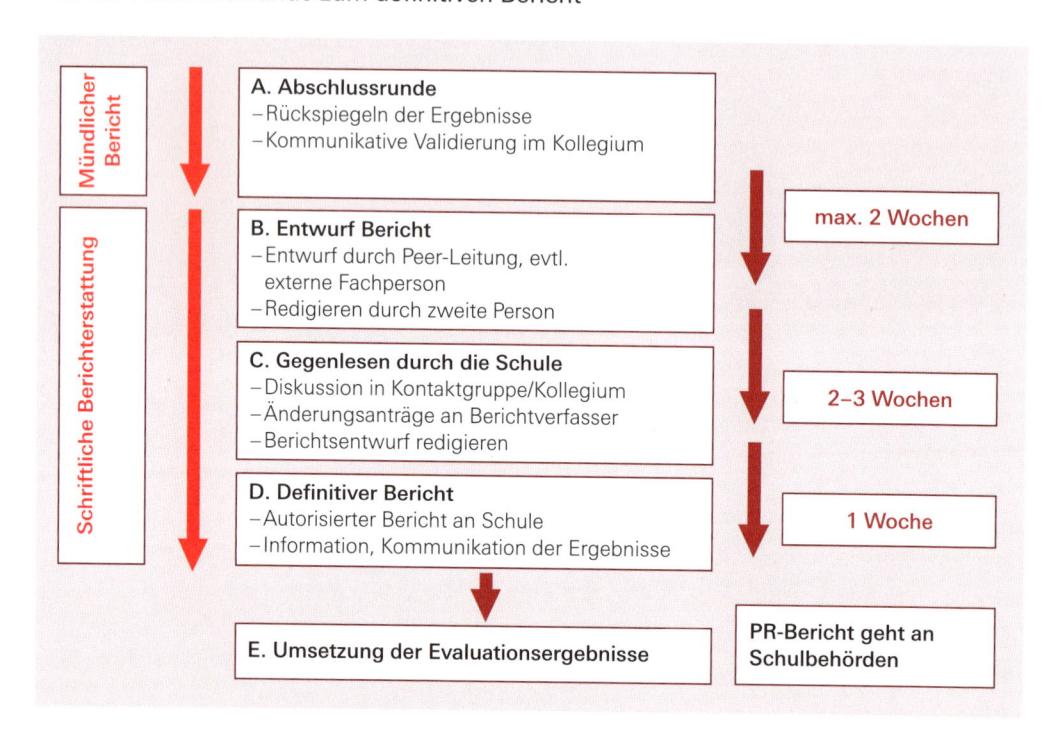

Mündlicher Bericht

A. Abschlussrunde
- Rückspiegeln der Ergebnisse
- Kommunikative Validierung im Kollegium

Schriftliche Berichterstattung

B. Entwurf Bericht
- Entwurf durch Peer-Leitung, evtl. externe Fachperson
- Redigieren durch zweite Person

max. 2 Wochen

C. Gegenlesen durch die Schule
- Diskussion in Kontaktgruppe/Kollegium
- Änderungsanträge an Berichtverfasser
- Berichtsentwurf redigieren

2–3 Wochen

D. Definitiver Bericht
- Autorisierter Bericht an Schule
- Information, Kommunikation der Ergebnisse

1 Woche

E. Umsetzung der Evaluationsergebnisse

PR-Bericht geht an Schulbehörden

Phase IV: Umsetzen der Ergebnisse

Evaluationen legitimieren sich durch ihre Auswirkungen auf die Praxis. Deshalb ist es besonders wichtig, auf die Umsetzung der Ergebnisse zu fokussieren. Die Ergebnisse der Peer Reviews werden somit immer zwingend in einer konkreten Entwicklungsschlaufe umgesetzt. Auch diese erfolgt mit dem standardisierten Ablauf der **QuES-∞**, siehe Kapitel 6.3ff.

9.7 Empfehlungen für erfolgreiche Peer Reviews

Die vorangegangenen Kapitel endeten jeweils mit Empfehlungen oder Gelingensbedingungen aus systematisch gesammelten Rückmeldungen von ca. 60 Projektschulen, ausgewerteten Erkenntnissen aus Evaluationen und Forschungsprojekten im Bereich der Schul-, Qualitäts- und Unterrichtsentwicklung und persönlichen Erfahrungen. Ein grosser Teil dieser Empfehlungen gilt, natürlich situationsbezogen angepasst, auch für das Peer-Review-Verfahren. Um Peer Reviews erfolgreich zu planen, durchzuführen und auszuwerten, sind zudem folgende Hinweise zu beachten:

Verknüpfung von interner und externer Evaluation

Selbstevaluationen von Schulen bewirken sichtbare Verbesserungen, wenn sie mit externer Evaluation verbunden werden. Der systematische Aufbau eines internen Q-Managements ist wirksamer und nachhaltiger, wenn die Selbstevaluation mit einer externen Evaluation überprüft wird.

Erkenntnisse systematisch umsetzen
Die externe beziehungsweise Fremdevaluation läuft Gefahr, dass die Evaluationsergebnisse jeweils in einer Schublade vermodern. Die vergleichenden Auswertungen von interner und externer Beurteilung sind zwingend an nötige Fortbildungen und konkrete Schulentwicklungsmassnahmen zu knüpfen.

Klare Strukturen, vereinbarte Verbindlichkeiten, sorgfältige Organisation
Der Ablauf des Verfahrens ist komplex, der Zeitablauf zum Teil sehr dicht, und es sind viele Personen involviert. Der Erfolg ist abhängig von klar definierten Strukturen, vereinbarten Verbindlichkeiten und Aufgaben und genauen organisatorischen Abläufen. Auf das Einhalten der Review-Standards ist hinzuweisen (Kapitel 9.5ff.).

Situative Anpassung des Peer-Review-Verfahrens
Je nach Kontext, Zweck, Ziel und Ressourcen wird das Peer-Review-Verfahren unterschiedlich durchgeführt. Wichtig ist der Bezug zum Qualitätsmanagement, das sich seinerseits an den gesetzlichen Rahmenvorgaben, an den Angeboten der Schule, an den Bedürfnissen der Anspruchsgruppen und am Leitbild orientiert. Peer Reviews sind nicht an ein bestimmtes Qualitätssystem gebunden, sondern werden situationsgerecht durchgeführt.

Kommunikative Validierung der Rückmeldungen
Alle Feedbacks der befragten Personengruppen werden dem Gesamtkollegium zurückgespiegelt und kommunikativ validiert. Die Erfahrung hat gezeigt, dass die Schulen und ihre Einzelpersonen nur akzeptierte Entwicklungshinweise auch wirklich umsetzen.

Sorgfältige Auswahl der externen Fachperson
Weil der Erfolg der Peer Reviews sehr stark von der Persönlichkeit und den Kompetenzen der externen Fachperson abhängt, ist die Auswahl sorgfältig vorzunehmen.

Auswahl und gezielte Vorbereitung der Peers
Die Schule wählt als Peers interessierte Lehrpersonen aus, die einerseits dem beschriebenen Kompetenzprofil entsprechen, die andererseits den Rückfluss von Know-how in die eigene Institution gewährleisten. Die Peers werden gezielt auf ihre Arbeit vorbereitet. Anhand der gemeinsamen Erarbeitung von Interviewfragen im Peer-Team findet auch ein Teamentwicklungsprozess statt, der eine professionelle Durchführung der Peer Reviews erst ermöglicht.

Gemeinsame Organisationstreffen bei Tandem- und Netzwerkansatz
Falls mehrere Schulen an den Peer Reviews beteiligt sind, ist ein gemeinsames Organisationstreffen sehr zu empfehlen. Dies gilt vor allem auch bei länderübergreifenden Peer Reviews.

Regelung für den Umgang mit vertraulichen Daten
Die Erfahrungen zeigen, dass bei den Interviews auch unangenehme, unerwartete Rückmeldungen zu nicht gefragten Bereichen auf den Tisch kommen. Es geht aber nicht um eine Evaluation oder Beurteilung von Einzelpersonen, sondern um die Einschätzung von Qualitäten der Gesamtschule. Aus diesem Grund sind Abmachungen über den Umgang mit vertraulichen Daten unbedingt notwendig.

Glossar[40]

Aktionsforschung: die systematische Untersuchung beruflicher Situationen, die von Lehrerinnen und Lehrern selbst durchgeführt wird, in der Absicht, diese zu verbessern

Aggregierte Daten: zusammengefasste Ergebnisse einer Evaluation, die keine Rückschlüsse auf einzelne Personen zulassen

Bestandesaufnahme: Bewertung der Arbeit einer Schule oder von Teilbereichen beim Einstieg in längerfristige Arbeitsprozesse zur Auswahl von Entwicklungsprojekten

Daten: Material, das (a) während der Evaluation gesammelt wird, um zuverlässige Informationen über den untersuchten Arbeitsbereich oder Gegenstand zu erhalten, oder (b) der Schulverwaltung bereits zu statistischen Zwecken vorliegt

Datenanalyse: Interpretation und Bewertung der im Laufe des Evaluationsprozesses gesammelten Daten

Datenerhebung: systematische Sammlung von Informationen im Hinblick auf die untersuchten Gegenstandsbereiche und Evaluationsfragen

Datenfeedback: Rückspiegelung der Daten und ggf. von Ergebnissen der Datenanalyse an die an einer Evaluation beteiligten Personen, beispielsweise an das gesamte Kollegium, Schülerinnen und Schüler oder Externe

Evaluation: Sammlung, Verarbeitung und Interpretation von Informationen über schulische Arbeit. Sie hat das Ziel, zu gesicherten Beschreibungen zu kommen, Bewertungen nach klaren Kriterien durchzuführen und Entscheidungen über die Weiterentwicklung dieser Arbeit zu treffen.

Evaluationsbereiche: wichtige Inhalte und Themen, die bei einer Evaluation untersucht werden

Evaluationsbericht: schriftliche Zusammenstellung der Ziele, die mit einer Evaluation verbunden waren, sowie der wesentlichen Ergebnisse, die die Evaluation erbracht hat

Evaluationsdesign: Anlage und Konzeption einer Evaluation. Evaluationsdesign beschreibt die Ziele, die Fragestellungen und das methodische Vorgehen.

Evaluationsergebnisse: Sie sind die Erkenntnisse, die eine Evaluation hinsichtlich der untersuchten Arbeitsbereiche erbracht hat, sowie die Entscheidungen, die auf dieser Grundlage für das weitere Vorgehen getroffen wurden.

Evaluationsinstrument: Verfahren, das eingesetzt wird, um Daten im Hinblick auf den untersuchten Gegenstandsbereich zu sammeln, etwa ein Fragebogen, ein Interviewleitfaden oder Parallelarbeiten

Evaluationskriterien: Sie beschreiben die Merkmale, an denen die Erreichung von pädagogischen Zielen in der Schul- und Unterrichtspraxis festgemacht werden soll.

Evaluationsmethoden: Formen der Datenerhebung, die für eine Evaluation zur Verfügung stehen, beispielsweise schriftliche Befragung, mündliche Befragung, Beobachtung

Evaluationsprozess: Er bezeichnet alle Arbeitsschritte und Interaktionen, die zur Vorbereitung und Durchführung einer Evaluation sowie zur Entscheidung über ihre Konsequenzen an einer Schule durchgeführt werden.

Evaluationsteam: Gruppe von Personen, die gemeinsam eine (in der Regel) externe Evaluation an einer Schule durchführen

Evaluationszyklus: Ablauf der für eine Evaluation typischen Arbeitsschritte

Evaluator/Evaluatorin: jede Person, die aktiv an der Durchführung einer Evaluation und der Entscheidung über Konsequenzen beteiligt ist

Externe Evaluation: Sie bedingt, dass die Verantwortung für die Gestaltung und Durchführung einer Evaluation ausserhalb der Schule liegt und von Personen durchgeführt wird, die nicht unmittelbar für die Arbeit verantwortlich sind.

FQS: Formatives Qualitätsevaluationssystem (formativ = fördernd, gestaltend) des Dachverbands Lehrerinnen und Lehrer Schweiz LCH

Feedback: Rückmeldung

Formative Evaluation: Evaluation wird begleitend zu Entwicklungsprozessen eingesetzt, um die Arbeitsprozesse zu unterstützen und die angestrebten Produkte verbessern zu können.

IPS, Intensivprojekt Schule: Beim IPS verpflichten sich die Schulen zu einem fünfjährigen Schulentwicklungsprojekt, in dem systematische Selbstevaluation auf individueller und betrieblicher Ebene mit externer Evaluation (Peer Reviews) verbunden wird.

Indikatoren: Sie sind die «Anzeiger» oder Messgrössen, mit deren Hilfe man feststellen kann, inwieweit Evaluationskriterien in der Schul- und Unterrichtspraxis tatsächlich erreicht wurden.

40 Vorlage Burkard/Eikenbusch (2000)

Interne Evaluation: Sie bedingt, dass die Verantwortung für die Gestaltung und Durchführung einer Evaluation in der Schule liegt und von den unmittelbar Verantwortlichen selbst durchgeführt wird.

Kennzahlen: ausgewählte Werte der Schulstatistik, die als Indikatoren zur Bewertung von Aspekten der Schulqualität herangezogen werden

Kollegiumsbefragung: (in der Regel schriftliche) Befragung aller Mitglieder eines Kollegiums im Hinblick auf die untersuchten Gegenstandsbereiche

Kommunikative Validierung: diskursive Verständigung zwischen den Beteiligten über die Aussagekraft von erhobenen Daten sowie die Interpretationen und Konsequenzen, die sich aus den Daten ergeben

Konsequenzen einer Evaluation: Handlungsschritte, die am Ende einer Evaluation vereinbart werden, um die Arbeit weiterzuentwickeln

Meta-Evaluation: «Evaluation der Evaluation»; Auswertung von Evaluationsprozessen oder Evaluationsergebnissen unter übergeordneten Fragestellungen, beispielsweise Übertragbarkeit auf andere Schulen, Qualität der schulintern eingesetzten Verfahren und Instrumente

Normen einer Evaluation: Vereinbarung von Spielregeln zur Steuerung des Evaluationsprozesses

Parallelarbeit: Klassenarbeit, die von allen Fachlehrerinnen und Fachlehrern in gleicher Form eingesetzt wird, um Rückmeldungen zum Lernstand unterschiedlicher Klassen zu erhalten

Peer Review: externe Evaluation, die durch aussenstehende Personen (häufig Lehrkräfte anderer Schulen) durchgeführt wird, welche von der Schule ausgewählt worden sind

Produktevaluation: Untersuchung und Bewertung der Qualität von Arbeitsergebnissen

Projektevaluation: Bilanz und Bewertung der Zielerreichung am Ende einer herausgehobenen Massnahme

Prozessevaluation: Untersuchung und Bewertung von Verfahren und Arbeitsschritten, die durchgeführt wurden, um bestimmte Produkte zu erhalten

Qualitative Daten: alle Informationen, die in nicht numerischer Form vorliegen, beispielsweise Interviewaussagen, Berichte, Beobachtungsprotokolle usw.

Qualitätsentwicklung und Qualitätssicherung: Sie verbindet die Erfassung, Beschreibung und Bewertung eines erreichten Qualitätsstandes mit dessen Bewahrung und seiner dynamischer Weiterentwicklung.

Qualitätsmanagement: alle in Schulen systematisch eingesetzten Verfahren, die dazu dienen sollen, die Qualität zu verbessern und zu sichern

Quantitative Daten: Informationen, die in numerischer Form vorliegen

Schulinterne Peer Review: kollegiale Hospitation innerhalb der Schule

Selbstevaluation: Evaluation, die von Personen durchgeführt wird, um die selbstverantworteten Arbeitsprozesse und -ergebnisse reflektieren und verbessern zu können

Standards: Sie benennen die Voraussetzungen, die erfüllt sein müssen, damit die Schulqualität für einen bestimmten Arbeitsbereich genügend ist.

Summative Evaluation: Evaluation wird eingesetzt, um abschliessend Ergebnisse und Zielerreichung von Arbeitsphasen zu bewerten.

Tandem: sich gegenseitig hospitierende 2er-Gruppe

Übertragbarkeit: Gültigkeit von Daten und Evaluationsergebnissen über die einzelne Schule hinaus

Unterrichtsevaluation: Untersuchung von Aspekten der Unterrichtsgestaltung und/oder der Ergebnisse des Unterrichts.

Vorbereitungsgruppe: Arbeitsgruppe, bestehend aus Mitgliedern des Kollegiums, der Schulleitung und ggf. Schüler- und Elternvertreter/innen, die ein Konzept für die Durchführung einer Evaluation erarbeitet und den Evaluationsprozess koordiniert

Ziele der Evaluation: Absichten, die mit der Durchführung einer Evaluation verbunden werden

Literaturverzeichnis

Altrichter H., Posch P. (1998): Lehrer erforschen ihren Unterricht, Klinkhardt

Altrichter H., Posch P. (1997): Möglichkeiten und Grenzen der Qualitätsevaluation und Qualitätsentwicklung im Schulwesen, Innsbruck-Wien: Studienverlag

Arnold R., Krämer-Stürzl A., Siebert H. (1999): Dozentenleitfaden, Berlin: Cornelsen

Arnold R. (2000): Das Santiago Prinzip; Führung und Personalentwicklung im lernenden Unternehmen, Köln: Deutscher Wirtschaftsdienst GMBH

Aurin K. (1990.): Gute Schulen – worauf beruht ihre Wirksamkeit? Bad Heilbrunn

Bessoth R., Cueni M. et al. (1997): Organisations-Klima-Instrument für Schweizer Schulen, Aarau: Sauerländer

Bildungsdirektion Zürich (2001): Verfahrensschritte der Externen Evaluation, Zürich: Lehrmittelverlag

Burkard C., Eikenbusch G. (2000): Praxishandbuch Evaluation in der Schule, Berlin: Cornelsen

Carl-Bertelsmann-Preis (1996): Innovative Schulsysteme im internationalen Vergleich, Gütersloh: Bertelsmann Stiftung

Ditton H. (2000): Qualitätskontrolle und Qualitätssicherung in Schule und Unterricht, Zeitschrift für Pädagogik, Weinheim: Beltz

Dubs R. (2003): Qualitätsmanagement für Schulen, Studien und Berichte des IWP, Band 13, St. Gallen: IWP HSG

Edmonds R., (1979): Merkmale einer wirksamen Schule

Edwards M., Ewen A. (2000): 360°-Beurteilung, München: Beck Wirtschaftsverlag

Ender B., Strittmatter A. (2001): Personalentwicklung als Schulleitungsaufgabe, Studienverlag

Enns E., Rüegg R., Schindler B., Strahm P. (2002): Lehren und Lernen im Tandem, Porträt eines partnerschaftlichen Fortbildungssystems, Bern: ZS LLFB, Erziehungsdirektion Bern

Fengler J. (2004): Feedback geben. Strategien und Übungen. Weinheim: Beltz

Flick U. (2005): Qualitative Forschung, Reinbeck bei Hamburg, Rowohlt

Fullan M. (1999): Die Schule als lernendes Unternehmen, Stuttgart: Klett-Cotta

Haenisch, H. (1999): Evaluation der Qualität von Schule und Unterricht, Druck Verlag Kettler

Herrmann J., Höfer Chr. (1999): Evaluation in der Schule – Unterrichtsevaluation; Gütersloh: Verlag Bertelsmann Stiftung

Kramis J. (1990): Bedeutsamkeit, Effizienz, Lernklima, Beiträge zur Lehrerbildung Nr.3

Kramis K. (1995): Stress, Belastungen und Belastungsverarbeitungen im Lehrberuf. Bern: Haupt

Landwehr N., Steiner P. (1999): Projekt Q2E, Qualitätsevaluation und -entwicklung auf der Sekundarstufe I; Bern: h.e.p. Verlag

McGlynn A. (1996): How good is our school? The Scottish Office Education and Industry Department, Crown, Edinburgh: Audit Unit

Moser H. (1997): Instrumentenkoffer für den Praxisforscher, Freiburg i.B.: Lambertus Verlag

Purkey S., & Smith, M. (1991): Wirksame Schulen – Ein Überblick über die Ergebnisse der Schulwirksamkeitsforschung in den Vereinigten Staaten, Bad Heilbronn: Klinkhardt

Rolff, H.G. (1999): Lehrerbeurteilung und Qualitätsentwicklung, Journal für Schulentwicklung, Heft 1/99, Innsbruck: Studienverlag

Rutter M., Maugham B., Mortimore P., Ousten J. (1980): Fünfzehntausend Stunden. Schulen und ihre Wirkung auf die Kinder, Weinheim: Beltz

Schindler B. (2003): Selbstevaluation eines Peer-Review-Verfahrens im Intensivprojekt Schule (IPS), Zertifikatsarbeit Ergänzungsstudium Evaluation EE2, KWB Universität Bern

Specht W., Thonhauser J. (1996.): Schulqualität. Entwicklungen, Befunde, Perspektiven, Innsbruck: Studienverlag

Spiess K. (1997): Qualität und Qualitätssicherung: Eine Einführung, Aarau: Sauerländer

Stamm M. (1998): Qualitätsevaluation und Bildungsmanagement, Aarau/Bern: Bildung Sauerländer

Stamm M. (2003): Evaluation und ihre Folgen für die Bildung, Waxmann

Steffens U., Bargel T. (1993): Erkundungen zur Qualität von Schule. Neuwied: Luchterhand

Strahm P. (2001): Manual Peer Review im Intensivprojekt Schule, Bern: ZS LLFB

Strahm P. (2002): Planungshilfe IPS, 2. Semesterarbeit NDS WBM Universität Bern

Strahm P. (2003): Konzept zur Aus- und Fortbildung von schuleigenen Fachpersonen für Q-Entwicklung im IPS, 3. Semesterarbeit NDS WBM Universität Bern

Strahm P. (2004): Von der internen zur externen Evaluation am Beispiel des Intensivprojektes Schule IPS, NDS Uni Bern

Strittmatter A. (1997): Qualitätsentwicklung durch Selbstevaluation, Forschungsbericht, LLV Basel-Stadt

Szaday Chr., Büeler X., Favre B. (1996): Schulqualität und Schulentwicklung, Bern/Aarau (NFP33/SKBF)

Schnabel, K. (2001): Psychologie der Lernumwelt. In: Krapp, A. & Weidenmann, B. (Hrsg.) Pädagogische Psychologie. Weinheim: Beltz, S. 467–512

Tillmann, K.-J. (Hrsg.): Was ist eine gute Schule? Hamburg: Bergmann und Helbig, 1994

Unruh T., Petersen S. (2002): Guter Unterricht, Lichtenau: AOL Verlag